KB210483

도서출판 대장간은
쇠를 달구어 연장을 만들듯이
생각을 다듬어 기독교 가치관을
바르게 세우는 곳입니다.

대장간이란 이름에는
사라져가는 복음의 능력을 되살리고,
낡은 것을 새롭게 풀무질하며, 잘못된 것을
바로 세우겠다는 의지가 담겨져 있습니다.

www.daejanggan.org

시대의 언어로 읽는 예수의 비유

지은이   김철호 김옥연
초판발행   2019년 1월 17일

펴낸이   배용하
책임편집   이승호
등록   제364-2008-000013호
펴낸 곳   도서출판 대장간
                www.daejanggan.org

등록한곳   충남 논산시 가야곡면 매죽헌로1176번길 8-54
편집부   전화 (041) 742-1424
영업부   전화 (041) 742-1424 전송 0303-0959-1424

분류   성서연구 | 비유 | 해석
ISBN   978-89-7071-464-6   03230
CIP제어번호 CIP2019000501

이 책의 한국어판 저작권법에 의해 보호를 받는 출판물입니다.
기록된 형태의 허락 없이는 무단 전재와 복제를 금합니다.

 값 18,000원

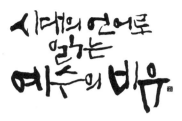

시대의 언어로
읽는
예수의 비유

김철호 · 김옥연 지음

차례

프롤로그

기독교인의 신앙핵심은 '예수신앙'이다. 한마디로 예수신앙인들은 예수를 배우고, 따르며, 우러러 산다. 그런데 성서가 증언하는 예수신앙에는 두 가지 주요한 신앙진실이 있다. 하나는 '예수의 신앙'이다. 또 하나는 '예수에 대한 신앙'이다. 물론, 이 두 가지 예수신앙 진실은 따로따로가 아니다. 의심의 여지 없이 또렷하게, 성서가 증언하는 예수신앙은 '예수의 신앙'을 밑바탕으로 하는 '예수에 대한 신앙'이다.

이천년 기독교 신앙역사 속에는 이러한 예수신앙 꽃피움이 절절하고 생생하다. 그렇다면 21세기 한국교회에도, 이러한 예수신앙 꽃피움이 있는가? 아니다. 도리어, 예수신앙을 제치고 '맘몬·자본 숭배신앙'이 활개치고 있다. 교회를 맘몬·자본화 하고 사유화하는 반 예수신앙이 판치고 있다. 왜, 그렇게 되었을까? 성서가 증언하는 '예수의 신앙 진실'이 무시되고 짓밟혔기 때문이다. 참으로 '예수의 신앙'을 밑바탕으로 삼지 않고는 '예수에 대한 신앙'도 없다. 그렇다면 '성서가 증언하는 예수의 신앙진실'은 무엇일까?

예수의 '하나님나라 복음운동'이다. 이와 관련하여 '예수의 하나님나라 복음운동'이 가장 잘 나타나 있는 성서본문은 '예수의 비유이야기'라고 할 수 있다.

이 책은 글쓴이가 예수의 비유를 우리시대의 언어로 읽은 글 모음이다. 생生으로 읽기'이다. 글의 내용들은 설교형식으로 쓰였으나, 그렇다고 교회강단에서 선포하는 설교는 아니다. 글쓴이와 몇몇 교우들이 함께 나눈 나름대로의 '예수의 비유 읽기와 해석제안'이다. 21세기 한국교회의 상황에서 독자들이 이 책의 내용들을 설교로 받아들이든, 새로운 예수의 비유 읽기와 해석 제안으로 받아들이든, 글쓴이는 그저 반갑고 고마울 뿐이다.

또한, 이 책의 내용들에 대한 독자들의 나름대로의 공감과 반감들을 두루 존중한다. 이렇게, 저렇게라도 이 책이 독자들의 '예수의 비유 읽기와 해석'에 도움이 되었으면 좋겠다. 더불어, 이 책 내용들의 대부분은 글쓴이의 배움과 독서를 통하여 빌려온 것임을 밝힌다. 다만, 하나라도 새로움이 있다면 그것은 예수 신앙인으로써 글쓴이에게 주신 하나님의 은총이며 선물이다.

끝으로, 이 책이 나오기까지 글쓴이의 신앙과 삶을 존중해 준 대장간 배용하 대표에게 고마움을 전한다.

글쓴이 **김철호**

하나님나라로 세상 고발하기

1. 어리석은 부자 비유

맘몬·자본세상에서 장물아비 인생을 살다

16또 비유로 그들에게 말하여 이르시되 한 부자가 그 밭에 소출이 풍성하매 17심중에 생각하여 이르되 내가 곡식 쌓아 둘 곳이 없으니 어찌할까 하고 18또 이르되 내가 이렇게 하리라 내 곳간을 헐고 더 크게 짓고 내 모든 곡식과 물건을 거기 쌓아 두리라 19또 내가 내 영혼에게 이르되 영혼아 여러 해 쓸 물건을 많이 쌓아 두었으니 평안히 쉬고 먹고 마시고 즐거워하자 하리라 하되 20하나님은 이르시되 어리석은 자여 오늘 밤에 네 영혼을 도로 찾으리니 그러면 네 준비한 것이 누구의 것이 되겠느냐 하셨으니 21자기를 위하여 재물을 쌓아 두고 하나님께 대하여 부요하지 못한 자가 이와 같으니라─누가복음 12장

읽기

이어서 예수가 그들에게 비유를 들어 말했다.

어떤 부유한 사람의 땅이 풍성하게 열매를 냈다.

그러자 그는 혼자 속엣 말로 이리저리 따지고 생각했다.

"어떻게 할까? 내 곡식들을 모아 둘 곳이 없구나!"

그러다가 말했다.

"이렇게 해야지. 내 곳간들을 헐고, 더 크게 지어서, 거기에다 내 모

든 곡식과 물건들을 모아 두어야겠다. 그리고 내가 내 생명에게 말하리라. 생명아! 여러 해 동안 편히 누울 만큼 많은 물건들을 차지했으니, 쉬고 먹고 마시고 즐겨라!"

그러나 하나님께서 그에게 말씀하셨다.

"어리석은 자야! 이 밤에, 그들이 너로부터 네 생명을 요구하리라. 그렇다면 네가 마련해 놓았던 것들을 누가 차지하게 되겠느냐?"

이와 같이 자신만을 위하여 쌓는 자는 하나님 안에서 부유하려 하지 않는 자와 같다.

들어가는 말

사람들에게, '당신의 인생목적이 무엇인가'라고 묻는다면, 저마다 다양하고 멋있는 답들을 내어 놓을 것이다. 그러나 실제 생활 이야기를 나누다보면 대다수 사람들의 진짜 인생목적이 '돈'이라는 것을 알게 된다. 이것은 기독교 신앙인에게서도 마찬가지이다. 내가 만난 대다수의 신앙인들의 생활정서도 별반 다르지 않다.

그래서 당신은 다른가? 나도 별반 다른 것 같지는 않다. 지금 당장 돈에 대한 절절한 필요가 없어서랄지, 진짜 욕심이 없어서랄지, 그냥 돈에 마음 졸이지 않고 산다. 그렇더라도 많은 사람들이 '돈 돈 돈' 하면서 사는 것을 마냥 비아냥거리고 싶지는 않다. 21세기 우리 시대의 진짜 하나님은 맘몬·자본, 바알신이 아니던가?

사실, 21세기 신자유주의 독점자본경제 체제에서 우리에게 돈이란, 나와 내 가족의 생명살이를 위한 튼튼한 밑바탕이고, 딛고 일어서야 할

발판이다. 나와 내 가족의 현재와 미래의 희망이고, 자존감이며, 행복
이다. 신자유주의 금융자본경제 체제에서 탈출하지 않는 이상, 돈은 내
인생의 모든 것일 수밖에 없다. 누구라도 딱히 '그건 아니야'라고 핑계
할 만큼 나만의 생生의 조건이나, 하늘의 부름이 따로 있지도 않다. 우
리는 그렇게 따로 별난 생의 조건과 하늘의 부름도 없이 돈에 매여 인
생을 산다. 우리는 매달 매달의 카드대금 명세서에 기겁을 하지만 여전
히 지갑에 겹겹이 신용카드를 챙긴다. 살만한 집을 가지고 있으면서도,
늘 더 크고 좋은 집을 바란다. 그럭저럭 쓸 만한 차를 타면서도, 더 고급
스럽고 비싼 차에 눈길을 빼앗긴다. 일터에서도, 집에서도 보험이며 펀
드, 주식 등 온갖 금융상품에 마음을 쓴다. 하다못해 가난한 이들도 로
또숫자 맞추기를 해서라도 일주일의 기대감과 행복감을 느끼고 싶어 한
다.

우리는 시나브로 돈에 의지하여 삶을 뽐내거나 과시하며 꾸미기 일
쑤이다. 우리 자식들의 찬란한 미래를 위하여 유명 학원정보에 대한 귀
동냥과 발품을 아끼지 않는다. 살면서, 단 한 순간이라도 맘몬·자본 지
배체제에 어깃장을 놓아볼 엄두조차 내지 못한다. 옛날 옛적부터 21세
기 우리 시대에 이르기까지, 사람들은 맘몬·자본에게 생을 저당 잡힌
채 맘몬·자본 지배체제의 장물애비로 살아가고 있다.

그러기에 예수는 본문비유를 통하여 '맘몬·자본에게 저당 잡힌 우리
인생 종말의 대 파국'을 경고한다. 이제 본문을 자세히 읽고 해석하면서
예수가 우리에게 보내는 경고를 우리의 인생 안에서 새겨보도록 하자.

누가복음 저자는 자신만의 특수한 자료에서 본문비유를 옮겨왔을 터인데, 저자가 본문을 비유라고 하지만 일종의 예화와도 같다. 따라서 많은 성서학자들은 '본문의 뜻을 애써 찾을 필요 없이 자세히 읽기만 해도 그 뜻이 저절로 분명해질 것'이라고 말한다. 한마디로 '부와 재물은 인생의 종말죽음 앞에서 아무것도 아니라는 것'이다. 실제로, 독자들은 '부자가 자기만을 위하여 많은 부와 재물을 쌓아놓고 인생을 즐기려고 계획하지만 하나님께서 그 부자를 비웃으신다'는 것을 쉽게 깨닫게 된다. 독자들은 본문을 예화로 읽으며, '어떤 부자가 직면하는 인생의 종말'을 통하여 독자 자신에게 경고하는 하나님의 음성을 듣게 된다.

그러나 본문은 예수의 '사람 사는 세상의 진실 까발리기' 비유로써, 읽기와 해석이 그렇게 단순하지 않다. 예수는 비유의 상황과 사건 흐름 속에 몇 가지 '생生의 은유들'을 숨겨 놓았다. 이 은유들은 비유에 등장하는 부자의 삶의 상황들 속에 숨겨져 있는데, 부자의 부와 재물의 본바탕을 까발리고, 부와 재물의 쌓음을 날카롭게 비판한다. 또 한편으로 본문은 예화로써 '예수가 말하고자 하는 분명한 인생의 경고'를 가감 없이 청중들과 독자들에게 전달한다. 이제 본문 안에서 비유와 예화를 넘나드는 예수의 입말을 길라잡이 삼아 본문을 읽고 해석해 보자.

먼저 본문은 비유로써 우리에게 '맘몬·자본에게 저당 잡힌 생生의 은유들'을 슬며시 하나둘 내어 놓는다.

"어떤 부유한 사람의 땅이 풍성하게 열매를 냈다. 그러자 그는 혼자 속엣말로 이리저리 따지고 생각했다. '어떻게 할까? 내 곡식들을 모아 둘 곳이 없구나!' 그러다가 말했다. '이렇게 해야지. 내 곳간들을 헐고, 더 크게 지어서, 거기에다 내 모든 곡식과 물건들을 모아 두어야겠다.'"

이렇듯이, 본문에서 부자의 삶의 상황은 유대 민중들, 특별히 갈릴리 민중들의 삶의 마당에서 흔히 듣고, 보고, 잘 알고 있는 대지주의 삶의 자리였을 것이다. 갈릴리는 다른 유대 지역에 비해 비옥한 땅이 많고, 크고 작은 지주들도 많이 있었다.

그래서 본문비유는 '어떤 부유한 사람의 땅이 풍성하게 열매를 냈다'라는 말로 이야기를 시작한다. 예수는 비유의 첫 문장을 통하여 비유 속 부자의 모든 행동과 삶의 상황들을 하나의 그림으로 설명해 준다. 그래서 이 문장의 주어는 부자가 아니라, 부자가 소유한 '땅'이다. 그렇다면, 예수의 비유의 첫 문장이 은유하는 것은 무엇일까? 부자의 넉넉한 부와 재물이 '불로소득'이라는 것이다. 본문비유에서 부자는 '한 가족끼리 작은 밭뙈기나 부치는 자작농'이 아니라, 여러 소작농부들을 거느리고 많은 땅을 경작하는 대지주다. 그 부유한 대지주는 어떤 노동이나 땀 흘림도 없이 많은 부와 재물을 차지한다. 그 부자가 소유한 땅이 부자에게 풍성한 열매를 내어 놓았기 때문이다.

그런데도 우리말 성서는 '한 부자가 그 밭에 소출이 풍성하매'라고 비유의 첫 문장을 번역했다. 문장의 주어를 구별하지 않고 뒤섞음으로써 '부자의 부와 재물이 불로소득이라는 비유의 은유'를 감추어 버린 것이다. 물론 본문비유는 '부자가 불의하고 불법하게 부와 재물을 모았다'라고 이야기하지 않는다. 그래서 많은 성서학자들이 본문비유에서 '부자의 넉넉한 부와 재물, 그 쌓음에 대한 비판을 본문비유해석의 주제로 삼아서는 안 된다'라고 주장한다. 하지만 비유의 부자는 대지주이고, 한 해의 풍년으로만 부와 재물을 모았을 리 없을 터이며, 부자 스스로의 노동과 땀 흘림도 없었을 것이다. 이와 관련하여 비유의 첫 문장에서 사용한 헬라어 낱말 '코라'는 '밭'이라고 번역하기보다 '땅'이라고 옮겨야 옳다.

한편 '땅이 풍성하게 열매를 냈다'라는 비유의 표현은 '부자가 독점 사유화한 부와 재물조차도 하나님으로부터 온 것'이라는 신앙은유를 드러낸다. 부자의 독점 사유재산인 부와 재물은 불로소득이다. 그것은 '땅'이 내어놓은 것으로써 '부자의 것'이 아니라, '하늘의 것'이다. 가난한 소작농이나 농노들의 노동과 땀 흘림을 통하여 거두어진 하늘의 열매이다. 이처럼 가난한 이들의 노동과 땀 흘림의 열매조차 하늘의 은총이라고 한다면, 노동과 땀 흘림 없이 '땅이 열매 맺어 내어놓은 부자의 부와 재물'은 결코 부자가 독점할 수 없다. 그것은 하나님으로부터 온 것들로써 수많은 가난한 이들의 노동과 땀 흘림의 몫이기 때문이다.

그러거나 말거나 부자는 자기 소유의 땅이 내어놓은 풍성한 열매들을 앞에 놓고 독점사유화와 쌓음의 잔머리를 굴리기 시작한다.

"그는 혼자 속엣말로 이리저리 따지고 생각했다."

여기서 사용한 헬라어 동사는 '디엘로기제토'라고 하는데, '이리저리 셈하다'라는 뜻이다. 부자는 가난한 이들의 노동과 땀 흘림의 몫으로 채워진 불로소득을 독점하고 자신만을 위한 쌓음에 골몰한다. 부자는 마음 깊은 곳에서 우러나오는 속엣말로 자신의 부와 재물들에 대한 탐욕들을 셈하고, 독점하며, 쌓을 생각만 할뿐이다. 부자는 자기 마음과 뜻과 의지를 오로지 부와 재물을 독점하고 쌓는 일에 쏟아부을 수 있는 힘을 펼쳐 드러낸다.

"어떻게 할까? 내 곡식들을 모아 둘 곳이 없구나! 그러다가 말했다. 이렇게 해야지. 내 곳간들을 헐고, 더 크게 지어서, 거기에다 내 모든 곡식과 물건들을 모아 두어야겠다."

이 문장에서 '곳간들'이라고 번역한 헬라어 낱말 '아포테카스'는 신약성서 안에서 종종 '창고'라는 의미로 사용되는데, 여기서는 많은 물건들을 쌓아놓고 거래하는 '대형 상점'으로 이해할 수 있다. 따라서 본문에서 부자는 대지주 일뿐만 아니라, 대 상인이기도 할 것이다.

이와 관련하여 부자는 부와 재물에 대한 독점 사유화로 부와 재물에 대한 주인행세를 하지만, 실제로는 맘몬·자본에게 종속된 장물아비와 같다. 이 점에서 본문의 시대상황과 마찬가지로, 21세기 우리 시대 상황에서도 부와 재물은 '가난한 이들의 노동과 땀 흘림의 몫에 대한 부자들의 독점사유화와 쌓음에 대한 증언'이다. 이러한 증언은 백만 천만 국민주권 촛불혁명 이후, 우리사회의 부자들의 숨겨진 곳간들과 돈 저수지의 소유행태로 보아 의심의 여지 없이 뚜렷한 사실이다. 그러니 물이 아래로 흘러넘치듯 부자들의 부와 재물이 가난한 이들의 노동과 땀 흘림의 몫으로 돌아갈 일은 전혀 없다. 21세기 맘몬·자본 지배체제가 밤낮으로 선전선동 해대는 '트리클다운 효과'야말로 생판 거짓말이라는 사실은 이미 오래전에 들통 났다. 옛날 옛적부터 21세기 우리 시대에 이르기까지, 부자들은 끊임없이 자기 곳간들을 헐고 더 큰 곳간들을 짓는다. 부자들의 돈 저수지 둑은 더 높이 쌓아 올려진다. 그러는 사이 오히려 피라미드 종속관계 빨대 착취구조는 빈틈없이 촘촘해지고 단단해지며 튼튼해진다. 그렇게, 밑바닥 서민들의 삶의 마당에서 빨아올린 가난한 이들의 노동과 땀 흘림의 몫으로 맘몬·자본세상의 장물아비인 독점자본과 독점대기업들의 곳간이 차고 넘친다.

더 나아가, 본문비유에서 부자는 땅에 매인 농노와 소작농들의 노동과 땀 흘림의 몫으로 쌓아올린 부와 재물을 장물삼아 자기 생명을 불러내어, 이렇게 큰소리를 친다.

"내가 내 생명에게 말하리라. 생명아! 여러 해 동안 편히 누울 만큼 많은 물건들을 차지했으니, 쉬고 먹고 마시고 즐겨라!"

본문비유에서 부자의 확신에 찬 자기 다짐은 무엇을 은유하는 것일까? 한마디로 '맘몬·자본이 장물아비 부자의 생生을 저당 잡았다'라는 은유이다. 부자는 자기 생명을 불러내어 맘몬·자본의 저당물로 내어 주고, 맘몬·자본세상의 장물아비로써 황홀한 인생을 꿈꾼다. 이제 부자의 인생과 생명은 맘몬·자본세상의 장물인 부와 재산에 매여 있다. 비유에서 부자는 자기인생과 생명을 맘몬·자본에게 저당 잡힌 채, 가난한 이들의 노동과 땀 흘림의 몫으로 쌓아 올린 부와 재물로 장물아비 인생을 즐기려 한다. 하지만, 모든 생명의 주인이신 하나님이 부자를 비웃으신다.

여기서, 본문비유는 예화로써 맘몬·자본에게 인생을 저당 잡힌 부자가 맞이해야 하는 인생의 종말죽음을 드러내놓고 경고한다. 부자가 자기인생을 맡긴 맘몬·자본권력은 인생의 종말 앞에서 무력하기 짝이 없다. 이때에 사용한 헬라어 낱말이 '프쉬케'인데, '생명·혼·마음' 등 여러 가지 의미로 해석되고 있다. 그런데 '프쉬케'는 '프쉬코−호흡하다'라는 동사에서 유래되었다. 따라서 '인생의 모든 계획과 뜻과 의지'들은 사람이 숨 쉬고 살아 움직이는 생명의 영역에서만 가능하다. 인생이란 나와 너, 우리의 삶의 관계와 교제와 소통 안에서만 의미가 있다. 특별하게 불로장생, 부귀영화를 꿈꾸는 것은 그저 사람의 욕망이요 탐욕일 뿐이다.

이 점에서 사람이 쉬고, 먹고, 마시고, 즐기는 모든 인생살이는 사람과 사람의 생명 관계 안에서 이루어지는 것들이다. 이 모든 인생살이는 나와 너, 우리의 생명 관계 속에서, 서로의 삶의 교제와 소통 안에서만 복되고 행복할 수 있다. 나 혼자서만, 나만의 인생을 위한 행복은 신기루에 불과하다. 그러므로 본문에서 부자는 자기 자신만을 위한 그럴싸

한 인생계획과 뜻과 의지를 나타내 보였으나, 참으로 어리석은 사람이다. 부자는 자신의 생명 관계 속에서 자기 인생의 실존과 한계를 진지하게 바라보지 못하는 바보 같은 사람이다.

하나님은 비유 속에서 이 부자를 향하여 '어리석은 자여'라고 부르신다. 이때 사용한 헬라어 낱말이 '아프론'인데, 문자적 뜻은 '심장 없음·마음 없음·생각 없음'이다. 맘몬·자본에게 인생을 저당 잡힌 장물아비 부자에게는 사람의 심장^{마음}이 없다. 이렇듯이, 본분비유 속에서 어리석은 부자는 맘몬·자본에게 자기 인생을 저당 잡힌 채 자기만족의 탐욕 속에서 살아간다. 부자의 인생계획에는 '가난한 이들의 노동과 땀 흘림의 몫'이 없다. 배고픔과 고통의 눈물이 없다. 억압과 착취를 당하는 사람들의 삶의 울부짖음이 없다. 사람다운 마음^{심장}을 잃어버린 부자의 인생계획과 뜻과 의지 속에는 타인에 대한 무관심과 무감각과 무관용만 가득하다.

그래서 본문은 예화로써 분명하고 뚜렷하게 부자의 자기만족 인생계획과 뜻과 의지를 꺾어 없애는 '인생의 종말, 슬프고 끔찍한 죽음의 결말'을 선언한다.

"어리석은 자야! 이 밤에, 그들이 너로부터 네 생명을 요구하리라. 그렇다면 네가 마련해 놓았던 것들을 누가 차지하게 되겠느냐?"

이렇듯이, 자신만을 위하여 부와 재물을 쌓아놓고 즐기려는 부자의 인생계획과 뜻과 의지를 하나님께서 허물어 버리신다. 여기서, 독자들은 맘몬·자본세상의 장물아비인 부자에게 인생종말^{죽음}을 경고하는 하나님의 음성을 듣게 된다.

그런데 왜, 이 문장에서 '이 밤에, 그들이 너로부터 네 생명을 요구하리라'는 삼인칭 복수주어가 사용되었을까? 도대체, 부자의 생명을 요구하는 그들은 누구일까? 하나님인가, 아니면 다른 누구인가? 여기서 본문은 예화의 언저리를 넘어 다시 비유의 은유 속으로 독자들을 끌어들인다. 이렇게, 예수의 비유로써 숨겨진 문맥을 쫓아 비유를 읽고 해석할 때 '그들은' 바로 부자의 자기만족 인생계획과 뜻과 의지의 바깥에 따돌려져 있는 사람들이다. 부자의 땅에 매여 있는 가난한 소작농들과 농노들이다. 자기의 노동과 땀 흘림의 몫을 찾으려는 시대의 가난한 민초들이다. 그들이 맘몬·자본세상의 장물아비인 부자의 손에서 그들의 노동과 땀 흘림의 몫을 되찾으려 한다.

그러다 보니 본문비유에서 부자는 억압과 착취를 당하는 이들, 자기노동과 땀 흘림의 몫을 빼앗긴 가난한 이들로부터 생명을 요구당할 수밖에 없다. 왜냐하면, 부자의 자기만족 인생계획과 뜻과 의지의 내용들이 가난한 이들과 착취당하는 이들의 삶의 필요와 쓰임에 대한 독점 사유화이며, 쌓음이기 때문이다. 예수는 비유 첫 문장에서 이미 부자의 넉넉한 부와 재물이 '불로소득'이라는 은유를 밝혀 놓았다. 이 부자의 불로소득은 필연코 '가난한 이들의 노동과 땀 흘림의 몫에 대한 약탈착취이며 독점사유화'일 수밖에 없다. 그러므로 비유에서 부자의 넉넉한 부와 재물은 맘몬·자본세상의 장물아비로써 부자가 불법취득한 장물일 뿐이다. 그 장물은 의심의 여지 없이 뚜렷하게 맘몬·자본세상에서 가난한 이들의 노동과 땀 흘림의 몫이다. 이렇듯이, 본문은 예수의 비유로써 부자의 부와 재물의 실체를 매섭고 날카롭게 까발린다. 본문비유에서 부자의 넉넉한 부와 재물은 맘몬·자본에게 자기 인생을 저당 잡히고 얻어 낸 장물이며, 그것은 의심의 여지 없이 뚜렷하게 부자의 인생과 생명의 실체적 내용물이다.

"어리석은 자야! 이 밤에, 그들이 너로부터 네 생명을 요구하리라. 그렇다면 네가 마련해 놓았던 것들을 누가 차지하게 되겠느냐?"

본문비유의 이 문장은 예화의 언저리를 한참이나 벗어나 청중과 독자들에게 맘몬·자본 세상에 대한 반역과 저항을 선전선동 한다. 자기 노동과 땀 흘림의 몫을 속속들이 빼앗기는 맘몬·자본세상의 가난한 이들을 향하여 억세고 사나운 저항세상, 대안세상 은유들을 쏟아 내놓는다.

"부자의 부와 재물은 너희의 노동과 땀 흘림을 도적질한 맘몬·자본세상의 장물이다. 맘몬·자본세상의 장물아비인 부자의 곳간들과 장물들로부터, 부자의 인생계획과 뜻과 의지로부터, 너희의 노동과 땀 흘림의 몫을 요구하라. 부자의 인생계획 안에 넘쳐나는 부와 재물이야말로, 너희가 도적질 당한 너희의 노동과 땀 흘림의 몫이 아니겠느냐?"

그러나 누가복음 저자는 본문을 비유라고 말하면서도 예화처럼 부드럽게 고치고 꾸몄다. 그러면서 누가는 부자의 많은 부와 재물도 인생의 종말인 죽음 앞에서 그저 무가치할 뿐이라고 너스레를 떤다. 대부분의 독자들도 본문을 예화로 읽고 해석하면서 '부자의 인생종말죽음을 통하여 독자자신에게 경고하는 하나님의 음성'을 듣게 될 것이다. 이렇듯이, 비유로 말해지고 예화로 들려지는 본문 내용은 여기에서 끝을 맺는 것이 자연스럽다. 그런데 누가복음 저자는 본문비유 끝에 마지막 한 문장을 덧붙였다.

"이와 같이 자신만을 위하여 쌓는 자는 하나님 안에서 부유하려하지 않는 자와 같다."

그런데 뜻하지 않게 저자가 덧붙인 마지막 문장의 의미는 매우 은유적이다. 비유의 독자들은 자신들의 삶의 마당을 '자신만을 위하여 쌓는 자' 또는 '하나님 안에서 부유하려 하지 않는 자'와 마주 세워서 나름대로의 다양한 신앙은유들을 확대하고 재생산할 수 있을 것이다. 그러할 때, 하나님 안에서 부유한 사람이란, 어떤 사람일까? 누가는 자기복음서에 이에 대한 답들을 많이 남겨 놓았다. 누가복음서 12장 33절에 '여러분의 소유를 팔아 자선을 베푸십시오. 여러분 자신을 위하여 헤어지지 않는 돈주머니와 축나지 않는 보물을 하늘에 마련하시오'라는 답을 달아 놓았다. 18장 22절에도 '가진 것을 다 팔아 가난한 이들에게 나누어 주시오. 그러면 하늘에서 보물을 차지하게 될 것입니다'라고 답했다. 한마디로 '하나님 안에서 부요한 사람'이란 자신의 소유를 헐어서 가난한 사람들을 돕는 사람이다. 반면에 '하나님 안에서 부유하려 하지 않는 자'는 '자신만을 위하여 쌓는 자'이고 '맘몬·자본에게 자기 인생과 생명을 저당 잡힌 자'이다.

맺는 말

언젠가 대형교회에 다닌다는 한 교우를 만난 적이 있다. 그 교우는 부모세대로부터 물려받은 재산도 상당했지만 사업을 통하여 자수성가한 사람이었다. 나는 그에게 '사회적협동조합 민생네트워크새벽'이하 '새벽'이 하는 일들을 안내하고 설명했다. 그런데 도무지 그는 '새벽'의 개인파산·면책 및 개인회생 무료상담사역의 뜻을 이해하지 못했다. 1% 최상위 부자가 아니더라도 우리시대의 독점자본경제·시장경쟁체제에서 먹고 살만한 사람들이 가난한 이들의 삶에 대하여 얼마나 무관심하고, 무감각하며, 무관용한지 잘 알게 되었다. 그럭저럭 제 밥벌이나 하며 부자 흉내 내기에 바쁜 맘몬·자본숭배 해바라기 인생들이 쥐뿔만큼

이라도 가진 것을 헐어서 가난한 사람을 도울 수 있을까?

마찬가지로 이 땅의 민초들도 맘몬·자본숭배로터 자유롭기가 쉽지 않다. 삶의 터전이 작고 보잘 것 없는 서민들일지라도 신자유주의 시장 경쟁체제 이데올로기를 벗어 던지기가 녹녹치 않다. 누구라도 21세기 독점자본경제·시장경쟁체제 속에서 살아가고 있는 이상 무한경쟁과 독점, 무한축척과 무한소비의 올무에서 놓여나기 어렵다. 우리 모두는 시나브로 맘몬·자본에게 저당 잡힌 인생을 살아가고 있는지도 모를 일이다.

그러나 이제, 어느 누구라도 스스로 예수 신앙인이라고 주장하면서 이 땅의 하나님나라를 전혀 모른 체하며 살아갈 수는 없을 것이다. 아무렇지도 않은 척, 아무것도 모르는 척 하면서 맘몬·자본에게 저당 잡힌 인생을 살아 갈 수 없을 것이다. 이제 21세기에 이르러 우리 눈앞에 생명말살, 생태계·지구환경 파괴, 빈부양극화 등 사회·경제공동체의 대 파국이 들이닥쳐 오고 있기 때문이다. 이제 맘몬·자본에게 저당 잡힌 인생들이 스스로의 어리석음·심장마음 없음·생명 없음의 인생계획과 뜻과 의지를 깨트려 버림으로써 새로운 삶의 변혁을 도모해야 할 때이다. 21세기 우리시대의 예수 신앙인들에게 '그 실천행동이 무엇이어야 할지' 의심할 여지 없이 뚜렷하다. 나만을 위한 독점 사유재산을 헐어 가난한 이웃들의 필요와 쓰임을 채우는 것이다. 이러한 신앙실천행동이 크든 작든, 그 행동들이야 말로 하나님 안에서 부유해지려고 하는 '예수 신앙 몸부림'이다.

2. 용서하지 못하는 종의 비유

피라미드 후원자-종속관계, 빨대 착취구조의 파멸을 기다리며,
예수의 하나님나라 복음운동을 위하여!

23그러므로 천국은 그 종들과 결산하려 하던 어떤 임금과 같으니 24결산할 때에 만 달란트 빚진 자 하나를 데려오매 25갚을 것이 없는지라 주인이 명하여 그 몸과 아내와 자식들과 모든 소유를 다 팔아 갚게 하라 하니 26그 종이 엎드려 절하며 이르되 내게 참으소서 다 갚으리이다 하거늘 27그 종의 주인이 불쌍히 여겨 놓아 보내며 그 빚을 탕감하여 주었더니 28그 종이 나가서 자기에게 백 데나리온 빚진 동료 한 사람을 만나 붙들어 목을 잡고 이르되 빚을 갚으라 하매 29그 동료가 엎드려 간구하여 이르되 나에게 참아 주소서 갚으리이다 하되 30허락하지 아니하고 이에 가서 그가 빚을 갚도록 옥에 가두거늘 31그 동료들이 그것을 보고 몹시 딱하게 여겨 주인에게 가서 그 일을 다 알리니 32이에 주인이 그를 불러다가 말하되 악한 종아 네가 빌기에 내가 네 빚을 전부 탕감하여 주었거늘 33내가 너를 불쌍히 여김과 같이 너도 네 동료를 불쌍히 여김이 마땅하지 아니하냐 하고 34주인이 노하여 그 빚을 다 갚도록 그를 옥졸들에게 넘기니라—**마태복음 18장**

읽기

이 때문에, 하늘나라는 자기 종들과 함께 셈을 정리하려고 작정한 어떤 왕과 같이 되고 말았다. 그 왕이 셈을 정리하기 시작했을 때, 만 달란

트 빚진 종 한 명이 왕에게 끌려왔다. 그러나 그 종이 갚을 것을 가지고 있지 않았기에, 주인이 그 종에게 그 자신과 아내와 자녀들과 그가 가진 모든 소유물들을 팔아서, 빚을 갚으라고, 명령했다. 그러므로 그 종이 엎드려, 주인에게 절하며, 부르짖었다.

"저를 참아 주소서! 그러면 제가 당신께 모든 것을 갚겠습니다."

그러자 그 종의 주인이 그 종을 불쌍히 여겨, 그를 풀어주고, 그에게서 빚을 미루어 주었다.

그러나 그 종은 나가서 그의 동료 종들 가운데서 그에게 100데나리온 빚진 한 사람을 찾았다. 그리고 그를 붙잡아 멱살을 움켜쥐고 윽박질렀다.

"무엇으로든, 네가 지은 빚을 갚아라!"

그러므로 그의 동료 종이 엎드려, 그에게 애원하며, 부르짖었다.

"나를 참아 주소서! 그러면 제가 당신께 갚겠습니다."

그러나 그 종은 그럴 생각이 없었다. 도리어 그 종은 가서, 빚진 것을 갚을 때까지, 그의 동료 종을 감옥에 집어넣었다.

그러므로 그 종의 동료 종들이 일어난 일들을 보고 알고난 후에 몹시 괴로워했다. 그래서 그들이 가서 자신들의 주인에게 일어난 모든 일들을 낱낱이 밝혔다. 그 때에, 그 종의 주인이 그를 불러들여 그에게 따졌다.

"악한 종아! 네가 나에게 간청할 때에 나는 너에게서 그 모든 빚을 미루어 주었다. 그렇다면, 나 스스로가 너에게 자비를 베풀었던 것처럼, 너도 너의 동료 종에게 자비를 베푸는 것이 마땅하지 않았겠느냐?"

그리고 그 종의 주인이 화가 나서, 그 종이 빚진 것을 다 갚을 때까지, 그 종을 전문추심원들에게 넘겼다.

들어가는 말

21세기 지구촌제국 미국에 대한 지구촌 민초들의 외침이 매섭고 날카롭다. 이제 지구촌은 미국의 지구촌 경찰 역할, 지구촌 골목대장 놀이에 지쳤다. 아마도, 21세기 지구촌제국 미국은 인류역사상 가장 '모험적이고 자기 망상적인 제국'일 것이다. 게다가 분명한 것은 미국의 월가는 인류 문명사에 그 유례가 없는 '투기·독점 금융자본의 온상'이라는 점이다. 실제로 미국은 지구촌의 작은 나라들을 핵 안보로 위협하고 핵우산으로 줄을 세워서 돈을 챙긴다. 지구촌제국 미국이 인류역사 최초로 지구촌 핵전쟁을 일으킬지 모를 일이다. 미국이 오래전부터 순항 미사일급 스마트 핵폭탄B61-12을 개발생산 해오고 있으며, 21세기에 들어와서는 끊임없이 스마트 핵폭탄의 쓸모와 필요를 선전선동 강조해오고 있기 때문에 더욱 그렇다.

무엇보다, 21세기 지구촌제국 미국에서는 '참된 민주주의가 불가능하다'는 것이 지구촌 나라들의 판단이다.예를 들면, 미국 상·하의원 535명을 상대하는 로비스트만 5만여 명 21세기 지구촌에서, 유일하게 제멋대로의 전쟁핵전쟁이라도할 수 있는 국가는 아마도 미국뿐 일 것이다. 미국이 제멋대로 전쟁국가라는 명백한 이유는 다음과 같다.

먼저, 지구촌제국 미국 지배체제의 내부자 기득권세력들은 지구촌 어떤 전쟁에서도 직접 피를 흘리지 않는다. 둘째, 지구촌제국 미국의 지배체제는 지구촌 모든 전쟁에서 예외 없이 천문학적인 사익을 챙긴다. 셋째, 미국의 시민들은 오래전에 이미 전쟁을 거부할 만큼의 민주주의 주권정치행동 의지와 힘을 잃었다. 넷째, 미국의 시민들은 기독교 메시아 제국주의와 국가주의 이데올로기에 따라 언제든지 지구촌 전쟁에 줏대 없이 휘둘릴 준비가 되어 있다. 미국의 국가주의와 기독교 메시아 제국주의 이데올로기는 진보와 보수, 민주당과 공화당을 넘나들며 미국 시민들 사이에서 전쟁을 부추길 수 있는 충분한 힘을 가지고 있다.

그동안 지구촌제국 미국의 군산복합체軍産複合體는 지구촌 전쟁과 죽임의 폭력을 통하여 제국의 권력을 누려왔다. 미국의 월가는 지구촌 가난한 이들의 삶을 착취하여 부와 권력을 축적해왔다. 하지만 지구촌제국 미국 군산복합체와 월가 카지노금융자본 지배체제는 끝판 쇠락의 길을 밟아가고 있다. 지금 미국은 지구촌 곳곳에서 매일매일 전쟁을 도발하며 지구촌 파멸의 핵전쟁이라도 마다하지 않는 것 같다. 또한 자기 나라에서조차 중무장 경찰국가를 완성해가고 있다. 지구촌의 첫째가는 기업국가로써 맘몬숭배 바벨탑을 하늘 끝까지 쌓아 올렸다. 미국의 모든 국민주권선거들은 절차 민주주의 통과의례로써 우민화愚民化 축제로 전락했다. 미국의 모든 선거정치 캠페인에서 시민주권실현 가능성을 찾는 것은 불가능한 일이다. 사실 이런 현실은 충분히 예상할 수 있었던 일이다. 옛날 옛적부터 로마제국 등, 손꼽을 만한 제국들이 모두 그렇게 인류역사 속으로 사라졌기 때문이다.

이와 관련하여 본문비유에는 로마제국 피라미드 후원자−종속관계 patron−client relations 지배체제의 위기가 고스란히 드러나 있다. 로마제국 지배체제는 황제로부터 식민지 하층 민중들까지 피라미드 채무노예 위계질서로 꽁꽁 묶여 있다. 로마제국의 피라미드 먹이사슬 지배체제 내부에서는 하층 채무노예에 대한 무자비한 채권추심이 매일매일 끊임없이 되풀이된다. 그로 인한 정치·사회공동체 위기가 로마제국 지배체제를 뿌리로부터 뒤흔들게 될 것이 빤한 일이다.

따라서 본문비유는 로마제국 지배체제의 대안세상alternative society으로써 예수의 하나님나라 복음운동의 은유를 깨닫게 한다. 해방과 자유,

정의와 평등, 생명과 평화세상으로써, 예수의 하나님나라 복음운동은 로마제국 피라미드 후원자-종속관계 지배체제에 대한 반란이다. 로마제국 지배체제에 기생하는 유대종교·사회 기득권체제에 대한 거부이다. 왜냐하면, 로마제국 피라미드 빨대 착취구조에서는 서로의 이익을 주고받으며 서로가 서로에게 기대는 평등세상·섬김의 네트워크로써 예수의 하나님나라 복음운동을 전혀 기대할 수 없기 때문이다.

그렇기 때문에 본문 비유에서처럼, 예수의 하나님나라 복음운동을 로마제국 피라미드 후원자-종속관계 지배체제 안에서 '너그러움과 착한행실로 뒤바꾸려는 신앙행태'는 하나님나라의 철저한 실패와 좌절을 불러오기 마련이다. 이렇듯이, 본문비유는 예수의 하나님나라 복음운동을 '로마제국 피라미드 빨대 착취구조 안정을 위한 선심성 채무유예'로 대체함으로써 발생하는 하나님나라의 처절한 실패와 좌절을 경고한다. 한마디로, 예수의 하나님나라야말로 로마제국 피라미드 후원자-종속관계 지배체제에 대한 저항과 단절로써 '온전한 빚 탕감'이 이루어지는 대안세상이다.

이 점에서 예수는 용서하지 못하는 종 비유를 통하여 '로마제국 피라미드 빨대 착취구조의 필연적 파멸'을 예고하고 증언한다. 그럼으로써 '대안 세상, 예수의 하나님나라 복음운동'에 대한 기대를 한껏 부추긴다. 이렇듯이, 본문 비유의 숨겨진 은유는 '로마제국 피라미드 후원자-종속관계, 빨대 착취구조의 파멸을 기다리며, 대안세상 하나님 나라를 위하여'이다. 그러므로 비유의 숨겨진 은유는 비유 청중들로부터 21세기 독자들에게 이르기까지 '맘몬·자본 지배체제에 맞서는 대안세상, 예수의 하나님나라 복음운동의 길'을 안내한다.

이끄는 말

이천년 기독교 역사전통 속에서 본문비유를 읽고 해석하는 주제는 늘, '만 달란트 빚을 탕감 받고도 동료 종의 작은 빚을 용서하지 못하는 무자비한 종'에 빗대어 '하나님의 무한하신 용서와 사랑'을 강조하는 것이었다. 그런데 이러한 주제는 이미 고대 유대사회의 지혜문학과 후대의 랍비문학의 비유들에서 흔하게 나타나는 주제이다. 이들 비유에서는 으레 이러한 주제와 관련하여 하나님으로 은유되는 왕이 등장한다. 물론, 본문비유에서도 여타 다른 예수의 비유에서 찾아보기 어려운 '왕'이 등장할 뿐만 아니라, 상상조차 어려운 엄청난 빚에 대한 탕감 이야기로 비유의 말문을 연다. 따라서 자연스럽게 본문비유에 대한 교회의 전통적인 해석은 '하나님의 무한하신 용서를 받은 사람은 마땅히 이웃의 작은 허물을 용서해야 한다'는 것이다. 그러나 '용서할 줄 모르는 무자비한 종'으로 인해 '하나님의 무한하신 용서'가 그 빛을 바랬다.

마태복음 저자는 자신의 이러한 신앙해석에 따라 저자의 고유자료인 비유의 원래 내용들을 초대교회 윤리와 착한 행동으로 꾸미고 다듬었다.

"하나님의 가늠할 수 없는 무한용서를 받았음에도 불구하고, 저 무자비한 종처럼 사납고 탐욕스런 인간 군상들을 보라!"

마태복음 저자는 사람들의 천박하고 무자비한 삶의 행태를 하나님의 무한한 용서와 사랑에 맞세워 막다른 대비를 이루도록 본문비유를 재구성했다. 마태복음 저자는 이러한 자신의 신앙의지를 강조하기위해 본문비유 앞에 '용서에 대한 예수와 베드로의 대화'를 벌려 놓았다.

"일흔 번을 일곱 번까지라도 용서하라!"

그러고도 모자라서 마태복음 저자는 본문비유의 끝자락에 자신의 해석을 덧붙여 넣었다. "만약, 여러분이 여러분의 마음으로부터 각자 자기 형제를 용서하지 않는다면, 하늘에 계신 나의 아버지께서도 여러분에게 이와 같이 행하실 것입니다."

　본문비유에 대한 마태복음 저자의 이러한 해석은 지금 막 새로 태어난 기독교회가 로마제국의 착하고 너그러운 이방인들에게 잘 전파되도록 하기 위해서였을 것이다. 또한 기독교회가 로마제국 지배체제에 결코 적대적이지 않음을 변명하며 감싸고 싶었을 것이다. 나아가 새로 태어난 기독교회가 로마제국 안에서 손꼽을 만큼 이름난 종교들과 비교되었을 때, 건전한 윤리와 착한 행동으로 두드러지길 바랐기 때문일 것이다. 그래서 저자는 본문비유를 기독교회의 너그러움과 착한 행동에 대한 선전선동으로 꾸며서 자기 복음서에 기록했다. 그렇게, 이천년 기독교역사 속에서 본문비유에 대한 교회들의 한결같은 해석은 '하나님의 무한하신 용서에 대한 막다른 대비로써, 용서하지 못하는 무자비한 종'이다.

　그러나 21세기 우리 시대 신앙인들과 독자들은 본문비유에 대한 이러한 해석에 만족할 수 없을 것이다. 본문비유에 대한 교회들의 이러한 해석이 본문비유의 문맥에 꼭 들어맞지 않는다는 사실을 금세 깨닫게 될 수밖에 없다. 왜냐하면, 예수의 하나님나라 복음이 로마제국 지배체제와 거기에 기생하는 예루살렘 성전제사종교 체제에 저항하는 대안세상이기 때문이다. 예수의 하나님나라 복음은 시대의 지배체제를 거슬러 시대의 민초들의 고난과 절망을 해소하는 하나님의 다스리심이다. 로마제국 지배체제 안에서 건전한 윤리와 착한 행동을 강조하는 종교구호가 아니라, 로마제국 피라미드 후원자-종속관계, 빨대 착취구조에 대한 저항과 단절로써 새로운 대안세상이다. 이 점에서, 복음서들은 로마제국 지배체제에서 탈출한 예수 신앙인들이 하나님나라 복음 안에서 누리게 될 온갖 삶의 기쁨과 행복들을 하나하나 열거하고 있다.

이처럼, 의심의 여지 없이 뚜렷하게 예수의 하나님나라 복음운동은 로마제국 지배체제와 예루살렘 성전제사종교 이데올로기에 길들여지는 신앙과 삶을 거부한다. 로마제국 지배체제의 억압과 폭력, 전쟁과 죽임, 약탈과 착취에 바탕을 둔 피라미드 후원자−종속관계, 빨대 착취구조를 쳐부순다. 예수의 하나님나라 복음운동은 로마제국 지배체제에 기생하는 유대 종교·사회의 기득권을 인정하지 않는다. 유대 종교·사회의 기득권의 차별과 억압에 대해 철저하게 저항한다. 이 점에서, 예수의 하나님나라 복음운동은 로마제국 지배체제와 거기에 기생하는 예루살렘 성전제사종교 이데올로기에 대한 저항적 깨달음이고, 신앙회심이며, 신앙실천 행동이다. 나아가 21세기 우리시대의 맘몬자본세상에 저항하는 대안세상 신앙의지이고, 결단이며, 실천행동이다. 그러므로 예수의 하나님나라 복음운동은 시대의 고난을 온몸으로 지고 가야만 하는 민초들의 삶 속에 나타난 하나님의 거룩한 은총이다.

이와 관련하여 예수는 용서하지 못하는 종 비유에서 로마제국 피라미드 빨대 착취구조의 꼭 그렇게 무너져 내릴 수밖에 없는 결말을 있는 그대로 까발린다. 본문비유는 로마제국 피라미드 빨대 착취구조가 덧없이 무너져 내리는 결말을 실감 나게 전달하기 위하여 이야기의 시작부터 끝까지 삼음보 문장을 사용한다. 비유 처음부터 끝까지 삼음보 문장을 바꾸지 않고 밀고 나감으로써, 비유의 사실감과 긴장감을 늦추지 않고 있다. 예수는 이러한 비유의 상황설정과 이야기의 흐름을 통하여 로마제국 피라미드 후원자−종속관계, 빨대 착취구조의 모순과 그 무너짐의 결말을 거침없이 까발린다.

"그 왕이 셈을 정리하기 시작했을 때 → 만 달란트 빚진 종 한 명이 → 왕에게 끌려왔다 / 주인이 그 종에게 그 자신과 아내, 자녀와 그가 가진 모든 소유물들을 팔아서 → 빚을 갚으라고 → 명령했다 / 그 종이 엎드려 → 왕에게 절하며 → 부르짖었다 / 그 종의 주인이 그 종을 불쌍히 여겨 → 그를 풀어주고 → 그 빚도 그에게서 미루어^{유예} 주었다 / 그러나 도리어 그 종은 가서 → 빚진 것을 갚을 때까지 → 그의 동료 종을 감옥에 집어넣었다 / 그리고 그 종의 주인^왕이 화가 나서 → 빚진 모든 것을 갚을 때까지 → 만 달란트 채무 유예받았던 종을 전문추심원에게 넘겼다."

이렇듯이, 비유의 왕 또는 주인이 만 달란트 빚진 종에 대한 채무유예를 단 칼에 없었던 일로 선언해 버림으로써 피라미드 후원자–종속관계, 빨대 착취구조의 해체와 파멸의 위기를 불러오고야 말았다. 그렇다면, 비유의 청중들과 독자들은 비유의 사건상황과 비유이야기의 흐름을 어떻게 이해해야 할까? 마냥, '하나님의 무한하신 용서와 은총을 무산시킨 무자비한 종'이라는 해석으로 얼버무릴 수 있을까? 아니다. 그렇지 않다. 예수의 비유는 고대 유대사회의 지혜문학과 후대의 랍비문학, 또는 기독교 묵시문학과 메시아 제국주의에 이끌려 읽고 해석해서는 안 된다. 비유의 사건상황과 이야기의 흐름이 비유의 청중들과 독자들에게 비유의 현실과 더불어 자신들의 실체적 삶의 마당에서 비유를 읽고 해석할 것을 요구하기 때문이다.

그러할 때, 본문비유의 사건상황과 이야기의 흐름은 비유의 청중과 독자들에게 '로마제국 황제가 맨 꼭대기에 군림하는 피라미드형 거대 사회기계구조'를 입체화처럼 보여준다. 그 거대사회기계구조의 톱니바퀴로 전락한 인간들에게는 그 어떤 변혁도, 자율도, 선행도, 기대할 수 없다는 사실을 증언한다. 나아가 로마제국 피라미드 후원자-종속관계, 빨대 착취구조의 속절없는 해체와 파멸을 예고한다. 실제로, 로마제국 피라미드 후원자-종속관계, 빨대 착취구조를 온전하게 유지하기 위해서는 맨 꼭대기로부터의 질서정연한 채무유예가 필수불가결한 요소이다. 그러나 피라미드 빨대 착취구조 거대기계의 톱니바퀴로 전락한 지배체제 내부자들은 가혹한 피라미드 채권추심의 유혹으로부터 자유롭지 못하다.

이와 관련하여 지중해 세계의 제국주의 역사 속에서 본문비유 상황에 대한 실체와 증거들은 얼마든지 있다. 예를 들면, 고대 그리스 도시국가들에서는 세금징수권 경매제도가 있었다. 인두세, 토지세 등 각종 세금에 대한 징수권이 매년 최고가로 입찰하는 정치·경제 기득권세력에게 경매되었다. 이러한 세금징수권 경매는 헬라시대에 이어 로마제국, 그리고 오스만제국에 이르기까지 이어져 왔다. 이렇게 세금징수권을 경매받기 위해서는 계약자와 보증인과 징수원 등, 거대한 자본과 세밀하게 짜여진 지역조직이 필수였다. 따라서 제국주의 세금징수권 경매를 위해서는 피라미드 후원자-종속관계로 조직된 거대 사회기계 구조가 존재할 수밖에 없었다.

더 자세하게는 지중해 세계를 정복했던 헬라제국들의 상황에서 살펴볼 수 있다. BC 334년, 알렉산더는 코린토스 동맹군을 이끌고 마케도니아를 떠나 지중해 세계 정복전쟁을 시작했다. 이후 BC 323년 알렉산더는 최초로 지중해 세계를 정복하고 헬라제국을 열었다. 그러나 그는 제국의 수도 바벨론에서 열병으로 급사했다. 알렉산더 사후 헬라제국은 네 개의 속주로 쪼개졌다가 세 개의 소 제국으로 정리 되었다. 그 가운데 먼저 머리를 든 왕조가 이집트 프톨레마이오스 왕조이다. 프톨레마이오스 왕조는 팔레스타인 유대지역과 사마리아와 레바논을 거쳐 시리아 일부지역까지 세금징수권을 경매했다. 그 '금액이 팔천 달란트를 넘나들었다'고 한다.

그러한 시대적 상황에서 예루살렘에도 프톨레마이오스 왕조의 국제거상巨商들이 들어와 자리를 잡고 활발하게 상업 활동을 했다. 예루살렘에 거주하는 대지주들도 국제거상들과 거래를 트고, 국제무역에 참여해서, 자본을 축적했다. 또한 세금징수권 경매에도 참여할 수 있었다. 이처럼 헬라시대와 로마제국시대에 이르기까지 예루살렘 기득권계층들에게는 제국주의 종교·정치·경제 권력을 쟁취할 수 있는 기회가 열려져 있었다.

한편 지중해무역을 통한 제국 내 국제 상거래의 활성화로 인해 거래장부, 거래계약서, 물품관리장부 등, 기록문화도 발달하게 되었다. 또한 국제 상거래로 인한 여러 가지 다툼과 소송도 늘어나게 되었는데, 그로 인한 기록의 필요성도 높아졌다. 그런 가운데 종교에 대한 문서화 작업도 대대적으로 벌어졌다. 때마침, 이집트산 파피루스가 대량 수입되어 기록을 위한 비용도 크게 감소되었다. 이 시기에 수많은 성서문서들과 외경, 묵시문학 문서들이 쓰여 지거나 책으로 엮어졌다.

로마제국 시대에도 만 달란트는 역사적 실체가 있는 금액이다. 유대 고대역사가 요세푸스에 의하면 기원전 63년경 로마제국 폼페이우스가 예루살렘을 정복한 후, 유대인들에게 매긴 배상금이 만 달란트였다고 한다. 또한 유대지역에 부과된 일 년 세금만 해도 육백 달란트를 넘었다고 한다. 그럼에도 불구하고, 본문비유의 청중들에게 만 달란트는 상상을 초월한 어마어마한 돈이었을 것이다. 왜냐하면, 예수시대의 한 달란트는 육천 데나리온으로 평가되었는데, 노동자 한사람의 이십년 치 품

삶과 맞먹는 것이었기 때문이다. 이렇게, 본문비유의 만 달란트는 21세기 우리시대의 민초들에게도 믿을 수 없는 천문학적 금액임이 틀림없다.

따라서 본문비유에서 만 달란트 빚진 종에 대한 채권자로써, 왕 또는 주인의 채권추심은 그 금액에 비교될 만큼 무자비하고 혹독하기 짝이 없다. 본문비유를 살펴보자.

"그 왕이 정산하기를 시작하자, 만 달란트 빚진 종 한 명이 왕에게 끌려왔다. 그러나 그 종은 갚을 것을 가지고 있지 않았다. 주인은 그 종에게 그 자신과 아내와 자녀들과 그가 가진 모든 소유물들을 팔아서, 빚을 갚으라고, 명령했다."

이처럼, 왕의 무자비하고 혹독한 채권 추심과정에서 채무자인 종의 처절한 채무상환 맹세와 더불어 종의 채무상환 의지와 결의가 밝혀진다. 그런 이후에야 왕은 마지못해 선심성 채무유예를 선포한다. 다시 본문비유를 살펴보자.

"그러므로 그 종이 엎드려, 왕에게 절하며, 부르짖었다. '저를 참아주소서! 그러면 제가 당신께 모든 것을 갚겠습니다.' 그러자 그 종의 주인이 그 종을 불쌍히 여겨, 그를 풀어주고, 그 빚도 그에게서 유예했다."

이와 관련하여 본문비유에서 사용된 헬라어 동사 '아페켄'은 '~부터+보내다'로 이루어진 합성어이다. 이 헬라어 동사의 뜻은 '보내다, 용서하다, 그대로 두다, 유예하다, 허락하다' 등 문맥에 따라 여러 가지로 해석이 가능하다. 이 점에서, 우리말 성서가 번역한 '탕감'이라는 말은 비유의 문맥을 쫓아 '채무유예'로 읽을 수 있다. 이렇게, 우리말 성서가 번역한 '탕감'이라는 말을 '채무유예'로 고쳐 읽어야만, 로마제국의 피라미드 후원자·종속관계 지배체제의 실패와 파멸의 위기를 증언해 낼 수 있다.

실제로, 채무유예를 통한 채권추심이야말로 동서고금東西古今을 막론하고 가장 실제적이고, 기술적이며, 효과적인 채권추심 기법이다. 21세기 수많은 채권추심 기관들도 이와 똑같은 방법으로 채권을 추심한다. 21세기 지구촌의 부유하고 힘센 채권국가들이 힘없는 채무 국가들을 추심할 때 역시도 똑같은 채권추심 행태를 보여준다. 가까운 예로, 독일과 프랑스 등 유로체제의 채권국가들이 주요 채무국가인 그리스와 벌였던 채무상환협상 과정을 하나하나 순서대로 되돌려서 기억해보라.

그런데 본문비유에서 특이한 것은 만 달란트 빚을 채무 유예받은 종이 곧장 밑바닥 동료 종들 가운데서 백 데나리온 빚진 종 한 명을 직접 찾아 나선다는 점이다. 왜, 그랬을까? 만 달란트에 대한 백 데나리온의 비율은 최소한 육십 만분의 일이다. 만 달란트 빚을 채무 유예받은 종은 피라미드 후원자—종속관계 바로 아래에 위치한 내부자 동료 종들을 적당히 닦달하면 그만이다. 그렇게 해야만 피라미드 후원자—종속관계 내부자 계층 간의 채권·채무관계의 안정성이 유지될 수 있다. 그것이 곧 피라미드 빨대착취 거대 사회기계구조의 맨 꼭대기에 군림하는 왕 또는 주인의 '참뜻'이다.

그럼에도 불구하고 만 달란트 빚을 채무 유예받은 종은 왜, 주인의 참 뜻을 몸과 마음에 새기지 못하는가? 그 종은 왜, 동료 종의 백 데나리온 빚에 대한 채무유예를 거부하는가? 도대체, 만 달란트 빚을 채무 유예받은 종이 바로 아래 내부자 동료 종들이 아니라, 피라미드 후원자—종속관계 맨 밑바닥 백 데나리온 빚진 종을 찾아 나선 이유는 무엇일까? 그리고 아무런 양심의 거리낌도 없이 기계적이고 비인간적인 채권추심을 실행하는 까닭은 무엇일까? 만 달란트 빚진 종의 이런 채권추심 행태의 비밀은 로마제국 피라미드 후원자-종속관계, 빨대 착취구조 속에서 찾아야 한다. 그 이유는 너무도 분명하다. 로마제국 지배체제의 피라미드 빨대 착취구조 속에서 혹독한 채권추심을 경험하고 가까스로 채무유예를 받은 종은 언제든지, 자신과 종속관계에 있는 또 다른 동료 종들을 더욱 혹독하게 추심하지 않을 수 없기 때문이다.

그러나 사실, 만 달란트 빚진 종은 자기 주인왕의 채무유예를 통한 채권추심 기법을 본받아야 마땅하다.

"그 때에 그 종의 주인이 그를 불러들여 그에게 따졌다. 악한 종아! 네가 나에게 간청할 때에 나는 너에게서 그 모든 빚을 미루어 주었다. 그렇다면 나 스스로가 너에게 자비를 베풀었던 것처럼, 너도 너의 동료 종에게 자비를 베푸는 것이 마땅하지 않았겠느냐?"

만 달란트 빚을 채무 유예받은 종은 마땅히 그래야만 한다. 로마제국 피라미드 후원자-종속관계 지배체제의 황제로부터 맨 밑바닥 민초들에게까지 모두가 마땅히 그렇게 행동해야만 한다. 만 달란트 빚을 채무 유예받은 종은 피라미드 후원자-종속관계 지배체제 안에서 주인의 참 뜻을 몸과 마음에 새기고, 자신의 다른 동료 종들에 대해서도 '채무유예를 통한 채권추심'에 나서야만 한다. 그래야만, 로마제국 피라미드 후원자-종속관계, 빨대 착취 구조가 무너지지 않고 안전하고, 튼튼하며, 굳세게 유지 될 수 있기 때문이다.

그러나 만 달란트 빚을 채무 유예받은 종은 왕또는 주인처럼 행동할 수 없었다. 도리어 만 달란트 채무 유예받은 종은 밑바닥 백 데나리온 빚진 종 하나를 찾아가서, 가장 혹독한 추심의 본때를 보여주었다. 백 데나리온 빚진 동료 종이 빚진 것을 다 갚을 때까지 동료 종을 감옥에 집어넣었다. 이러한 본문비유 사건상황과 이야기의 흐름은 로마제국 황제로부터 맨 밑바닥 식민지 민초들에게 이르기까지, 피라미드 먹이사슬구조 속에서 매일매일 되풀이되는 위기상황이다. 본문비유의 첫 문장이 이를 여실히 증언한다.

"하늘나라가 자기 종들과 함께 셈을 정리하려고 작정한 어떤 왕과 같이 되고 말았다."

그래서 틀림없이 꼭 로마제국 피라미드 후원자-종속관계, 빨대 착취구조는 무너질 수밖에 없다. 뒤늦게 주인은 이 사건사실에 대한 고발을 접수하고 '피라미드 후원자-종속관계 지배체제의 위기'를 알아차린다. 그래서 주인은 부랴부랴 만 달란트 채무 유예받은 종을 다시 불러들여서 처벌한다.

"그 종의 주인이 화가 나서, 빚진 모든 것을 갚을 때까지, 만 달란트 채무 유예받은 종을 전문 추심원들에게 넘겼다."

여기서, 기독교회의 오래된 본문비유 읽기와 해석으로써 '상상할 수조차 없었던 대 탕감의 신화'는 설 자리를 잃는다. 성서 안과 밖의 지혜문학과 묵시문학, 또한 기독교 메시아 제국주의에 이끌린 본문비유 읽기와 해석도 아무런 쓸데가 없다. 마태복음 저자가 자기 신앙해석에 따라 초대교회 윤리와 착한 행동으로 본문비유 내용을 꾸미고 다듬어 자기 해석까지 덧붙였으나, 모두 쓸데없는 짓이 되고 말았다. 왜냐하면, 본문비유의 주인또는 왕이 '처음 대 탕감의 감격을 마지막에 이르러 처절하게 취소'했기 때문이다. 이제야말로, 기독교 메시아 제국주의 신앙 이데올로기로써 '하나님의 대신방망이인 자비로운 왕의 빚 탕감'이 취소되었다. 그로 인해, 본문비유에서 '하나님의 무한하신 용서와 사랑'이라는 주제도 사라졌다.

이렇듯이, 예수는 만 달란트 빚을 채무 유예받은 종의 무자비한 채권 추심 행태를 통하여, 로마제국 피라미드 후원자–종속관계 지배체제의 구조적 모순과 폐해를 매섭고 세차게 비판한다. 만 달란트 빚을 채무 유예받은 종은 피라미드 후원자–종속관계 지배체제 밑바닥 동료 종의 백 데나리온 빚을 결코 채무유예하지 못한다. 사실, 본문비유에서 만 달란트 채무 유예받은 종은 피라미드 후원자–종속관계, 빨대 착취구조에 철저하게 자신을 순복시켰을 뿐이다. 그 종은 로마제국 피라미드 후원자–종속관계 지배체제의 상위 내부자로써, 지배체제에 대한 아낌없는 충성을 다했다. 그러므로 예수가 비유 속에 숨겨놓은 핵심 은유는 '용서하지 못하는 무자비한 종으로 인한 로마제국 피라미드 후원자–종속관계, 빨대 착취구조의 파멸을 기다리며'이다.

그러면 이제, 본문비유의 '용서하지 못하는 무자비한 종으로 인한 로마제국 피라미드 후원자–종속관계, 빨대 착취구조의 파멸을 기다리며'라는 은유로 21세기 우리의 현실세계를 살펴보자. 본문비유와 똑같은 상황에서, 21세기 대한민국의 독점재벌·독점관료 지배체제는 '삼성재벌, 롯데재벌' 등 지배체제 내부자 몇몇을 국가와 법의 이름으로 심판한다. 그렇게 해서라도 이 땅의 독점재벌·독점관료 지배체제의 안정을 되찾아야 하기 때문이다. 이 점에서 본문비유는 21세기 우리시대의 독점자본경제·시장경쟁체제 안에서 되풀이되어 벌어지는 사회·경제 위기 상황에 대한 증언이기도 하다.

실제로, 우리는 독점재벌·독점관료 지배체제의 억압과 착취를 당하며 산다. 그럼에도 불구하고 우리 사회의 장·노년층 세대는 스스로를 '산업사회의 역군' 또는 '경제성장의 주역'이라고 자랑스러워하며 현실 삶의 고단함을 위로한다. 밑바닥 민초들마저도 독점재벌·독점관료 지배체제에 대한 혁신적인 개혁과 올바른 변화들을 기대한다. 하지만, 이러한 장·노년층 세대의 자의식과 이 땅의 민초들의 하염없는 기대는 스스로를 속이는 짓이다. 그러한 자의식과 기대는 독점재벌·독점관료 지배체제가 세뇌시킨 더럽고 사악한 거짓진실이다. 이러한 거짓진실을 쫓아 민초들은 지배체제의 노동기계가 되고, 엘리트들은 관료기계가 되고, 공권력은 폭력기계가 되어 자기착취와 자기 학대에 몰입해 왔다. 독점재벌·독점관료 지배체제의 말도 안 되는 외부인 성공신화로 스스로를 얽매어 왔다.

또 이러한 거짓진실 이데올로기를 통하여 자신의 삶뿐만 아니라 자녀세대와 미래세대의 삶을 판단하고 재단하며 이끌어 왔다. 그럼으로써 우리사회의 장·노년층 세대는 온갖 사회적 불의와 모순, 억압과 고통을 생산·재생산하며 미래세대로 확대하는 크나큰 죄악을 저질러 왔다. 이러한 역사와 과정 속에서 우리사회에 널리 오르내리는 '헬조선, 청년실신, 달관세대, 20대 괴물세대 등'이 나타나고 있는 것이다.

이제, 21세기 우리 시대에서 이 땅의 민초들의 실체적인 삶의 여정 하나하나는 가난과 고통의 연속일 뿐이다. 한마디로 21세기 이 땅에서 생존의 터를 잡은 대부분의 사람들은 평생을 '푸어족'으로 살아야만 하는 팔자이다. 청소년기에는 '에듀푸어'인 부모와 함께 가난과 고통을 겪다가 대학생이 되어서 '학자금푸어'가 되어야 한다. 청년이 되어서는 '청년실신'의 삶을 살아야 하고, 곧이어 '허니문푸어'가 될 것이다. 결혼생활 중에는 부모세대의 가난을 이어받아 '베이비푸어', '하우스푸어', '에듀푸어'를 대물림하게 된다. 그러면서 한평생을 '워킹푸어'로 살게 될 것이고, 늙어서는 '실버푸어'로 인생을 마감하게 될 것이다. 도대체, 21세기 이 풍요롭고 다채로운 과학·물질문명시대에 이 무슨 더러운 팔자소관八字所關인가? 이 팔자소관의 수레바퀴에서 탈출하는 길은 없는 것인가?

이제, 예수는 본문비유에 숨겨놓은 또 다른 핵심은유로 비유의 청중과 독자들을 이끌어 들인다. 그것은 바로, 이제 곧 허물어질 로마제국 피라미드 후원자-종속관계, 빨대 착취구조의 '대안 세상, 예수의 하나님 나라 복음을 위하여',이다. 예수는 비유의 끝판 이야기에서 고대 유대사회의 지혜문학과 묵시문학, 그리고 마태복음 저자의 기독교 메시아 제국주의 비유 읽기와 해석을 거부한다. 그러므로 이제, 21세기 예수 비유의 독자들은 새로운 대안세상, 예수의 하나님나라 복음운동에 대한 창조적인 은유의 상상력을 억눌러야 할 이유가 전혀 없다.

이와 관련하여 21세기 독점금융자본·시장경쟁체제에서 실체적 빚 탕감제도로써 개인파산·면책제도는 피라미드 후원자-종속관계, 빨대 착취구조를 허무는 작은 뾰족 망치와 같다. IMF 외환위기 이후, 이 땅에 발을 딛고 사는 저소득·취약계층 과중채무자들은 우리시대의 강도 만난 사람과 다름없다. 이들 과중채무자들에 대한 실체적 빚 탕감을 위한 화해의 손길은 피라미드 후원자-종속관계 지배체제 안에서 도덕적 해이를 일으키는 반역행위로써, 새로운 대안세상으로 나가는 문門이다. 이 문을 박차고 여는 이들이야말로 신자유주의 독점자본경제의 무한경쟁, 무한독점, 무한 쌓음, 무한소비라는 맘몬·자본 이데올로기에 세뇌되기를 거부하는 이들이다. 21세기 맘몬·자본 지배체제에 대한 이단아異端兒로써, 새로운 대안세상의 길잡이들이다.

이렇듯이, 자기 삶의 모든 주권을 독점자본경제·시장경쟁체제에 넘기지 않는 사람은 피라미드 빨대착취 거대 사회기계구조를 해체하는 펜치이고 스패너이다.

맺는 말

본문비유가 예수의 다른 비유들에 비해 도드라진 점은 '피라미드 후원자-종속관계 지배체제의 내부 모순과 폐해를 있는 그대로 숨김없이 그려내고 있다'는 것이다. 그런데 이 '피라미드 후원자-종속관계, 빨대착취구조'는 '정삼각형 사면체'이다. 이 '정삼각형 사면체 피라미드 후원자-종속관계 지배체제'는 매우 안정적이며 견고하다. 이 견고함과 안정성은 고대 이집트의 거대한 피라미드에 빗대어 충분히 헤아려 볼 수 있다. 따라서 예수시대 로마제국이나, 21세기 맘몬·자본세상에서 '정삼각형 사면체 피라미드식 후원자-종속관계 지배체제'를 1% 대 99%로 이해해서는 안 된다. 실제로 이 '피라미드 후원자-종속관계 지배체제'는 10% 대 90%, 20% 대 80% 보다 훨씬 더 넓고 깊은 수직구조이다.

우리는 이 피라미드 빨대착취 거대 기계구조의 실체를 통하여, 21세기 우리 시대의 민초들이 옳고 그름을 따지지 않고 독점재벌·독점관료 지배체제를 지지하는 상황을 이해할 수 있다. 아마도, 그것은 21세기 맘몬·자본 지배체제 속에서 이 땅의 민초들이 떠안고 사는 하루하루의 삶의 불안과 고통 때문일 것이다. 더불어 이 땅의 지배체제가 민초들의 하루하루의 삶의 불안과 고통을 지렛대 삼아 맘몬·자본에 대한 숭배와 순응의 이데올로기를 끊임없이 세뇌하기 때문일 것이다.

이와 관련하여 본문비유는 피라미드 후원자-종속관계 지배체제의 안정성의 핵심을 '채무유예'라고 증언한다. 채무유예야 말로 옛날 옛적부터 21세기 우리 시대에 이르기까지, 인류역사 속에서 채무노예 세상을 구조화하고 영속화해 온 핵심조건이다. 21세기 독점자본경제 속에서 살아가는 우리 모두는 맘몬·자본 권력의 채무유예를 갈망하고, 환호하며, 감격해하는 가운데 하루하루의 삶의 불안과 고통을 견뎌낸다. 그러나 이 피라미드 후원자-종속관계 지배체제의 내부자들 가운데 누구라도 독점자본경제체제의 채무유예를 거부하고 무자비한 채권추심에 나선다면, 이 피라미드 후원자-종속관계, 빨대 착취구조는 곧바로 허물어지고 말 것이다. 그리고 그러한 상황은 의심의 여지 없이 뚜렷하게 새로운 대안세상, 예수의 하나님나라 복음운동의 새로운 출발점이기도 하다.

그러므로 본문비유는 로마제국 피라미드 후원자-종속관계 채무유예를 쫓아서, 예수의 하나님나라 복음운동을 기독교 자본주의 윤리관행과 착한 행동으로 바꾸어 놓았을 때에 일어나게 될, 하나님나라 복음운동의 처절한 실패와 좌절을 경고한다. 나아가, 본문비유는 하나님나라 복음운동의 실패와 좌절에 대한 경고를 통하여, 새삼스럽게 하나님나라 복음운동의 새로운 희망을 계시한다. 그 희망은 곧, 맘몬·자본 지배체제의 윤리관행에 따른 채무유예에 맞서서 '온전한 채무탕감'을 실천행동 하는 예수신앙 공동체이다.

이렇듯이, 예수는 비유이야기를 통하여 로마제국 피라미드 후원자-종속관계 채무유예를 갈망하고, 환호하며, 감격해하는 채무노예들에게 온전한 빚 탕감 세상을 선전선동 한다. 그럼으로써 21세기 우리시대의 비유의 독자들에게도 새로운 대안세상, 예수의 하나님나라 복음운동의 새로운 희망을 선물한다.

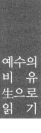

3. 잃은 양 비유

뒤집어 바로 세우는 예수의 하나님나라 복음은유

1모든 세리와 죄인들이 말씀을 들으러 가까이 나아오니 2바리새인과 서기관들이 수군거려 이르되 이 사람이 죄인을 영접하고 음식을 같이 먹는다 하더라 3예수께서 그들에게 이 비유로 이르시되 4너희 중에 어떤 사람이 양 백 마리가 있는데 그 중의 하나를 잃으면 아흔아홉 마리를 들에 두고 그 잃은 것을 찾아내기까지 찾아다니지 아니하겠느냐 5또 찾아낸즉 즐거워 어깨에 메고 6집에 와서 그 벗과 이웃을 불러 모으고 말하되 나와 함께 즐기자 나의 잃은 양을 찾아내었노라 하리라 7내가 너희에게 이르노니 이와 같이 죄인 한 사람이 회개하면 하늘에서는 회개할 것 없는 의인 아흔아홉으로 말미암아 기뻐하는 것보다 더하리라―**누가복음 15장**

읽기-1

그때 모든 세리들과 죄인들이 예수의 말씀을 들으려고 예수에게 가까이 몰려오고 있었다. 그러자 바리새파 사람들과 서기관들이 투덜대며 떠들어 댔다.

"이 사람이 죄인들을 맞이하여 그들과 함께 밥을 먹는구나!

그러자 예수가 그들을 향하여 이 비유를 들어 말했다.

읽기-2

"너희 가운데 어떤 사람이 양 백 마리를 가졌는데, 그 사람이 그것들 가운데서 한 마리를 잃었다면, 그 사람이 아흔 아홉 마리 양들을 광야에 버려두고, 그 잃은 양 한 마리에 대하여 그 양을 찾을 때까지 찾아 헤매지 않겠느냐?

그러다가 그가 찾으면 기뻐서 자기 양을 어깨에 메고 집으로 가서, 친구들과 이웃들을 불러 모으고 그들에게 말할 것이다.

여러분 나와 함께 기뻐해주시오.

왜냐하면, 내가 잃어버렸던 내 양을 찾았기 때문이오."

내가 너희에게 말한다.

이와 같이 '회개의 필요를 가지지 않는 의인들 아흔 아홉 사람 보다 죄를 회개하는 한 사람에 대하여' 하늘에서 기쁨이 있을 것이다.

들어가는 말

모든 이야기에는 그 이야기들 마다 상황과 사건이 있다. 이야기꾼 스스로가 꾸며낸 익살스러운 이야기든, 실제 이야기든, 비유 이야기든 모두 마찬가지이다. 또 모든 이야기에는 말하는 사람과 듣는 사람들 사이의 관계와 상황이 있을 것이고, 이야기 속에 등장하는 사람들 사이의 관계와 상황이 있을 것이다. 이렇게 모든 이야기들의 장소와 상황, 등장인물과 사건 등은 이야기꾼과 청중들 사이의 관계와 상황에 맞물려 다양한 은유들을 확대하고 재생산한다.

이와 관련하여 본문 '읽기-1'에서는 아주 도드라지게, 예수에 관하여 아주 상투적인 상황그림이 드러나 있다.

"그때 모든 세리들과 죄인들이 예수의 말씀을 들으려고 예수께 가까이 몰려오고 있었다.

그러자 바리새파 사람들과 서기관들이 투덜대며 떠들어 댔다."

복음서에는 예수에 대한 이러한 상투적인 상황묘사를 전제로 바리새파 사람들과 서기관들이 예수를 욕하고 비난하는 구호가 있다.

"예수는 먹보요, 술꾼이며, 세리들과 죄인들의 친구다."

이 점에서 본문비유의 상황그림은 비유에 대한 상황 서술일 뿐만 아니라, 예수의 복음 선포와 실천행동, 예수의 삶의 마당 전체에 대한 상황서술이다.

이러할 때, 본문비유의 상황그림은 예수의 하나님나라 복음 선포, 복음 실천행동에 대한 예루살렘 성전제사종교 기득권세력들의 적대감을 있는 그대로 드러낸다. 예수와 더불어 예수의 하나님나라 복음운동 공동체를 이루어가는 세리들과 죄인들, 갈릴리 민중들에 대한 예루살렘 성전제사종교 기득권세력의 불안증이 생생하고 절절하다.

이제, 본문비유의 이러한 상황을 염두에 두고 본문비유를 읽기로 한다. 그러면서 본문 비유를 읽고 해석하는 주제로 '잃은 양 비유, 뒤집어 바로 세우는 예수의 하나님나라 복음은유'라고 제목을 정한다. 본문비유의 내용들을 하나하나 자세히 읽고 새기며 비유의 뜻을 찾아 나가기로 한다.

이끄는 말

성서학자들은 본문 '읽기-1'에 대하여 누가복음 저자가 '예수의 잃은 양 비유, 잃은 드라크마 비유, 잃은 아들 비유' 등, 하나의 주제로 이어지는 비유들에 대한 상황그림으로 덧붙였다고 여긴다. 물론, 예수는 잃은 양 비유에 뒤이어서 바로, 세 개의 비유를 한자리에서 한꺼번에 이야기하지 않았을 것이다. 그러나 누가복음 저자는 예수의 하나님나라 복음에 대한 분명한 신앙선포, 신앙 실천행동 의지를 가지고 세 개의 비유들을 한 문단에 배치했으리라. 그 점에서 본문의 '잃은 양 비유'에는 '예수의 하나님나라 신앙공동체'에 대한 예루살렘 성전제사종교 기득권세력의 불안증과 적대감뿐만 아니라, '예수신앙 공동체로써 초대교회'에 대한 로마제국 지배체제의 불안증과 적대감도 생생하게 반영되어 있다.

그렇다면, 예수는 언제, 왜, 잃은 양 비유를 이야기하게 되었을까? 이와 관련하여 예수는 가난한 이들, 고아와 과부, 세리와 죄인들, 심지어 창녀들과도 함께 언제든 공동체밥상을 차렸다. 그런데 밥상은 할 수만 있다면 하루에도 두어 차례씩 차려야 하는 것이고, 예수는 거의 날마다 이러한 공동체밥상을 차렸을 것이다. 또한 그럴 때마다, 소위 바리새파와 서기관 장로들로 대표되는 유대 종교·사회 기득권세력은 예수를 마구 욕하고 비난했을 것이다.

"먹보, 술꾼 예수가 세리와 죄인들과 창녀들과 함께 공동체밥상을 차리는구나!"

예수는 유대 종교·사회 기득권세력의 이러한 비난에 물러서지 않고 맞서서 유대 대중들을 향하여 잃은 양 비유이야기를 했으리라.

실제로, 유대 종교·사회 기득권세력은 로마제국 지배체제에 기대어 권력을 키우고 늘리며 넓혀왔다. 그들은 예루살렘 성전제사종교를 통하여 유대 하층 민중들에게 '죄인'이라는 종교·사회적 낙인을 찍어 배제하고, 차별하며, 왕따 시켜 왔다. 그럼으로써 로마제국 지배체제와 유대 종교·사회공동체 안에서 권력을 누리고 민중들을 억압하며 착취할 수 있었다. 그러나 이제 예수의 하나님나라 복음운동이 갈릴리 민중들로부터 예루살렘 하층 민중들에게까지 전파되었다. 예수의 하나님나라 복음운동은 갈릴리와 유대지역과 예루살렘 하층 민중들 사이에서 예루살렘 성전제사종교의 '죄인'이라는 낙인을 지워내기 시작했다. 그럼으로써 유대 하층 민중들은 자신들에게 덧 씌워진 억압과 착취의 종교·사회·정치적 멍에를 벗어던졌다. 그러므로 예루살렘 성전제사종교 기득권세력은 '예수의 하나님나라 복음운동에 대한 불안증과 적대감'을 더 이상 억 누를 수 없게 되었다.

본문의 잃은 양 비유는 이러한 유대 종교·사회 현실 상황을 있는 그대로 반영한다. 본문비유에서는 예수의 갈릴리 하나님나라 복음 선포와 열렬한 민중들의 환호성이 들리지 않는다. 도리어 예수의 하나님나라 복음운동에 대한 예루살렘 성전세사종교 체제의 불안증과 적대감이 거세다. 나아가 세리들과 죄인들과 심지어 창녀들과 함께 밥상공동체를 차리는 갈릴리 민중의 아들 나사렛 사람 예수의 태도와 행동에 대한 예루살렘 대중들의 냉소가 사나울 뿐이다.

마찬가지로 이러한 현실 상황에서, 예수는 잃은 양 비유를 통하여 예루살렘 성전제사종교에 매여 사는 유대 대중들의 삶의 마당을 트집 잡고 따진다. 예수는 결코 예루살렘 성전제사종교 기득권세력을 너그럽게 이해하거나 관계개선을 꾀할 뜻이 전혀 없다. 나아가 예수는 예루살렘 성전제사종교체제의 종교노예로써 스스로의 신앙과 삶에 만족하는 유대 대중들에게 예수의 하나님나라 복음운동에 참여하라고 요구한다.

그렇게, 예수는 잃은 양 비유를 통하여 예루살렘 성전제사종교에 맞서서 성전제사종교 이데올로기 우상을 뒤집어엎는다. '율법과 죄, 의인과 죄인, 심판과 처벌, 성전제사와 죄 사함'이라는 예루살렘 성전제사종교 이데올로기 우상을 뒤집어 예수의 하나님나라 복음운동 신앙은유를 증언한다.

따라서 잃은 양 비유에서 예수의 어투는 처음부터 맞서 싸우려는 투쟁과 조롱으로 날이 서있다. 이제, 비유의 내용을 자세히 살펴보자. 예수께로 몰려드는 세리들과 죄인들을 보며, '이 사람이 죄인들을 맞이하여 그들과 함께 밥을 먹는 구나'라고 투덜거리고 떠들어 대는 바리새파 사람들과 서기관들에게, 예수는 이렇게 답한다.

"너희 가운데 어떤 사람이 양 백 마리를 가졌는데, 그 사람이 그것들 가운데서 한 마리를 잃었다면, 그 사람이 아흔 아홉 마리를 광야에 버려 두고, 그 잃은 양 한 마리 대하여 그 양을 찾을 때까지 찾아 헤매지 않겠느냐?"

이 예수의 이 물음에 대하여 비유의 유대인 청중들의 반응은 어떠했을까? 예수는 '예, 맞아요'라는 유대인 청중들의 긍정적인 반응을 기대했을까? 여기서 나름대로 예수의 비유의 유대인 청중들의 반응을 상상해 보자.

"아니 무슨 정신 나간 소리를 하는 거야! 잃어버린 양 한 마리를 찾겠다고, 아흔 아홉 마리 양을 광야에 버려두다니. 그러고도 목자라고 할 수 있어?"

이와 관련하여 잃은 양 비유의 목자는 여러 명의 목동들을 고용해서 큰 목장을 경영하는 목장주인은 아니었을 것이다. 팔레스타인 지역에서 대개의 가난한 목자라면 스무 마리에서 서른 마리 정도 자기 양들을 첬을 것이고, 많다고 해도 비유에서처럼 백 마리 정도였을 것이다. 유대 지역에서는 삼백 마리 이상 큰 무리의 양떼를 칠 때라야 대규모 목축업으로 인정했다고 한다. 그러니 본문비유의 목자는 몸소 자기 양떼를 칠 수밖에 없었을 것이고, 품꾼 목동들을 거느릴 만큼 넉넉하지는 못했을 것이다.

실제로 이렇게 유대 광야에서 작은 양떼를 치는 목자라면, 잃은 양한 마리를 찾으려고 아흔 아홉 마리 양을 광야에 버려두는 짓거리를 절대 하지 않을 것이다. 또한 예수시대의 유대인들이라면 광야에 양떼를 버려두는 위험성이 얼마나 큰지, 모두의 경험으로 잘 알고 있었을 것이다. 따라서 예수의 비유의 청중들은 '예수가 풀어내는 비유이야기의 내용'에 대하여 어안이 벙벙할 수밖에 없었을 것이다.

그런데 여기서 누가복음 저자는 예수의 비유의 청중들을 향한 이 물음을 한 문장으로 뭉뚱그려 하나의 물음으로 묶어서 기록했다. 그러나 예수의 비유의 청중들은 예수의 이 물음을 듣고 반응할 때, 두 번의 물음으로 끊어서 들을 수밖에 없었을 것이다. 하나는, '아흔 아홉 마리 양들을 광야에 버려두지 않겠느냐'이다. 이와 관련하여 유대광야에는 늑대나 표범, 혹은 사자 등 양떼를 흩어 놓거나 해치려는 맹수들이 부지기수이다. 거기에다가 간혹, 약탈자 무리들의 약탈위험도 제켜 놓을 수 없을 것이다. 이 점에서 본문비유의 유대청중들은 '아흔 아홉 마리 양들을 광야에 버려두는 목자의 무책임과 무모함'에 몹시 놀라서 분노했을 것이다.

"아니, 무슨, 그따위 목자가 있단 말이야?"

또 하나는, '잃은 양 한 마리에 대하여 찾을 때 까지 찾아 헤매지 않겠느냐'이다. 광야를 이동하면서 양떼를 치는 목자는 백 마리의 양떼 가운데서 양 한 마리가 사라지는 것을 금방 알아챌 수 없다. 광야에서 양떼로부터 떨어져, 길을 잃은 양 한 마리의 생존은 목자의 능력 밖의 문제이다. 목자가 잃은 양 한 마리를 되찾는 것은 때와 상황이 맞고, 운도 따라야 한다. 비유에서처럼 광야에서 '길을 잃은 양 한 마리를 찾을 때까지 찾아 헤매는 것'은 미련한 행동일 뿐만 아니라, 위험한 일이기도 하다. 예수의 비유의 청중들은 목자의 미련하고 어리석은 행동을 매우 언짢게 여겨 웅성거렸을 것이다.

"말도 안 되는 짓거리를 하고 있네!"

물론, 예수 자신도 비유의 유대인 청중들의 이러한 반응들을 충분히 예상할 수 있었을 것이다. 비유의 유대인 청중들이 예루살렘 성전제사 종교체제에 매여 자발적 종교노예의 삶을 살고 있었기 때문이다. 비유의 청중들이 비유이야기에 숨겨진 예수의 하나님나라 복음은유를 헤아려 볼 생각조차 하지 않을 것이 빤한 일이었다. 따라서 예수는 청중들의 긍정적인 반응을 아예 기대하지도 않았을 것이다. 지금, 예수는 잃은 양 비유를 통하여 비유의 청중들에게 자신의 하나님나라 복음운동 상황을 있는 그대로 드러내어 전달하려고 할뿐이다. 그래서 예수는 비유의 청중들의 시끄럽고 어수선한 상황에 전혀 개의치 않고 재빠르게 자기 말을 이어간다.

"그러다가 그가 찾으면 기뻐서 자기 양 어깨에 메고 집으로 가서, 친구들과 이웃들을 불러 모으고 그들에게 말할 것이다.

여러분 나와 함께 기뻐해주시오. 왜냐하면, 내가 잃어버렸던 내 양을 찾았기 때문이오."

여기서 예수는 청중들의 화난 감정과 시끄러움 속으로 비유의 절절하고 생생한 하나님나라 복음은유를 던져 넣는다.

"잃은 양 한 마리는 건방지게 양떼를 바른 길로 이끄는 목자를 거부하고 스스로 양떼를 떠난 것일까? 아니면 잃은 양이 연약해서 양떼 무리들을 따라잡지 못하고 목자로부터 떨어진 것일까?'

예수에게는 잃은 양의 이런저런 성질과 됨됨이가 아무런 상관도 없었으리라. 예수의 하나님나라 복음운동 공동체에는 갈릴리와 유대 민중들뿐만 아니라, 일부 서기관과 바리새파 사람들도 섞여 있었음이 분명하다. 이제, 예수는 비유에서 광야에 버려둔 아흔 아홉 마리 양들에 대하여 아예 언급조차 하지 않는다. 잃어버린 한 마리 양을 찾은 기쁨으로 인해 '광야에 버려둔 아흔 아홉 마리 양들의 존재자체'가 예수의 비유에서 지워져 버렸다. 비유의 유대인 청중들 중 누구라도 특별한 관심과 열심을 보이지 않았을 '광야에서 잃어버린 양 한 마리를 찾은 기쁨' 때문에, 도리어 멀쩡한 양 아흔 아홉 마리의 존재가 비유 이야기의 흐름 속에서 완전하게 잊혀졌다.

이제야말로, 예수의 비유에서 '잃은 양 비유, 뒤집어 바로 세우는 예수의 하나님나라 복음은유'가 굳세게 드러나 자리를 차지한다. 한마디로, 예수의 하나님나라는 잃어버린 양, 곧 가난하고 힘없는 죄인들의 나라이다. 고아와 과부와 세리들과 창녀 등, 종교·경제·사회적 낙인이 찍힌 약자들의 나라이다. 하나님은 이 땅에서 죄인이라고 낙인찍힌 이들을 구원하시기 위해 스스로 하늘 문을 여시고 이 땅으로 오셨다. 하나님은 땅의 권력과 지배체제, 거기에 기생해서 특권을 누리는 기생종교부터 죄인이라고 낙인찍힌 모든 죄인들을 아낌없이 용서하신다. 땅의 지배체제와 거기에 기생하는 종교기득권 세력으로부터 왕따당한 이 땅의 모든 죄인들을 당신의 나라로 받아들일 만반의 준비를 마치셨다.

이것이 바로, 예수의 잃은 양 비유 이야기 속에 숨겨진 하나님나라 복음은유로써, 예수와 갈릴리 민중들이 함께 이루어온 하나님나라 복음운동의 정당성이다. 예수의 하나님나라 복음운동에서는 두말할 필요도 없이 세리들과 죄인들과 창녀들이 함께 어울려 밥상공동체를 차리는 것이 정의이다. 가난한 사람들, 힘없는 사람들, 세리들과 죄인들과 창녀 등 사회적 낙인이 찍힌 사람들이야말로 오롯이 예수의 하나님 나라 시민권자들이다. 예수는 잃은 양 비유를 통하여 '로마제국 지배체제와 거기에 기생하는 예루살렘 성전제사종교 기득권체제' 안에서 자발적 종교노예의 삶을 사는 예루살렘 대중들에게, '뒤집어 바로 세우는 하나님 나라 복음은유'를 의심의 여지가 없을 만큼 또렷하게 드러내어 밝힌다.

실제로, 예수는 자신의 하나님나라 복음사역에서 갈릴리의 밑바닥 민초들을 불러 모으고 다 함께 하나님나라 잔치를 벌인다.

"자! 여러분! 기뻐하시오. 하나님의 나라가 여러분들의 것입니다. 자! 우리 모두 함께 잔치를 벌입시다. 하나님나라가 우리 가운데 있습니다."

그러므로 이제, 예수가 갈릴리 밑바닥 민초들과 세리들과 죄인들과 함께 차리는 공동체밥상은 비유에서 '잃은 양을 되찾았을 때에 맞이하는 하늘기쁨' 그 자체다. 그것은 이 땅의 민중의 하나님께서 민중의 해방과 구원을 위하여 하늘장막을 찢으시고 '이 땅에 오심'이다. 이 땅의 가난한 이들, 힘없는 이들, 죄인들에게 내리시는 하늘용서와 기쁨의 은총이다. 땅의 권력과 지배체제와 거기에 기생하는 종교 기득권체제의 낡은 올무를 벗겨내고 민중들을 해방하고 구원하시는 '하늘 뜻 이룸'이다.

예수는 잃은 양 비유를 통하여 예수의 친구들, 세리들과 죄인들을 불러 모아 요청한다.

"자! 우리가 기뻐하며 즐기자."

물론, 예수의 이 요청은 예수시대의 바리새파 사람들과 서기관과 예루살렘 대중들에게도 요청되는 하늘의 뜻이다. 나아가 21세기 한국교회에게도 마땅한 하늘의 부르심이고 초청이다. 그러나 누구든, 이 땅의 지배체제와 거기에 기생하는 종교기득권 체제로부터 죄인이라고 낙인찍힌 이들을 거부하고서는, 이 요청에 응답할 수 없다. 가난하고 힘없는 이들, 억압받고 고난당하는 이들, 성소수자 등 사회적 약자들과 친구가 되어야만, 예수의 하나님나라의 기쁨의 잔치에 동참할 수 있다. '이 사람이 죄인들을 맞이하여 그들과 함께 밥을 먹는 구나'라고 불평하며 떠들어 대는 사람들, 세리들과 죄인들과 공동체밥상을 차리는 예수를 향하여 뒤에서 욕하고 헐뜯는 신앙바탕으로는 예수의 하나님나라 잔치를 누릴 자격이 없다. 이 점에서, 예수는 잃은 양 비유이야기의 끝에서 이렇게 꼭 집어서 말한다.

"이와 같이, 회개의 필요를 가지지 않는 의인들, 아흔 아홉 사람 보다 '죄를 회개하는 한 사람에 대하여' 하늘에서 기쁨이 있을 것이다."

여기서 회개의 필요를 가지지 않는 의인들, 그들은 누구인가? 예수시대로 말하면, 제사장과 율법사들, 바리새파 사람들과 서기관들, 유대 종교·정치·사회 기득권세력이다. 그들은 예수시대의 가난하고 힘없는 민초들이 도저히 지켜 낼 수 없는 613개의 생활율법들을 전혀 어렵지 않게 지킬 수 있는 자산가들이다. 그들은 민초들에게 무겁고 힘에 겨운 종교적 짐을 지우고, 자기 손끝하나 까딱하지 않는 종교·정치·사회 기득권세력이다. 그들은 한 명의 개종자를 찾아 온 지구촌을 뒤지고 다니다가 개종자를 만나면 즉시 자기들보다 갑절이나 악한 지옥의 아들로 만들어버리는 자들이다. 그들은 하나님께 서원한 일을 지키지 않아도 되지만, 황금을 두고 맹세한 것들은 반드시 지켜야한다고 떠드는 자들이다. 그들은 십일조를 성실하게 바치지만, 사회 정의와 자비와 신의를 헌신짝 취급하는 자들이다. 그들은 하루살이를 걸러내어 먹으면서, 낙

타는 꿀꺽덕 삼켜도 배탈조차 나지 않는 자들이다. 그들은 겉으로는 깨끗한 척하지만, 속으로는 탐욕과 착취와 무절제로 가득 차 있는 자들이다. 그들은 겉으로 아름다워 보이지만, 속에는 온갖 더러운 것으로 가득 차서 송장 같고, 회칠한 무덤들 같은 자들이다. 그들은 겉으로 사람들에게 의로운 것같이 보이지만, 속에는 위선과 불법으로 가득 차 있는 자들이다. 그들은 뱀처럼 간교하고 독사처럼 독한 자들이며, 지옥의 심판을 면할 길이 없는 자들이다.^{마23장 참조}

그렇다면 여기서 '죄를 회개하는 한사람'은 누구인가? 땅의 권력과 지배체제, 거기에 기생하는 종교기득권 체제로부터 억압당하고 착취당하며 고난당하는 이들이다. 이 땅의 무지렁이들, 가난하고 힘없는 이들, 무한경쟁에서 낙오한 자들, 채무자, 파산자, 창녀, 성소수자 등 사회적 약자들, 이들은 땅의 권력과 지배체제와 거기에 기생하는 종교기득권 체제에서 아무것도 바랄 것이 없는 이들이다. 그래서 이들은 오로지 하늘의 용서와 자비와 은총만을 바라는 이들이다.

예수는 잃은 양 비유를 통하여 이 땅의 무지렁이들의 고단한 삶을 위로하고 하늘의 용서와 자비와 은총을 증언한다. 그럼으로써, 이 땅의 무지렁이들이 땅의 권력과 지배체제, 거기에 기생하는 종교기득권 체제로부터 돌이켜서 예수의 하나님 아빠의 나라로 떨쳐 나오도록 이끄신다. 땅의 권력과 지배체제, 거기에 기생하는 종교기득권 체제를 탈출하여 예수의 아빠 하나님의 나라에 삶의 마당을 펴는 것이야말로 참된 회개이다. 예수는 '그러할 때의 하늘 기쁨, 하나님의 환호'를 세리들과 죄인들과 함께 차리는 밥상공동체로 이 땅위에서 이루어냈다.

맺는 말

누가복음 저자는 '잃은 양 비유' 이야기를 꺼내면서 '예수에 관한 상투적인 상황서술'을 먼저 내세운다.

"그때 모든 세리들과 죄인들이 예수의 말씀을 들으려고 예수께 가까이 몰려오고 있었다. 그러자 바리새파 사람들과 서기관들이 투덜대며 떠들어 댔다."

그럼으로써 저자는 비유의 독자들에게 바리새파 사람들과 서기관들이 예수를 욕하고 비난하는 구호 '예수는 먹보요 술꾼이며 세리들과 죄인들의 친구다' 라는 말을 비유의 배경상황으로 내어 놓는다. 아마도 그것은 본문비유를 읽고 해석하는데 참고해야 할 옳고 마땅한 진실일 것이다. 그래서 여기서는 잃은 양 비유를 읽고 해석하는 열쇠말로 '땅의 지배체제와 거기에 기생하는 종교기득권 체제에 맞서기, 뒤집어 바로 세우는 예수의 하나님나라 복음은유' 라는 제목을 정했다. 그리고 이 제목에 따라 본문비유 안에서 우리의 삶에 적용할 신앙은유들을 찾았다.

잃은 양 비유는 우리에게 로마제국 지배체제와 거기에 기생하는 예루살렘 종교기득권세력들의 상투적 구호 '예수는 먹보요 술꾼이며 세리들과 죄인들의 친구다'에 대한 신앙은유를 의심의 여지 없이 또렷하게 밝혀 주고 있다. 그것은 바로 21세기 예수 신앙인들도 예수처럼 말하고, 예수처럼 행동하며, 예수처럼 살아야 한다는 것이다.

이제, 우리는 예수를 따라 이 땅의 무지렁이들과 함께, 먹보가 되고, 술꾼이 되어야 한다. 파산자, 성소수자 등 사회적 낙인으로 고통 받는 이들의 친구가 되어야 한다. '땅의 권력과 지배체제, 거기에 기생하는 종교기득권체제'에 대한 신앙저항의 봉화를 올림으로써, 예수의 하나님나라 운동에 헌신하는 예수신앙 실천대열을 조직해야 한다. 참으로 이제야말로, 21세기 우리시대의 예수신앙인으로써의 우리의 신앙과 삶의 마당을 살피고 성찰하며 행동해야만 할 때이다.

4. 돌아온 탕자 비유

가부장제도 아버지의 권력구조 껍질 벗기기,
예수의 아빠 하나님나라 새판 짜기

11또 이르시되 어떤 사람에게 두 아들이 있는데 12그 둘째가 아버지에게 말하되 아버지여 재산 중에서 내게 돌아올 분깃을 내게 주소서 하는지라 아버지가 그 살림을 각각 나눠 주었더니 13그 후 며칠이 안 되어 둘째 아들이 재물을 다 모아 가지고 먼 나라에 가 거기서 허랑방탕하여 그 재산을 낭비하더니 14다 없앤 후 그 나라에 크게 흉년이 들어 그가 비로소 궁핍한지라 15가서 그 나라 백성 중 한 사람에게 붙여 사니 그가 그를 들로 보내어 돼지를 치게 하였는데 16그가 돼지 먹는 쥐엄 열매로 배를 채우고자 하되 주는 자가 없는지라 17이에 스스로 돌이켜 이르되 내 아버지에게는 양식이 풍족한 품꾼이 얼마나 많은가 나는 여기서 주려 죽는구나 18내가 일어나 아버지께 가서 이르기를 아버지 내가 하늘과 아버지께 죄를 지었사오니 19지금부터는 아버지의 아들이라 일컬음을 감당하지 못하겠나이다 나를 품꾼의 하나로 보소서 하리라 하고 20이에 일어나서 아버지께로 돌아가니라 아직도 거리가 먼데 아버지가 그를 보고 측은히 여겨 달려가 목을 안고 입을 맞추니 21아들이 이르되 아버지 내가 하늘과 아버지께 죄를 지었사오니 지금부터는 아버지의 아들이라 일컬음을 감당하지 못하겠나이다 하나 22아버지는 종들에게 이르되 제일 좋은 옷을 내어다가 입히고 손에 가락지를 끼우고 발에 신을 신기라 23그리고 살진 송아지를 끌어다가 잡으라 우리가 먹고 즐기자 24이 내 아들은 죽었다가 다시 살아났으며 내가 잃었다가 다시 얻었노라 하니 그들이 즐거워하더라 25만아들은 밭에 있다가 돌아와 집에 가까이 왔을 때에 풍악과 춤추는 소리를 듣고 26한 종을 불러 이 무슨 일인가 물은대 27대답하되 당신의 동생이 돌아왔으매 당신의 아버지가 건강한 그를 다시 맞아들이게 됨으로 인하여 살진 송아지를 잡았나이다 하니 28그가 노하여 들어가고자 하지 아니하거늘 아버지가 나와서 권한대 29아버지께 대답하여 이르되 내가 여러 해 아버지를 섬겨 명을 어김이 없거늘 내게는 염소 새끼라도 주어 나와 내 벗으로 즐기게 하신 일이 없더니 30아버지의 살림을 창녀들과 함께 삼켜 버린 이 아들이 돌아오매 이를 위하여 살진 송아지를 잡으셨나이다 31아버지가 이르되 애 너는 항상 나와 함께 있으니 내 것이 다 네 것이로되 32이 네 동생은 죽었다가 살아났으며 내가 잃었다가 얻었기로 우리가 즐거워하고 기뻐하는 것이 마땅하다 하니라—**누가복음 15장**

읽기

예수가 말했다.

어떤 사람에게 두 아들이 있었다. 그들 가운데 작은 아들이 아버지에게 말했다.

"아버지, 가지고 있는 것 가운데서 제몫을 떼어 저에게 주십시오."

그래서 아버지가 그들에게 살림을 나누어 주었다.

그 후 얼마 지나지 않아 작은 아들은 모든 것들을 챙겨서 멀리 낯선 곳으로 떠났다. 거기서 그는 생활을 위해 가지고 있는 것을 아껴두지 않고 마구 퍼주었다. 그런데 그가 가진 모든 것들을 다써버리게 되자 마침, 그 곳에 큰 흉년이 들이닥쳤다. 그는 점점 더 가난해지기 시작했다. 그는 그 곳 주민들 가운데 한사람에게 가서 더부살이를 하게 되었다. 그 곳 주민은 돼지 떼를 키우라고 그를 자기 농장으로 보냈다. 그는 돼지들이 먹는 쥐엄열매로부터 주린 배를 채울 수 있게 되기를 바랐으나 아무도 그에게 주지 않았다. 그제서 그는 스스로를 위해서 돌아가기로 한 후, 말했다.

"내 아버지의 품꾼들이 얼마나 많은가? 그들은 떡으로 넘쳐나는데,

나는 여기서 굶어 죽게 생겼구나! 일어나서, 내 아버지에게로 가서 아버지에게 말해야겠다. 아버지, 제가 하늘에 대하여 그리고 당신 눈앞에서 죄를 지었습니다. 저는 당신의 아들이라고 불릴 자격조차 없습니다. 당신께서 저를 당신의 품꾼들 가운데 한사람처럼 여겨 주십시오."

작은 아들이 일어나서 자기 아버지에게로 갔다. 그가 아직 먼 거리에 있는데도 그의 아버지는 그를 알아보았다. 아버지가 불쌍히 여겨 달려와서 그의 목을 껴안고 그에게 입 맞추었다. 그러자 작은 아들이 아버지에게 말했다.

"아버지, 제가 하늘에 대하여 그리고 당신 앞에서 죄를 지었습니다. 저는 당신의 아들이라고 불릴 자격조차 없습니다."

그러나 아버지는 자기 종들에게 말했다.

"너희는 빨리 제일 좋은 옷을 가져와 그에게 입히고, 그의 손에 가락지를 끼우고, 발에 신발을 신겨라. 그리고 살찐 송아지를 끌어내어 잡아라. 우리가 먹으며 흥겨운 잔치를 벌이자! 왜냐하면, 이 내 아들은 죽었다가 다시 살아났기 때문이다. 내가 잃었다가 되찾았기 때문이다."

그래서 그들이 흥겨운 잔치를 벌이기 시작했다.

그때 아버지의 큰 아들이 밭에 있었다. 그가 집으로 가까이 왔을 쯤에, 함께 여럿이 노래하며 춤추는 소리를 들었다. 그래서 그가 어린 하인들 가운데 하나를 불러내서 '대체 이 일들이 무엇인지' 물었다. 그러자 그 어린 하인이 그에게 말했다.

"당신의 아우가 돌아오고 당신의 아버지께서 살찐 송아지를 잡았습니다. 왜냐하면, 건강한 그를 맞이했기 때문이지요."

큰 아들이 화가 나서 집에 들어가려고 하지 않았다. 그러자 그의 아버지가 나와서 그를 달랬다. 그러나 큰 아들은 그의 아버지에게 대답하여 말했다.

"보십시오. 저는 여러 해 동안 당신을 섬겼습니다.

결코 저는 당신의 명령을 어긴 적이 없습니다.

그러나 당신은 저에게 제 친구들과 함께 즐기라고 염소새끼조차 결코 내어주지 않았습니다.

그런데 당신의 이 아들, 창녀들과 함께 당신의 살림을 먹어버린 그가 오자마자, 당신은 그를 위해 살찐 송아지를 잡았습니다."

아버지가 큰 아들에게 말했다.

"애야, 너는 늘 나와 함께 있고 내 모든 것들이 네 것이다.

그러나 이제 흥겨운 잔치가 벌어지고 기뻐해야만 한다.

왜냐하면, 너의 이 아우는 죽었다가 다시 살았기 때문이다. 내가 잃었었다가 되찾았기 때문이다."

들어가는 말

'돌아온 탕자 비유'는 널리 알려진 예수의 비유들 가운데 하나로써 교회들이 자주 읽고 해석하며 묵상하는 비유이다. 이천년 기독교 역사와 함께 꽃피워온 서구 문화유산 중에는 돌아온 탕자의 이미지를 소재로 한 미술·문학작품들이 넘쳐난다. 그런데 '돌아온 탕자라는 주제로 본문 비유를 읽고 해석하는 것'이 마냥 옳을까? 나는 본문비유를 '돌아온 탕자'라는 주제로 읽고 해석하는 것이 마냥 마뜩치만은 않다. 그래서 이렇게 질문해 본다. 예수는 본문비유를 통하여 무엇을 말하려고 했을까? 돌아온 탕자 비유에 대한 예수의 진실은 무엇이었을까?

이러한 질문과 헤아림들 속에서, 본문비유를 읽고 해석하기 위한 길잡이로 '유대사회의 오랜 가부장제도와 아버지의 권력구조'를 생각하지 않을 수 없다. 더 넓게는 로마제국 등 고대제국들의 세계가족 가부장권력 지배체제를 생각해 볼 수도 있다. 이 점에서 가부장제도에 대한 사전적 의미는 '가장이 강력한 권력을 가지고 안으로는 가족을 지배하고 통솔하며 밖으로는 가족을 대표해야 한다는 생각이나 태도'이다.

　실제로 가부장제도는 동서고금을 막론하고 남성중심의 권력구조의 핵심으로서 존재해 왔다. 가부장제도의 아버지는 가족을 지배하고 통솔하는 권력으로써 '죄와 벌'이라는 법질서이며 가족공동체의 울타리이다. 일례로, 헬라어 낱말 중 '파테르-아버지'라는 용어가 있는데, 여기서 고대 올림픽의 인기 스포츠이었던 레스링의 '파테르parterre'라는 벌칙규정이 생겼다. 나아가 인도-유러피언 산스크리트 언어에서는 '파트리'라는 용어를 사용하는데, '신적인 권력 이미지'를 가지고 있다.

　이 점에서 가부장제도가 고대 세계제국의 지배이데올로기로 확장 되고 강화되는 것은 당연한 일이었다. 고대 세계제국 지배 이데올로기로써 '가부장제도 아버지의 권력구조'는 혈연관계를 박차고 나와 세계제국 지배체제의 권력용어가 되었다. 곧 제국의 황제는 '세계가족의 아버지'였다. 이와 딱 맞게 어울리는 헬라어 용어가 '오이케테스-한 가족'이다. '오이케테스'는 '오이케오-살다'라는 동사에서 왔는데, 이 동사의 분사형이 '오이쿠메네-세계가족'이다. 이 '오이쿠메네'라는 용어의 활용이야말로 '알렉산더의 헬라 세계제국 통치이념'이었다. 이를 위해 알렉산더는 지중해 세계가족 공용헬라어 '코이네'를 새로 만들기까지 했다. 신약성서의 헬라어가 바로 '코이네'이다.

　헬라제국에 이어 로마제국도 '가부장적 세계가족 이념'을 지배체제

이데올로기로 이용했다. 그런데 로마제국의 세계가족 지배체제 이데올로기는 피라미드 후원자-종속관계Patron-client relations 거대 사회기계구조로 나타난다. 맨 꼭대기에 세계가족 절대 가부장 로마황제가 군림하고, 맨 밑바닥에 식민지 민초들이 자리한다. 맨 꼭대기 세계가족 가부장 로마황제로부터 맨 밑바닥 식민지 하층 민초들까지 피라미드 먹이사슬의 가부장 지배체제 위계질서로 꽁꽁 묶여있다. 로마제국의 세계가족 가부장 지배체제 속에서는 그 어떤 개인적 일탈도 허용되지 않는다. 세계가족 가부장 지배체제를 탈출해서 자기 삶을 주장하는 사람은 제국의 반역자일 뿐이다.

이러한 비유의 시대와 사회상황 속에서 우리는 어떻게 비유를 읽고 해석해야 할까? 우리는 '고대 가부장제도 아버지의 권력구조'라는 열쇠말을 통하여 본문비유를 로마제국의 '세계가족 가부장 지배체제 해체하기'라고 읽고 해석할 수 있다. 실제로 예수는 비유를 통하여 로마제국의 세계가족 가부장 지배체제에 대한 대안세상으로써 '아빠 하나님의 나라'를 증언한다. 한마디로 본문비유의 숨겨진 은유는 '돌아온 탕자, 예수의 아빠 하나님의 나라 새판 짜기'이다. 이제 본문비유에 등장하는 인물들의 행동과 사건흐름을 따라 '예수의 아빠 하나님의 나라 새판 짜기' 신앙은유의 실체를 하나하나 밝혀 보자.

이끄는 말

돌아온 탕자비유는 누가복음에만 나오는 예수의 '하나님나라 비유'이다. 누가는 본문비유를 '잃어버린'이라는 주제로 '다른 두 개의 비유들-잃어버린 양, 잃어버린 동전'과 묶어서 한 자리에 배치했다. 그럼으로써 누가는 유대 종교·사회 기득권세력들이 예수의 하나님나라를 거부하고 밀어 내쳤다는 점을 강조하려고 했다.

그렇더라도 실제로, 예수는 세 개의 비유들을 따로따로 다른 상황들과 서로 다른 청중들 앞에서 이야기 했을 것이다. 이와 관련하여 예수는 본문비유에 앞선 '잃은 양 비유'에서처럼, 늘 세리와 죄인들과 사귀고 함께 공동체 밥상을 차렸다. 바리새파와 서기관들은 걸핏하면 예수의 이러한 삶의 태도를 비난했다. 그럴 때마다, 예수는 여러 차례에 거쳐 '잃은 양 비유, 잃은 동전 비유, 잃은 아들비유'를 따로 따로 이야기했을 것이다. 누가복음 저자는 예수의 이러한 비유들에 대하여 '하나님께서 잃어버린 사람을 사랑하시고, 그 사람이 회개하고 돌아오기를 간절히 바라시며, 즐거이 맞이하신다'라고 이해했다. 누가복음 저자는 이러한 신앙이해에 따라 세 개 비유들을 한자리에 모아서 배치했을 것이다.

그러나 실제로, 예수의 '돌아온 탕자 비유'는 등장인물들의 행동과 사건의 흐름을 통하여 누가복음 저자의 신앙주제보다 훨씬 더 크고 놀라운 신앙은유들을 드러내 보여준다. 먼저, 고대 가부장제도 아버지의 권력구조에 비추어 '비유의 아버지와 작은 아들 사이에서 벌어지는 행동과 사건흐름'을 살펴보자. 비유에서 작은 아들은 아버지에게 '아버지가 가지고 있는 것' 가운데서 자기 몫을 떼어달라고 요구한다. 작은 아들의 이러한 행동은 가부장제도 아버지의 권력구조 안에서 권력소외자로 살아오던 작은 아들의 일탈행동처럼 보인다. 왜냐하면, 고대 가부장제도 안에서 작은 아들의 이러한 요구는 아버지의 권력구조에 대항하려는 뜻을 드러낸 꼴이기 때문이다. 이 점에서 본문비유는 '아버지가 가지고 있는 것'이라는 뜻으로 '우시아스'라는 헬라어 낱말을 사용하는데, 이 낱말은 헬라철학 사상에서 '우시아-본질'이라는 의미와 닮은꼴이다. 따라서 고대사회 가부장제도 안에서 '아버지가 가지고 있는 것'을 떼어 달라는 요구는 '아버지에 대한 저항이고, 거부이며, 아버지 죽이기'이다. 왜냐하면, 작은 아들이 '아버지가 가지고 있는 것' 가운데서 자기 몫을 떼어 달라는 요구자체가 가부장제도 아버지의 권력구조에 대한 해체 요구로써, 가부장제도 아버지의 죽음을 다그치는 행태이기 때문이다.

그런데 여기서 가부장제도 아버지의 권력구조의 핵심은 '아버지와 큰 아들의 권력관계'이다. 가부장제도의 권력내부자 연결고리가 아버지에서 큰 아들로 이어지기 때문이다. 동서고금을 막론하고 고대 사회에서 아버지와 큰 아들의 권력관계는 가족의 생존과 번영을 유지하는 핵심조건이었다. 이 점에서 고대사회 가부장제도의 아버지와 큰 아들의 권력관계의 밑바탕은 '아버지가 가지고 있는 것, 아버지의 살림^富'이다. 아버지의 부가 늘어나야 모든 가족구성원들을 아버지와 큰 아들의 권력관계 속에 가두어둘 수 있을 뿐만 아니라, 아버지와 큰 아들의 사회적 위치와 명예도 확장할 수 있다. 그러므로 아버지와 큰 아들은 아버지의 부를 지키고 늘리는 일에 혼신의 노력을 다한다. 비록, 늘리지는 못하더라도 지키는 일에서 만큼은 온힘을 다 해야 한다. 절대로, 아버지의 부를 분배하거나 가족 구성원들에게 흩어주는 일은 있을 수 없다. 성서 안에서 대표적인 예가 '에서와 야곱의 투쟁이야기'이다

이와 관련하여 유대사회 가부장제도 전통 속에서 아버지가 가지고 있는 것에 대한 상속은 큰 아들 상속長子相續이 원칙이다. 유대사회의 큰 아들 상속은 '땅을 아주 팔아넘기지 못한다'라는 야훼의 토지법에 근거하여 더욱 강화 되었다. 만약 큰 아들 상속이 아닌 자식들 간의 분할상속이 일어난다 해도, 그 분할상속은 가부장제도 가족 안에서의 상속이

어야 한다. 가족 외부로 아버지의 부가 흘러나가서는 절대 안 된다. 또한 큰 아들의 상속 권리는 아버지의 모든 것들 중 '3분의 2'인만큼 작은 아들의 몫은 크지 않다.민수기, 신명기 참조 그럼에도 불구하고 본문비유의 작은 아들은 아버지에게 '아버지가 가지고 있는 것' 가운데서 자기 몫을 떼어달라고 요구한다. 왜냐하면, 동서고금의 모든 큰 아들과 작은 아들의 권력투쟁 신화에서 '가부장제도 아버지의 권력구조 해체하기, 아버지 죽이기'를 꾀하는 사람은 오직 작은 아들뿐이기 때문이다.

그렇다면, 예수의 비유의 청중들은 '작은 아들의 이러한 행동'에 대하여 어떤 생각을 했을까? 특별히 바리새파 사람들과 서기관들의 반응은 무엇이었을까? '에이 후레자식 같은 놈'이라는 욕설이 아니었을까? 예수의 청중들은 마땅히 작은 아들의 일탈행동에 대하여 아버지가 엄하게 벌을 주어야한다고 생각했을 것이다. 아마도, 예수는 비유 이야기의 시작부터 청중들이 왁자지껄 시끄럽게 따지고들것을 미리 짐작하고 있었을 것이다. 그러거나 말거나 예수는 자기 할 말을 끊지 않고 이어 나갔으리라.

왜냐하면, 돌아온 탕자 비유가 예수의 다른 비유들보다 훨씬 길고 등장인물들의 행동과 사건흐름도 청중들 사이에서 큰 말싸움을 불러일으킬 것이 뻔하기 때문이다. 예수는 '비유의 등장인물들의 말과 행동'을 통하여 유대 사회의 가부장제도 아버지의 권력구조를 거스르고 트집 잡으려고 한다. 비유의 등장인물들이 가부장제도 아버지의 권력구조를 거스르는 사건들을 끊임없이 일으키게 함으로써, 비유의 청중들의 마음을 언짢게 하고 어리둥절하게 생각하도록 비유이야기를 이끌어 가려고 한다. 따라서 청중들의 왁자지껄 시끄러움의 원인은 비유의 등장인물들이 일으키는 사건과 행동 때문만이 아니라, 비유 이야기꾼인 예수 때문이기도 하다.

이와 관련하여 비유에서 아버지는 처음부터 고대 가부장제도 아버지의 권력구조를 허무는 사건들에 불려 다녀야만 했다. 왜냐하면, 비유 이야기꾼인 예수가 '아버지가 작은 아들에게 살림을 나누어 주었다'라고 비유 이야기를 이끌어 갔기 때문이다. 여기서 '살림'이라는 뜻으로 사용된 헬라어 낱말이 '비온'인데, 문자적으로는 '삶 또는 생활'이다. 그것은 '우시아스-아버지가 가지고 있는 것'의 실체로써 '아버지의 삶 그 자체'이다. 이로써, 아버지는 자신의 삶을 해체하여 작은 아들에게 나누어 주었고, 그것은 곧 작은 아들의 일탈행동과 더불어 아버지 스스로가 불러들인 '가부장제도 아버지 권력구조의 위기'이다.

물론, 비유의 유대인 청중들의 선조가 유목민이었다는 점에 비추어, 아버지가 '가축이나 따로 모아 놓은 재물 등 유동화 할 수 있는 살림'가운데서 일부를 작은 아들에게 나누어 주었을 수도 있다. 또한, 아버지가 자기의 살림을 자식들에게 나누어 주려고 결정했다면 죽기직전에 이르러서 일 텐데, 큰 아들의 몫에 비하면 다른 자녀들의 몫은 형편없이 작을 수밖에 없다. 무엇보다도, 고대 유대사회 가부장제도에서 아버지가 살아생전에 작은 아들에게 살림을 나누어 준다 해도, 땅이나 그 밖의 생산기반을 나누어 줄 리가 없다. 아무 때나 구할 수 있고 쉽게 처분할 수 있는 생활의 여유, 또는 생활의 필요와 쓰임을 나누어주었을 것이다.

그럼에도 불구하고, 본문비유에서 '아버지가 가지고 있는 것' 중에서 자기 몫을 떼어 달라고 요구하는 작은 아들에 대한 아버지의 징벌은 마땅하고 옳은 일이다. 이 점에서 아버지가 작은 아들의 일탈행동을 징벌하기는커녕, 스스럼없이 자기 살림을 나누어 주었다는 것은 천만 뜻밖의 일이다. 그런 일은 가부장제도 아버지의 권력구조 아래서 매우 놀라운 사건일 뿐만 아니라, 두말할 나위도 없는 반 가부장적이며 반가족적인 행태이다.

그렇다면 예수는 왜, 이렇게 이야기를 이끌어 가야 했을까? 예수는 비유의 등장인물들의 행동과 사건흐름을 통하여 무엇을 이야기하려는 걸일까? 이와 관련하여 본문비유의 청중들은 바리새파 사람들과 서기관들과 예루살렘 대중들이다. 예수는 본문비유를 통하여 무슨 신비한 종교사상이나 철학사상을 선언하려는 것이 아니다. 예수의 비유는 로마제국의 세계가족 가부장 지배체제와 식민지 유대사회 가부장제도의 삶의 현실에 대한 은유이다. 예수는 비유 이야기의 시작부터 로마제국의 세계가족 가부장 황제와 유대사회 가부장 아버지의 권력구조 '껍질 벗기기'를 꾀한다. 그럼으로써 가부장제도 아버지 권력구조의 두꺼운 껍질을 벗겨내고, 그 속에 숨겨진 새로운 아버지의 모습을 밝혀내려고 한다.

이렇듯이, 예수는 우리 모두의 맨 처음의 아버지—예수가 하나님나라 복음운동 실천행동으로 증언해온— '아빠 하나님'을 비유의 청중들의 삶의 마당으로 이끌어 들이려고 애쓴다. 그 점에서, 예수는 비유의 등장인물들의 행동과 사건흐름을 통하여 로마제국의 세계가족 가부장 지배체제와 유대사회 가부장제도의 현실을 비틀고 조롱하는 것에 아무런 거리낌이 없다. 예수는 비유를 통하여 가부장제도 아버지 권력구조의 껍질을 벗은 새로운 아버지를 불러냄으로써, '예수의 아빠 하나님 나라 새판짜기'은유의 실체를 하나하나 까발리기 시작한다.

그렇다면 여기서, 예수의 돌아온 탕자 비유 이야기의 흐름에 대하여 청중들은 어떤 생각을 하고, 어떤 감정을 내비쳤을까?

"뭐, 그 따위 일이 다 있어!

어째, 애비가 돼서 저모양이야! 이런 반응 이지 않았을까?"

그러나 예수는 비유의 시작부터 로마제국의 세계가족 가부장 지배체제와 유대사회 가부장제도 아버지의 권력구조를 쌩 무시했다. 가부장제도의 아버지와 큰 아들의 권력관계를 비꼬고 깔봤다. 가부장제도 아버지의 권력구조의 토대인 장자상속을 비꼬며 조롱했다. 그럼으로써 비유의 청중들의 생각과 감정을 점점 더 혼란스럽게 하고, 로마제국과 유대사회 가부장제도 아버지의 권력구조에 대해 시나브로 의심을 가지게 했다. 이렇듯이, 예수는 생각과 감정이 혼란스러워진 청중들에게 등장인물들의 행동과 사건흐름을 통해서 '예수의 아빠 하나님나라 새판짜기 은유'를 은근슬쩍 들이밀었다.

이어지는 작은 아들의 행동들과 사건흐름을 살펴보자. 작은 아들은 아버지로부터 나눠받은 아버지의 살림들을 챙겨서 멀리 낯선 곳으로 떠났다. 그렇다면, 작은 아들은 어떻게 아버지의 살림들을 처분하여 목돈을 마련했을까? 실제로, 유대사회 가부장제도에서 작은 아들이 아버지의 살림을 처분하여 목돈을 만드는 것은 현실적으로 불가능하다. 작은 아들이 아버지의 살림에서 자기 몫을 떼어 내는 것 자체가 가부장제도 아버지의 권력구조에 대한 거부 일뿐만 아니라, 가부장제도의 아버지를 죽음으로 내모는 일이기 때문이다. 무엇보다도, 작은 아들이 아버지의 살림을 말끔하게 팔아서 목돈을 마련한 행위는 가부장제도 가족전체의 생존권을 위협하는 반가족주의 행위이며, 거칠고 사나운 반사회적 행동이다. 하지만 예수는 이런 의문에 대한 아무런 설명도 없이, 별다른 이의를 제기하지도 않은 채, 재빠르게 비유이야기를 이끌어 간다. 예수의 비유의 청중들은 예수의 이야기에 이끌려가면서 온갖 불편한 생각과 감정에 휩싸였으리라.

그렇다면, 작은 아들은 아버지를 떠나, 멀리 여행을 떠난 것인가? 아니면, 아예 타국으로 이주를 한 것인가? 실제로, 작은 아들의 떠남은 유대지역으로부터 그리 먼 곳이 아니었을 것이다. 작은 아들은 몇 개의 산을 넘고 골짜기를 지나 유대지역 변방 이방인들의 땅으로 갔을 것이다. 그렇더라도, 고대로부터 유대인들에게는 뿌리내려 살던 곳으로부터 멀리 낯선 곳으로 삶의 터전을 옮기는 것은 흔한 일이었다. 로마시대 유대인들은 팔레스타인 유대지역에 오십만 명 정도가 거주했을 뿐이고, 지중해 세계 전체에 거쳐 사백만 명이 훨씬 넘는 유대인들이 디아스포라로 흩어져 살았다고 한다.

물론, 본문비유에서 작은 아들이 낯선 곳으로 떠나는 행동은 '가부장제도 아버지의 권력구조로부터 떠남'이다. 그 떠남은 가부장제도 아버지의 권력구조의 실체에 대한 저항행동이다. 더해서, 예수는 '작은 아들의 떠남과 낯선 곳에서의 삶의 행태'를 통하여 가부장제도 아버지 권력구조의 밑바탕인 아버지의 살림을 늘리고, 쌓으며, 지키려는 행태 자체를 조롱한다. 예수는 비유에서 '작은 아들이 아버지의 살림을 아낌없이 모두 다 흩어버렸다'고 이야기한다. 작은 아들에게는 아버지의 살림이 하나도 남아 있지 않았다.

이제 여기서, 독자들은 예수의 비유의 청중들의 허탈한 감정과 착잡한 표정들을 여러 모양으로 상상해 볼 필요가 있다. 작은 아들의 망나니 생활태도 속에서 속절없이 흩어지고 사라져버린 아버지의 살림부에 대하여 '몹시 안타까워하는 얼굴들'이 보일 것이다. 더불어, 작은 아들의 허랑방탕한 삶의 행태에 대하여 '매우 못마땅해 하는 얼굴들'이 나타날 것이다. 나아가, 작은 아들이 아버지의 살림으로 창녀와 놀아났다고 넘겨짚고 어림하며 '분노하는 얼굴들'이 떠오를 것이다.

하지만, 예수는 비유에서 '작은 아들이 창녀와 방탕하게 놀아났다'는 이야기를 하지 않는다. 작은 아들은 자기 생활을 위하여 아버지의 살림을 아껴두지 않았을 뿐이다. 다만, 작은 아들은 낯선 땅의 이웃 사람들에게 '씀씀이가 크고 너그러운 사람처럼 행세'했을 것이다. 작은 아들은 아버지의 살림을 이웃 사람들에게 마구 퍼주었다. 아마도, 작은 아들의 이러한 행동은 낯선 땅에서 자기 삶을 시작한 청년의 치기어린 '폼생폼 사form生form死'였을 수도 있다. 그런데 여기서부터, 예수는 비유의 작은 아들의 삶의 태도와 이어지는 사건흐름을 통하여 '가부장제도 아버지 권력구조의 껍질 속에 숨겨진 새로운 아버지모습'을 밝혀내려고 한다. 그럼으로써 예수의 '아빠 하나님의 나라 신앙은유'로 비유이야기의 흐름을 이끌어 가려고 한다. 예수는 가부장제도 아버지의 권력구조를 떠난 작은 아들의 삶의 상황을 최악으로 몰아넣는다. 엎치고 덮친듯 작은 아들에게 굶주림이 몰아쳤다. 작은 아들은 아버지를 떠나 낯선 곳에서 의지할 데 없는 삶을 살면서, 혹독한 굶주림 속에 버려졌다. 작은 아들은 아버지에게로 돌아가기를 포기한 채, 이방 사람들에게 달라붙어 더부살이를 했다. 작은 아들은 이방인들의 돼지 떼를 치는 일을 해야만 했는데, 돼지는 유대인들에게 매우 부정한 동물이었다. 돼지는 유대인들에게 길러서도 안 되고, 가까이 해서도 안 되며, 먹어서도 안 되는 동물이었다.

그렇다면, 작은 아들은 가부장제도 아버지의 권력구조를 떠나 낯선 곳에서 이기적 삶을 살다가 벌을 받은 것일까? 작은 아들의 비참한 삶의 상황은 탕자로써 작은 아들에게 마땅한 하늘의 징벌일까? 물론, 비유의 청중들에게는 작은 아들이야말로 탕자이고 죄인이다. 예수의 비유의 청중들은 혀를 차며, '그러면 그렇지 그런 놈은 망해야 돼'라고 통쾌하게 여겼을 것이다. 그러나 실제로, 본문비유에서 작은 아들에게 닥친 비참한 삶의 현실은 작은 아들의 죄의 결과로써, 하늘이 주는 벌이라고 딱 잘라 말할 수 없다. 작은 아들의 비참한 삶의 상황은 팔레스타인 지역에 종종 들이닥치는 혹독한 흉년 속에서 누구든지 겪을 수 있는 가난과 절망을 표현한다. 비유의 작은 아들에게 들이닥친 삶의 위기는 특별히 작은 아들이 죄를 지어 징벌을 받는 상황은 아니리라.

그럼에도 불구하고, 예수는 가부장제도 아버지의 권력구조를 멀리 떠난 작은 아들의 비참하기 짝이 없는 삶의 상황을 아주 생생하게 그려낸다. 작은 아들은 굶주림 속에서 돼지들이 먹는 쥐엄열매라도 얻어서 주린 배를 채우려고 했다. 이 쥐엄열매는 지중해 팔레스타인 연안에서 자라는 상록교목 '구주 콩나무carob tree'의 열매라고 하는데, 평소에는 가축사료로 사용하고, 기근 때에는 가난한 사람들의 식량대용이 되기도 한다. 그러나 그나마도 작은 아들에게는 쥐엄열매를 주는 이가 없었다.

그제서야 작은 아들은 더할 수 없이 처참한 모습으로 아버지에게 돌아가려고 한다. 예수는 비유에서 작은 아들의 절절한 속엣말을 통하여 작은 아들의 처참한 귀향계획을 까발린다. "아버지에게 무릎 꿇고 용서를 빌어볼까? 아들이라고 여기지 마시고 하인으로 삼아달라고 요청 해볼까?"

작은 아들은 온갖 삶의 고난을 몸과 마음에 새겨 안은 채 아버지에게로 발길을 돌릴 수밖에 없었다. 그렇게, 가부장제도 아버지의 권력구조 속으로 돌아가야 하는 작은 아들의 발걸음은 한심함과 끔찍스러움 그 자체였다.

그렇다면, 작은 아들이 비참하기 짝이 없는 삶의 상황 속에서, 아버지에게로 돌아오는 것은 '작은 아들의 회개'일까? 가부장제도 아버지의 권력구조를 박차고 나온 작은 아들이 '죄를 빌며 다시 가부장제도 작은 아들의 자리로 돌아오는 것'일까? 이와 관련하여 예수가 '비유에서 까발린 작은 아들의 귀향계획'에는 가부장제도 아버지의 권력구조에 대한 회개의 마음을 전혀 엿볼 수 없다. 그저 마지못해 어떻게든 목숨줄이나 이어가려는 작은 아들의 처참한 귀향을 드러낼 뿐이다. 특별히 본문 비유에서의 작은 아들의 솟엣말 귀향계획이야말로 '누가복음 저자의 문학적 수사'로 여겨지기에 더욱 그렇다. 그러나 이제야말로, 예수는 작은 아들의 처참한 귀향을 맞이하는 아버지의 행동과 사건흐름을 통하여 '가부장제도 아버지의 권력구조 껍질 벗기기의 긴장과 감동'을 한편의 연극장면처럼 연출한다.

이와 관련하여, 예수의 돌아온 탕자비유는 처음부터 고대 가부장제도의 아버지와 크게 어긋나는 이상야릇한 아버지의 모습을 보여주었다. 예수의 비유에서 아버지는 자기 몫을 나누어달라며 가부장제도 아버지의 권력구조에 반항하는 작은 아들을 징벌하지 않았다. 도리어 아버지는 자기의 살림을 나누어 줄뿐 아니라, 작은 아들이 아버지의 살림을 팔아서 가족을 떠나도록 허용했다. 이러한 아버지의 행동과 사건상황에는 고대 가부장제도 아래서 숨죽여 살면서, 작은 아들에게 편 사랑을 베푸는 어머니에 대한 은유가 숨겨져 있지 않을까? 마치, 구약성서 '에서와 야곱 이야기'에서 그들의 어머니인 리브가의 행태를 보는 듯하다.

그렇듯이, 돌아온 탕자비유의 아버지는 살길을 찾아 아버지의 집으로 귀향하는 작은 아들이 아직 멀리에 있는데, 대뜸 알아채고 뛰쳐나간다. 아버지는 작은 아들을 불쌍히 여기고, 입을 맞추며, 목을 껴안는다. 제일 좋은 옷을 가져다 입히고, 손에 가락지를 끼우며, 발에 새 신발을 신긴다. 이제 비유의 아버지에게서 영락없는 어머니의 모습을 본다. 여기서, 돌아온 탕자비유는 가부장제도 아래서 숨죽여 살아온 어머니를 새로운 아버지의 모습으로 들춰내어, 가부장제도 아버지의 권력구조 껍질 벗기기 은유의 절정으로 치닫는다. 이제야말로 예수는 비유를 통하여 '예수의 아빠 하나님의 나라 새판 짜기' 은유를 실체를 있는 그대로 숨김없이 드러낸다.

이 점에서, 돌아온 탕자비유의 가장 놀라운 사건상황은 '탈 가부장화한 아버지가 작은 아들과 모든 종들과 함께 벌이는 흥겨운 잔치'이다.

"살찐 송아지를 끌어내어 잡아라.

우리가 먹으며 흥겨운 잔치를 벌이자!

왜냐하면, 이 내 아들이 죽었다가 다시 살아났기 때문이다.

내가 잃었었다가 되찾았기 때문이다. 그래서 그들이 잔치를 벌이기 시작했다."

여기서 사용한 헬라어 동사가 '유프란토멘-우리가 흥겨운 잔치를 벌이자'인데, 비유의 문맥 안에서 헬라어 동사의 느낌 그대로 '흥겨운'이란, '마음 깊은 곳에서 솟아오르는 기쁨과 흥'이다. 아버지는 작은 아들을 맞이하여 '죽었다가 다시 살았고 잃었다가 되찾았다'고 한다. 그래서 아버지는 마음 깊은 곳에서 우러나는 기쁨과 흥에 겨워 살진 송아지를 잡고 한판 잔치를 벌인다. 그런데 놀랍게도 이 흥겨운 잔치에 참여하는 이들은 '아버지와 더불어 탕자 작은 아들, 그리고 온 집안의 종들'이다. 이 잔치는 너무도 흥겨워서 풍악을 울리고 노래하며 춤추는 소리가 집안을 넘어 집 밖으로까지 흘러넘친다.

마치, 예수가 늘 벌여오던 가난한 이들, 고아와 과부, 세리와 죄인, 창녀들이 함께 어울려 벌려오던 밥상공동체와 똑같다. 이로써 예수는 비유에서 작은 아들의 처참한 귀향을 통하여 예수의 하나님나라 복음,

예수의 아빠 하나님의 나라 잔치의 실체를 새롭게 보여준다. 더불어 예수는 돌아온 탕자비유를 통하여 로마제국의 세계가족 가부장인 황제와 유대 전통의 가부장제도 아버지를 대체하는 새로운 '아빠-아버지'를 소개한다. 그 분은 새로운 대안세상, 예수의 하나님 나라에서 우리 모두의 아버지로써 아빠 하나님이시다. 아빠 하나님은 가부장제도의 탕자인 작은 아들은 물론, 가부장제도의 종들까지도 함께 어울려 노래하며 춤추는 '새로운 하나님나라 잔치의 주인'이다.

이쯤에서 비유의 청중들의 반응을 상상해보자. 예수의 비유의 청중들은 비유의 시작부터 작은 아들을 욕했고, 아버지에게 닥친 상황과 아버지의 행동에 불만을 터트렸다. 아버지는 작은 아들의 뻔뻔한 일탈행동을 벌주지 않았고, 작은 아들이 아버지의 살림을 팔아 아버지를 떠나도록 내버려 두었다. 그럼으로써 '가부장제도 아버지와 큰 아들의 권력관계'를 무시했고 온가족들의 생존권에 해를 끼쳤다. 그러고도 비유의 아버지는 집을 나간 작은 아들의 귀향을 기다리느라, 하루 온 종일 목을 길게 빼고, 눈이 빠져라 동구 밖을 지켜보았다. 그 따위 짓거리는 가부장제도 안에서 여인네나 하는 짓이지, 가부장인 아버지가 할 짓이 아니다. 예수의 비유의 청중들에게 '이런 아버지야말로 바보천치이고 부끄러움을 모르는 철면피'임이 틀림없다.

그러나 이제야말로, 예수의 비유의 청중들은 '예수가 비유를 통하여 밝히는 예수의 아빠 하나님의 나라 새판 짜기 은유'를 알아채야 할 때가 되었다. 왜냐하면, 예수가 청중들의 와자지껄 속에서도 비유의 등장인물들의 행동과 사건흐름을 통하여 한결같이 '가부장제도 아버지 권력구조의 껍질 벗기기'를 이어왔기 때문이다.

그렇듯이, 예수가 비유 이야기를 이어오는 동안 청중들의 생각과 감정도 서로 갈리고, 어긋나며, 뒤바뀌지 않았을까? 이것은 예수의 비유의 청중뿐만 아니라, 21세기 예수의 비유의 독자들에게도 마찬가지이다. 왜냐하면, 예수가 비유를 통하여 청중들과 독자들의 생각과 감정을 이간질하고 갈라놓기 때문이다. 이제야말로 누구든 '가부장제도 아버지의 권력구조' 또는 '아버지와 큰 아들의 권력관계'안에 머물든지, '예수의 아빠 하나님의 나라 새판 짜기'에 참여하든지 결단해야 한다. 물론, 비유의 청중들이나 독자들이나 예수의 아빠 하나님의 나라 새판 짜기의 은유를 전혀 알아채지 못했을 수도 있을 것이다. 어쩌면, 본문비유에서 큰 아들처럼 가부장제도 아버지 권력구조를 지켜내려 안간힘을 쓸지도 모르겠다.

이와 관련하여 끝으로, 가부장제도 아버지 권력구조의 껍질을 벗어던진 아버지의 행동과 사건상황에 대응하는 큰 아들의 행태를 살펴보자. 큰 아들은 고대 유대사회 가부장제도 아버지와 큰 아들 권력관계에 충실한 사람이다. 아마도 그는 고대 가부장제도 안에서 옳고 바르게 성장하며 어른스러워졌을 것이다. 그는 가부장제도 아버지와 큰 아들의 권력관계 안에서 이웃들로부터도 크게 인정받는 사람이었을 것이다. 그는 가부장제도 아버지와 큰 아들 권력관계 안에서 큰 아들답게 밭에 나가 자기 맡은 일을 마치고, 집으로 돌아왔다. 와서 보니 집을 나갔던 탕자 아우가 돌아오고, 아버지는 살찐 송아지를 잡아 잔치를 벌이고 있었다. 그 잔치는 아버지와 탕자 아우, 집안의 종들까지 함께 어울려 풍악을 울리고, 노래하며, 춤추는 한판 흥겨운 대동잔치였다. 큰 아들은 전혀 생각지도 못했던 이 잔치에 대하여 알아보려고, 나이 어린 하인 하나를 불러내어 '대체 이일들이 무엇인지' 물었다.

여기서 예수는 '나이 어린 하인의 입말'을 빌려 가부장제도 아버지와 큰 아들 권력관계 당사자인 큰 아들에게 잔치의 상황을 전달한다.

"당신의 아우가 돌아오고 당신의 아버지께서 살찐 송아지를 잡았습니다. 왜냐하면, 건강한 그를 맞이했기 때문이지요."

이로써, 예수는 가부장 껍질을 벗은 아버지와 함께 집안에서 흥겨운 잔치를 벌이는 '나이 어린 하인, 종들, 돌아온 탕자'와 '집 바깥에서 뻗대는 큰 아들'을 날카롭게 맞세워 비교한다. 큰 아들은 '뒤엎어진 가부장제도 아버지 권력구조'와 '무너져 내린 아버지와 큰 아들 권력관계'로 인해 너무 화가 나서 잔치에 참여하기를 거부한다. 그러고는 아예 집으로 들어가려고 조차 하지 않는다. 이로써, 큰 아들은 가부장제도 아버지 권력구조의 껍질을 벗어던진 새로운 아버지에 대항하며 그 아버지를 거부한다.

그래서 아버지가 몸소 집 밖으로 나와서 큰 아들을 달래야만 했다. 아버지는 오늘의 잔치에 대하여 매섭고 날카롭게 반응하는 큰 아들에게 '오늘의 잔치의 의미와 내용'을 설명한다.

"애야, 너는 늘 나와 함께 있고 내 모든 것들이 네 것이다.

그러나 이제 잔치가 벌어지고 기쁨으로 넘쳐져야만 한다.

왜냐하면, 너의 이 아우는 죽었다가 다시 살아났기 때문이다.

내가 잃었었다가 되찾았기 때문이다."

그러나 아버지를 대하는 큰 아들의 태도가 너무도 매정하고 사납다. 큰 아들은 가부장제도 아버지 권력구조의 껍질을 벗어던진 아버지에게 아예 아버지라는 호칭조차 사용하지 않는다. "보십시오. 저는 여러 해 동안 당신을 섬겼습니다. 결코 당신의 명령을 어긴 적이 없습니다. 그러나 당신은 저에게 제 친구들과 함께 즐기라고 염소새끼조차 결코 내어주지 않았습니다. 그런데 당신의 이 아들, 창녀들과 함께 당신의 살림을 먹어버린 그가 오자마자, 당신은 그를 위해 살찐 송아지를 잡았습니다.”

여기서, 큰 아들의 아버지에 대한 모질고 사나운 반응은 '바리새파와 서기관과 율법사들의 예수의 하나님나라 복음운동에 대한 신경질적인 반응'과 똑 닮았다. 큰 아들은 집을 나갔다 돌아온 아우를 '창녀들과 함께 놀아나며 아버지의 살림을 말아먹은 탕자'라고 부풀려 비난한다. 아예, 큰 아들은 돌아온 탕자, 작은 아들을 아우로 인정하지 않는다. 뿐만 아니라, 도리어 '당신의 이 아들'이라고 표현함으로써 탈 가부장화 한 새로운 세상의 아버지에 대해 노골적인 적대감을 드러낸다. 아버지가 큰 아들에게 '너의 이 아우는 죽었다가 다시 살았다'라며 이해시키려 하지만 소용없는 짓이다. 큰 아들에게는 '가부장제도 아버지의 권력구조와 아버지와 큰 아들의 권력관계'를 해체한 탈 가부장 아버지와 탕자 동생은 필요조차 없는 존재들이다. 이미 큰 아들은 가부장제도 아버지와 큰 아들의 권력관계 안에 크게 자기자리를 잡았을 터. 큰 아들과 탈 가부장화 한 아버지와의 새로운 관계설정은 아득하게 먼 일이 되고 말았다.

마침내 그렇게, 예수의 긴 비유가 끝을 맺는다. 하지만 예수의 비유의 뒤끝은 매우 아리송하다. 그래서 어떻게 되었다는 건데? 비유의 청중들에게는 아주 씁쓸한 여운만 남았을 것이고, 21세기 우리시대의 독자들에게도 여러 가지 신앙 의문만 남겼을 것이다.

그러므로 이제, 본문비유의 씁쓸한 여운과 갖가지 신앙의문들은 비유의 청중들이나 독자들에게 다시 한 번 더 비유를 되새겨 볼 여지를 남긴다. 그럼으로써, 돌아온 탕자 비유 속에 깊이 숨겨진 다양한 신앙은유들을 찾아낼 수 있으리라. 이제, 누구라도 '돌아온 탕자비유, 예수의 아빠 하나님나라 새판 짜기'은유 안으로 들어올 수 있을 것이다. 이 은유의 실체는 가부장제도 아버지의 권력구조와 아버지와 큰 아들의 권력관계를 거부하는 '예수의 아빠 하나님나라의 흥겨운 대동잔치'이다. 탈가부장화한 아버지와 탕자 작은 아들과 종들이 함께 벌이는 한판 대동잔치. 이 잔치는 가부장제도 아버지와 큰 아들 권력관계에 익숙한 바리새파 사람들과 서기관과 율법사들의 참여를 막지 않는다.

그러나 그들이 이 잔치에 참여하려면 가부장제도의 아버지와 큰 아들 권력관계를 해체하려는 탈 가부장화 한 아버지를 받아들여야 한다. 탕자 작은 아들을 아우로 맞이해야 한다. 무엇보다도 가부장제도 아래서 종의 자리에 있었던 모든 이들을 잔치의 주체로 초청하고 맞이해야만 한다. 곧 가난한 이들, 과부와 고아, 세리와 죄인, 창녀들과 함께 마음 깊은 곳에서 우러나는 기쁨과 흥으로 잔치를 벌이고, 함께 춤추며, 노래해야만 한다.

맺는 말

예수는 돌아온 탕자 비유의 끝맺음에서 비유의 청중과 독자들에게 짙은 여운을 길게 남겨 놓았다. 왜, 그렇게 되었을까? 예수의 비유 속에 깊이 숨겨진 '돌아온 탕자, 예수의 아빠 하나님나라 새판 짜기' 은유가 수많은 바깥의 사람들을 남겨놓았기 때문이다. 아직, 큰 아들은 작은 아들과 화해하지 않았다. 큰 아들은 가부장제도 아버지의 권력구조 껍질을 벗어 던진 새로운 아버지를 끝내 받아들이지 못했다. 그래서 여전히 예수의 비유의 큰 아들은 '돌아온 탕자, 예수의 아빠 하나님나라 새판 짜기' 은유 바깥에서 떠돈다. 따라서 여전히 우리시대의 수많은 큰 아들들도 가부장제도 아버지와 큰 아들 권력관계 아래서 독점 권력을 누리고 행사한다. 나아가 예수의 비유의 청중들도, 독자들도 자신들의 생각과 감정을 크게 이간질 당하기는 했으나, 아직 새로운 결단에 이르지 못한다.

그러므로 예수는 여전히 비유의 청중들에 이어서 우리시대의 독자들에게도 '돌아온 탕자, 예수의 아빠 하나님의 나라 새판 짜기' 신앙결단을 요청한다. 이와 관련하여 지금 우리사회는 백만 천만 국민주권 촛불혁명에 이어, '미투 운동#Me Too' 및 '위드 유#With You' 운동으로 제2의 국민주권 촛불혁명을 일으키고 있다. 이 운동은 우리나라뿐만 아니라 지구촌 여러 나라에서 벌어지고 있는 사회현상이다. 우리는 '미투 운동#Me Too' 및 '위드 유#With You' 운동을 통하여 우리사회 모든 영역에 똬리 틀고 앉은 가부장제도 아버지의 권력구조와 아버지와 큰 아들의 권력관계 실체를 깨닫고 있다. 우리사회의 큰 아들은 지금도 여전히 이 땅의 작은 아들들과 딸들과 어머니를 살해한다.

'돌아온 탕자, 예수의 하나님나라 새판 짜기' 은유 바깥에서 죽임을 당하는 작은 아들들과 딸들과 어머니의 외침은 21세기 우리 시대에서도 여전히 세찬 울부짖음으로 들려지고 있다. 그럼에도 우리는 여전히 가부장제도 아버지의 권력구조 껍질 벗기기에 나서지 못한다. 도리어 21세기 우리시대의 가부장제도 아버지의 권력구조는 국가주의 파쇼권력으로, 독점재벌·독점관료·독점종교 파쇼기득권으로 구조화 되어 깊이 뿌리내리고 있다. 나아가, 우리는 시나브로 가부장제도 아버지의 권력구조의 밑바탕인 아버지와 큰 아들의 권력관계 안에서 온갖 사회·경제적 갑 질을 당하며 살아가고 있다.

이렇듯이, 지금 여기 이 땅에서, 우리가 처한 사회현실이 교회와 교우들, 참된 예수신앙인들을 '돌아온 탕자 비유, 예수의 아빠 하나님의 나라 새판 짜기'은유 안으로 이끌고 있지 않는가?

5. 불의한 청지기 비유

불의한 청지기의 잽싸고 약삭빠른 직권남용과 배임사기,
맘몬·자본 지배체제 빚 세상 경제를 까발리다.

1또한 제자들에게 이르시되 어떤 부자에게 청지기가 있는데 그가 주인의 소유를 낭비한다는 말이 그 주인에게 들린지라 2주인이 그를 불러 이르되 내가 네게 대하여 들은 이 말이 어찌 됨이냐 네가 보던 일을 셈하라 청지기 직무를 계속하지 못하리라 하니 3청지기가 속으로 이르되 주인이 내 직분을 빼앗으니 내가 무엇을 할까 땅을 파자니 힘이 없고 빌어 먹자니 부끄럽구나 4내가 할 일을 알았도다 이렇게 하면 직분을 빼앗긴 후에 사람들이 나를 자기 집으로 영접하리라 하고 5주인에게 빚진 자를 일일이 불러다가 먼저 온 자에게 이르되 네가 내 주인에게 얼마나 빚졌느냐 6말하되 기름 백 말이니이다 이르되 여기 네 증서를 가지고 빨리 앉아 오십이라 쓰라 하고 7또 다른 이에게 이르되 너는 얼마나 빚졌느냐 이르되 밀 백 석이니이다 이르되 여기 네 증서를 가지고 팔십이라 쓰라 하였는지라 8주인이 이 옳지 않은 청지기가 일을 지혜 있게 하였으므로 칭찬하였으니 이 세대의 아들들이 자기 시대에 있어서는 빛의 아들들보다 더 지혜로움이니라 9내가 너희에게 말하노니 불의의 재물로 친구를 사귀라 그리하면 그 재물이 없어질 때에 그들이 너희를 영주할 처소로 영접하리라—**누가복음 16장**

그리고 예수께서 제자들에게도 말했다.

마름청지기을 거느리고 있는 어떤 부자가 있었다. 그런데 그 마름이 부자의 소유재산들을 횡령 하는 것으로 부자에게 고발되었다. 그래서 부자가 마름을 부른 후에 마름에게 호통을 쳤다.

"내가 너에 대하여 들은 이 고발이 어찌 된 일이냐? 너는 네 마름 장부를 내 놓아라! 왜냐하면, 네가 이후로는 마름 일을 할 수 있는 힘이 없기 때문이다."

그러자 그 마름은 스스로에게 말했다.

"내가 무엇을 해야 할까? 왜냐하면, 나의 주인이 내게서 마름 일을 떼어내려고 하기 때문이다. 땅을 파기에는 힘이 없고, 비럭질을 하기에는 부끄럽구나. 옳거니 알았다! 내가 무엇을 해야 할지! 내가 마름 일로부터 떨려나게 될 때에는 언제라도, 그들이 자기네 집들 안으로 나를 기꺼이 맞아들이게 하기 위해서!"

그리고 마름은 자기 주인에게 빚진 사람들 가운데서 따로따로 한 명씩 불러들인 후에, 첫 번째 사람에게 말했다.

"당신은 나의 주인에게 얼마나 많은 빚을 졌소?"

그러자 그 사람이 대답했다.

"기름 백말입니다."

마름이 그 사람에게 말했다.

"당신 빚 문서를 받으시오. 그리고 빨리 앉아서 오십이라고 쓰시오."

그리고 나서 마름이 또 다른 사람에게 말했다.

"당신은 얼마나 많은 빚을 졌소?"

그러자 그 사람이 대답했다.

"밀 백 섬입니다."

마름이 그 사람에게 말했다.

"당신의 빚 문서를 받으시오. 그리고 팔십이라고 쓰시오."

그런데 주인은 그 불의한 마름을 손뼉 치며 칭찬 했다. 왜냐하면, 그 마름이 잽싸고 약삭빠르게 사기를 쳤기 때문이다.

들어가는 말

나는 지금도 어린 시절 고향교회의 모습을 아련한 추억으로 떠올리곤 한다. 무엇보다, 가슴 떨리는 추억은 교우들 사이에서 이루어지는 삶의 나눔과 우정이다. 지금도 새록새록 생각나는 분이 있는데, 우리 집에 이웃해서 살던 할머니 권사님이다. 그 할머니 권사님은 우리 집에 양식이라도 떨어질라 치면 귀신같이 알아채셨다. 그리고는 나지막한 흙 담장너머로 보리쌀 자루, 감자와 고구마가 담긴 소쿠리를 건네 주셨다. 지금도 흙 담장 너머로 그것들을 건네주시던 할머니 권사님의 크고 거칠며 두툼한 손을 생각하면 가슴이 울렁거려오곤 한다.

나의 옛 고향교회는 부자나 가난한 사람이나 먹고 입고 사는 것에서 그리 큰 차이가 없었다. 물론, 가난한 사람들이야 자주 굶기도 했지만 부자라고 해서 터무니없이 호화로운 생활을 했던 것은 아니다. 한마디로 옛 고향교회는 누가 뭐래도 서로의 필요에 따라, 서로에게 기대어, 서로 가진 것들을 나누는 '삶의 나눔 공동체'였다. 가난한 사람들이야 말할 것도 없이 부자 집의 곳간에서 자신들이 필요로 하는 것을 얻어내야만 했다. 또한 부자 집은 부자 집대로 가난한 사람들의 농익은 일손이 절실했다. 그러다 보니 자연스럽게 서로의 필요에 따라 서로에게 기대는 '삶의 경제'가 이루어지게 되었던 것이다.

그러나 이제, 21세기 한국교회 상황에서 나의 어린 시절 옛 고향교회의 모습은 아련한 추억일 뿐이다. 그동안 한국교회는 대형화되고 자본주의로 상업화 되어 맘몬·자본숭배 종교로 전락하고 말았다. 성서가 증언하는 초대교회의 '삶을 나누는 신앙공동체 경제'는 멀고 먼 옛날의 한낱 종교 신화에 지나지 않을 뿐이다. 더불어 '서로의 필요에 따라 서로에게 기대는 삶의 경제'란, 21세기 우리시대의 교회뿐만 아니라, 신자유주의 시장경쟁체제가 용납하지 않는다. 그것은 어리석을 뿐만 아니라 마땅치도 않은 일이다. 왜냐하면, 21세기 신자유주의 시장경쟁체제에 매여 살아가고 있는 현대인들이 '맘몬·자본세상의 영혼 없는 임금노예로 전락했기 때문이다. 맘몬·자본세상 임금노예에게는 '무한경쟁, 무한독점, 무한축적, 무한소비'욕망이야말로 자기 삶을 꾸려가는 힘의 바탕이다.

이 점에서 예수는 비유의 사건과 상황을 통하여 '맘몬·자본권력 지배체제 빚 세상 경제의 실체'를 낱낱이 까발린다. 맘몬·자본권력 지배체제 내부자 마름들의 권력실체와 그들의 '잽싸고 약삭빠른 빚 세상 경제 영속화의 음모와 사기'를 폭로한다. 이렇게 본문비유에서는 맘몬·자본권력 지배체제 빚 세상 경제의 톱니바퀴로 전락한 인간 군상들의 비윤리적이고 약삭빠른 행동이 꼬리를 물고 일어난다. 예수는 비유에서 청중들과 독자들에게 '마름청지기의 횡령과 그에 대한 고발 → 마름의 해고의 위기 → 그리고 그 위기를 모면하려는 마름의 약삭빠른 배임사기 행태'를 통하여 맘몬·자본권력 지배체제 '빚 세상 경제의 모순과 폐해'를 하나하나 까발린다. 더불어 빚 세상 경제 안에서 채무노예로 살아가는 빚꾸러기들의 삶을 통하여 새로운 대안세상, 예수의 하나님나라 복음을 꿈꾸게 한다. 이렇듯이 예수는 비유에서 청중들과 독자들에게 '맘몬·자본권력 지배체제 빚 세상 경제 까발리기'를 통하여 '서로의 필요에 따라 서로에게 기대는 삶의 경제, 대안세상, 예수의 하나님나라 복음'은유를 마음껏 상상하도록 이끈다.

이끄는 말

21세기 독자들에게는 예수의 불의한 청지기 비유를 읽고 해석하는 것이 정말 어렵다. 왜냐하면, 우리시대의 독자들이 예수의 비유의 언어들에 대한 굳어진 신앙은유들을 떨쳐내지 못하기 때문이다. 예를 들면 비유의 마지막 문장에서 '주인이 비유의 부자인지, 예수인지, 하나님인지' 헷갈리는데, 그 가운데 무엇 하나로 딱 잘라 결정하고 비유를 읽는다면, 비유에 대한 교회의 여러 갈래 해석들이 물과 기름처럼 서로 달라져야 마땅하다. 실제로, 누가복음 저자와 초대교회도 본문비유 읽기와 해석을 매우 어려워했던 것 같다. 누가복음 저자와 초대교회는 하나같이 본문비유 읽기와 해석에 갈지자걸음을 걸었다. 그래서인지 누가복음 저자는 본문비유 끝에 덕지덕지 자신의 해석을 붙여놓았다.

무엇보다도 21세기 한국교회와 교우들에게는 본문비유를 '제대로 읽고 해석하는 것'이 어려울 뿐만 아니라, 매우 불편할 것이다. 왜냐하면, 한국교회와 교우들의 신앙이 서구 제국주의 교회가 만들어낸 자본주의 정통교리와 '21세기 독점금융자본의 빚 세상 경제 이데올로기'에 찌들어 있기 때문이다. 따라서 '서구교회의 자본주의 정통교리와 21세기 독점금융자본의 빚 세상 경제 이데올로기'에 기대어 본문비유를 읽고 해석하려는 독자들은 '뭐가 어려워'라고 할 수도 있을 것이다.

그러나 예수의 비유들은 한결같이 청중들과 독자들의 생각과 삶의 태도에 맞서서 싸움을 건다. 예수는 지중해 세계 전통의 지혜문학과 유대교 랍비문학의 비유 언어들을 비틀어서 청중들에게 억지스럽게 들려지게 할 뿐만 아니라, 어이없어 말문이 막히게 한다. 그렇게, 예수는 비유를 통하여 로마제국 맘몬·자본권력 지배체제와 거기에 기생하여 기득권을 누려온 예루살렘 성전제사종교의 모순과 폐해를 까발린다. 그럼으로써, 예수는 비유의 청중들과 독자들을 로마제국 지배체제와 거기에 기생하는 예루살렘 성전제사종교에 저항하도록 선전선동 한다.

그렇다면 예수는 왜, 이런 비유들을 이야기 할까? 예수는 비유를 통하여 청중들과 독자들에게 새로운 대안세상, 예수의 하나님나라의 은유들을 깨닫고 꿈꾸게 하려는 것이다. 이와 관련하여 본문비유는 여러 다른 예수의 비유들에 비해 읽고 해석하기가 훨씬 더 어렵다. 왜냐하면, 비유의 이야기흐름의 앞뒤가 전혀 맞지 않으며, 억지스럽기 때문이다. 무엇보다도, '부자 주인이 불의한 마름의 잽싸고 약삭빠른 직권남용 배임사기에 대하여 손뼉을 치며 칭찬했다'는 비유의 끝맺음은 비유 전체 내용과 크게 어긋난다. 이러한 비유의 끝맺음이 청중들과 독자들에게 비유의 해석을 어렵게 할 뿐만 아니라, 비유에 대한 제멋대로의 은유를 상상하도록 부추긴다. 물론, 본문비유 끝에 이어 붙인 누가복음 저자와 초대교회의 알레고리 해석만을 따른다면, 본문비유를 읽고 해석하는 데 아무런 문제가 없다. 그러나 이제, 여기서는 이 모든 비유 읽기와 해석의 어려움을 무릅쓰고 나름대로 조심스럽게 본문비유를 읽고 비유에 숨겨진 은유를 찾아 나서기로 한다.

본문비유는 예수가 갈릴리를 떠나 예루살렘으로 올라가는 여행길에서 말한 비유이다. 따라서 예수는 제자들과 따르는 사람들에게 비유를 말하고 있지만, 사실은 바리새파 사람들과 서기관들과 예루살렘 대중들이 비유의 중요한 청중들이었을 것이다. 그런데 예수의 비유의 유대인 청중들은 '예수의 하나님나라를 제대로 이해하거나 바라지도 않으며' 막무가내로 예수의 하나님나라 복음운동을 비판한다. 그래서 예수는 바리새파 사람들과 서기관 등 예루살렘 유대인 청중들에게 로마제국 맘몬·자본권력 지배체제 '빚 세상 경제의 모순과 폐해'를 낱낱이 까발리려고 한다. 왜냐하면, 로마제국 맘몬·자본권력 지배체제의 피라미드 빚 세상 경제 착취구조가 '유대 전통 야훼신앙의 해방과 자유, 정의와 평등, 생명평화 세상'과 크게 어긋나기 때문이다.

특별히, 예수는 비유에서 '갈릴리지역 부재 지주들의 상업영농·기업영농으로 인한 빚 세상 경제의 모순과 폐해'를 하나하나 까발리려고 한다. 실제로 갈릴리는 다른 유대지역에 비해 나름대로 비옥한 땅이 많은 지역이다. 고대 유대 역사학자 요세푸스는 자신이 직접 돌아본 갈릴리 땅에 대해 이렇게 기록한다.

"땅이 비옥하고 풍요로워 온갖 종류의 나무들이 자라고 소출이 풍성하다. 주민들이 온 땅을 경작하기 때문에 노는 땅이 없다."

이어서 요세푸스는 '갈릴리 땅에는 밀과 올리브나무와 포도나무가 풍성하다'고 기록을 남긴다. 사실은 어디, 갈릴리의 땅 뿐이겠는가? 갈릴리 호수의 어류자원 역시 다양하고 넉넉하다. 온갖 물고기가 많았던 갈릴리 호수는 '자기 땅을 빼앗기거나 소작농에 쫓겨난 이들, 외지의 유랑민들'을 끌어 들였다. 그나마 어촌생활이 농부들의 상황보다 조금 더 나았기 때문이다. 어부들 가운데 일부 여유 있는 사람들은 조합을 만들고 여러 척의 배를 구입해서 고기잡이를 했다. 또한 가난한 사람들은 어부들에게서 물고기를 받아다가 장사를 하기도 했다. 이와 관련하여 갈릴리호수 주변의 마을마다 물고기를 소금에 절이는 소규모 염장업이 이루어졌는데, '막달라'에서는 제법 큰 규모의 염장업이 발달하기도 했다. 이렇게 소금에 절인 물고기들은 지중해를 건너 멀리 로마와 이베리아 반도에까지 수출되었다. 따라서 지중해 세계의 사람들은 갈릴리호수를 헬라어로 '타리코스-소금에 절인 생선'라고 불렀는데 여기서 '타리체아'라는 갈릴리호수의 별명이 나왔다.

이러한 갈릴리 지역 상황에서 피라미드식 사회계층구조가 뚜렷해졌다. 갈릴리 지역의 피라미드 맨 꼭대기에는 대지주(왕 또는 귀족)와 대상인(지중해 해상무역)이 있었다. 중간층에는 대지주인 왕과 귀족에게 봉사하는 세리와 하급관리들이 있었다. 또한 부재 지주의 상업영농·기업영농을 관리하는 마름(청지기)들이 있었다. 그리고 어쩌다 소규모 자영농, 어부, 수공업자들도 있었을 것이다. 피라미드 최하층에는 한해살이 소작농, 지주에게 예속된 농노와 천민들, 하루벌이 노동자, 등 대다수의 하층 민중이 자리 잡고 있었다.

예수는 비유에서 이러한 갈릴리 피라미드 사회계층구조 속에서 부재 지주의 상업영농·기업영농의 모순과 폐해를 증언한다. 부재 지주에게 고용되어 부재 지주를 대리하는 마름의 횡령과 고발, 그로 인한 마름의 해고위기, 그 해고 위기를 벗어나려는 마름의 잽싸고 약삭빠른 배임사기행태를 통하여 갈릴리 빚 세상 경제의 실체를 폭로한다. 그럼으로써, 예수는 비유의 청중들과 독자들이 예수의 하나님 나라 복음운동에 대해 관심을 기울이고 깨달으며 함께 참여하도록 이끈다. 마치, 21세기 우리 시대의 대중들이 신자유주의 맘몬·자본권력 지배체제의 내부자 갑 질

폭로를 통하여 새로운 정의 세상을 꿈꾸게 되는 것과 같은 상황이다. 그런 점에서 예수는 비유를 통하여 우리시대의 독자들에게도 맘몬^{자본권}력 지배체제 빚 세상 경제에 대응하는 예수의 하나님나라 경제 '서로의 필요에 따라서 서로에게 기대는 삶의 경제'를 꿈꾸게 하고 실천행동 하도록 요청한다.

이와 관련하여 본문비유에는 어떤 부자와 마름, 그리고 많은 빚을 진 소작농들이 등장한다. 여기서 부자는 헬라어로 '플루시스'라고 하는데 '플레토−가득 채우다'라는 동사에서 유래한다. 그런데 예수시대의 갈릴리지역 상황이나 비유의 상황에서 보면, 이 부자는 대단위 토지를 독점한 부재 지주이다. 또 마름^{문자적으로는 '청지기'}은 대단위 토지를 독점한 부재 지주를 대신하여 주인의 상업영농·기업영농의 생산기반인 토지와 소작인들의 수확물을 판매 관리하는 사람이다.

이 점에서 본문비유의 마름을 교회의 전통적인 알레고리 해석을 따라 '종의 신분'으로 이해해서는 안 된다. 본문비유에서 마름은 부재 지주인 주인과 직업적 계약을 맺은 고용인으로써 갈릴리 맘몬·자본권력 지배체제의 고위 내부자 중 하나이다. 실제로, 갈릴리지역에는 예루살렘 등, 멀리 떨어진 대도시에 거주하는 부재 지주들에게 고용되어 그들의 토지와 소작인들을 돌보고 생산물을 관리하고 판매하는 '마름'들이 존재 했었다.

그리고 본문비유의 '빚진 사람들'은 부재 지주의 땅을 부치는 소작농들인지, 아니면 부재 지주에 매여 있는 소상공인지 뚜렷하게 드러나 있지 않다. 다만, 본문비유에서 이들이 주인에게 진 빚의 규모가 상상외로 클 뿐만 아니라, 이들이 글을 읽고 쓸 줄 안다는 점에서 소작농이 아니라고 의심해 볼 수도 있다. 하지만 갈릴리지역 부재 지주들의 상업영농·기업영농 상황에 비추어 소작인들도 간단한 숫자정도를 읽고 쓸 수 있었을 것이다. 무엇보다도 갈릴리지역 소작농들은 부재 지주와 로마 제국과 헤롯 왕국, 그리고 예루살렘 성전제사종교까지 삼중사중의 착취구조로 인해 늘 빚을 지고 살 수밖에 없는 그 땅의 사람들이다.

실제로, 본문비유에서 소작농들의 큰 빚은 부재 지주와 마름이 오래 동안 꾀와 술수를 부려서 늘려놓은 빚더미일 것이다. 왜냐하면, 본문 비유에서처럼 부재 지주의 상업영농·기업영농 현장에서는 오로지 소작농 만이 유일한 생산수단이기 때문이다. 이와 관련하여 땅이 기름지지 못 하고 메마른 유대지역이나 갈릴리의 고만고만한 지주들이라면 농업노 예들을 부려서 농사를 짓는 것이 제일 좋은 방법일 것이다. 그러나 본문 비유의 상업영농·기업영농 상황에서는 부재 지주의 땅에 매여 오롯이 한 가족의 생계를 유지해야만 하는 소작농이 아니라면, 높은 생산성을 유지 할 수 없었다.

따라서 유능한 마름이라면 부재 지주인 주인을 위해 소작농들의 빚을 쌓고 늘리는 '빚 세상 경제의 달인들'이어야만 한다. 그래야만 많은 소작 농들을 주인의 땅에 온전히 매어 놓을 수 있기 때문이다. 이렇듯이, 예수 는 비유의 등장인물들과 그 처한 상황을 통하여 예수시대 맘몬·자본권 력 지배체제 '빚 세상 경제의 사회구조적 모순과 폐해'를 있는 그대로 까 발린다. 그럼으로써, 비유의 청중들과 독자들에게 자신들의 삶의 현장 에서 겪어야만 하는 빚 세상 경제의 고통과 갈등을 실체화하려고 한다.

이와 관련하여 본문비유에서 마름은 어느 날 부재 지주인 주인에게 불려가 해고통보를 당한다. 한마디로, 실직이라는 생존의 위기에 직면 하게 된 것이다. 실제로, 실직은 현대뿐만 아니라 예수시대에도 일상적 삶의 위기였다. 특별히 이 비유의 청중인 예루살렘 대중들은 대부분 하루벌이 날품꾼들이었을 것이다. 그들은 BC 20년경에 시작된 헤롯성전 공사가 예수시대에 이르러 마무리 되면서 예루살렘에 몰아친 대규모 실직사태를 몸으로 경험했을 것이다. 헤롯대왕은 이 대규모 실직사태를 벗어나기 위해 강제로 예루살렘성전 금고를 열고 대규모 취로사업을 벌이기도 했다. 이로 인해 예루살렘에서 대규모 폭동사건이 벌어지기도 했다. 따라서 본문비유의 예루살렘 유대인 청중들은 마름의 갑작스러운 실직이 얼마나 고통스러운 생존의 위기인지 잘 알고 있었을 것이다.

그러나 실제로, 본문비유에서 마름의 해고이유는 부자의 소유재산에 대한 마름의 횡령을 누군가가 부자에게 고발했기 때문이다. 우리말 성서는 이 마름의 횡령을 '낭비'라고 번역했는데 아마도 영어성경의 표현을 따른 것일 것이다. 하지만 여기서 사용된 헬라어 동사 '디아스콜피조'는 '～ 통하여+골라내다'로 이루어진 합성어이다. 마름이 부재 지주인 부자의 소유재산들로부터 일부를 자기 것으로 골라내어 착복한 것이다. 물론, 마름은 자기 재량껏 부재 지주인 주인으로부터 자신의 몫으로 허락 되었다고 생각하는 것들을 챙겼을 수도 있다. 또한 갈릴리지역의 상업영농·기업영농 상황에서 부재 지주는 지금까지 마름의 소극적 횡령을 눈감아 주었을 수도 있다.

이 점에서, 본문비유의 마름에게 몰아닥친 해고위기의 직접적인 원인은 마름의 횡령자체라기보다 마름의 횡령이 주인에게 고발되었기 때문이 아닐까? 우리말 성서는 본문비유에서 사용된 '디에블레테-고발되었다'라는 헬라어 동사를 '소문이 들리다'라고 번역했다. 하지만 '디에블레테'는 '디아발로'라는 헬라어 동사의 '과거수동태형'인데, '～ 통하여+던지다'로 이루어진 합성어이다. 따라서 '디에블레테'는 본문비유의 문맥 안에서 '고발되었다'라고 번역하는 것이 옳다. 그러므로 부재 지주인 부자는 갈릴리지역의 상업영농·기업영농상황 속에서 마름의 소극적 횡령에 화가 난 것이 아니다. 도리어, 부재 지주 대신방망이인 마름이 주인의 충분한 아량 안에서 오랜 관행으로 여겨지고 있는 자신의 횡령 행태에 대해 누군가에게 고발당했기 때문이다.

그렇다면, 부재 지주인 부자에게 마름의 횡령을 고발한 사람은 누구일까? 아마도 고발자는 부재 지주와 마름이 만들어내는 빚 세상 경제 아래서 고통 받는 소작농들 이었을 것이다. 그런데 소작농들이 부재 지주인 부자에게 마름의 횡령을 고발한 사건은 갈릴리지역 상업영농·기업영농 빚 세상 경제 체제의 심각한 문제와 갈등 요소를 드러낸다. 부재 지주인 부자에게 고용된 마름은 갈릴리지역의 '상업영농·기업영농 빚 세상 경제체제 안정의 핵심'이다. 따라서 마름이 소작농들에게 횡령으로 고발되는 상황에서 부재 지주인 부자는 마름을 해고할 수밖에 없었을 것이다. 부자는 '머리끝까지 화가 치밀어 → 마름을 소환한 후 → 마름에게 해고통보'를 한다. 예수는 비유 이야기꾼으로서 이러한 상황을 아주 실감 나게 전달한다.

"내가 너에 대하여 듣는 이 고발이 어찌 된 일이냐? 너는 네 마름 장부를 내 놓아라! 왜냐하면, 네가 이후로는 마름 일을 할 수 있는 힘이 없기 때문이다."

이때, 마름은 재빨리 자신의 실수와 그로인해 자신에게 몰아친 해고 위기 상황을 곰곰이, 아주 철저하게 되새긴다. 비유에서 마름은 부재 지주인 부자에게 불려가 해고통보를 받을 후, 속엣말로 스스로에게 묻고 생각하며 다짐한다.

"내가 무엇을 해야 할까? 왜냐하면, 나의 주인이 내게서 마름 일을 떼어내려고 하기 때문이다. 땅을 파기에는 힘이 없고, 비럭질을 하기에는 부끄럽구나. 옳거니 알았다! 내가 무엇을 해야 할지! 내가 마름 일로부터 떨려나게 될 때에는 언제라도, 그들이 나를 자기네 집들 안으로 기꺼이 맞아들이게 하기 위해서!"

본문비유에서 땅을 판다는 말은 농사일이나 육체노동을 말하는 것이겠지만, 실제로는 생계를 꾸리기 위한 모든 생업을 대표하는 말로 쓰인다. 여기서 마름이 땅을 팔 수 없을 만큼 나이가 많았는지? 아니면 맘몬·자본권력 지배체제의 내부자로써 부자로부터 상당한 대우를 받던 마름 자리에서 떨려나는 것에 대한 두려움이나 수치심 때문인지? 잘 알수는 없다. 아마도 비유에서 마름의 속엣말은 누가복음 특유의 문학적 수사일 수 있다. 일례로 돌아온 탕자비유나, 어리석은 부자비유에서도 잘 꾸며진 문학적 수사로써의 속엣말들이 나타나 있다.

어쨌든 마름은 갈릴리지역 상업영농·기업영농 빚 세상 경제체제에서 자신의 위치와 역할, 자신의 실수를 만회할 행동들에 대해 깊이 생각하고 결단한다. 그리고 잽싸고 약삭빠르게 그 일을 실천에 옮긴다. 여기서 비유의 반전과 비유 이야기 흐름의 핵심내용이 드러난다. 그 점에서 마름의 속엣말 속에 사용된 모든 헬라어동사가 가정법 수동태동사이다.

"옳거니 알았다! 내가 무엇을 해야 할지. 내가 마름 일로부터 떨려나게 될 때에는 언제라도, 그들이 나를 자기네 집들 안으로 기꺼이 맞아들이게 하기 위해서!"

아직, 마름은 정식으로 해고되지 않았다. 마름은 아직 갈릴리지역 상업영농·기업영농 빚 세상 경제체제의 고위 내부자로써 자신의 자리와 역할을 잃지 않았다. 그렇다면, 부재 지주가 마름에게 그의 실수와 고발당함, 그로인한 갈릴리지역 상업영농·기업영농 빚 세상 경제체제의 불안요소를 해결할 말미를 보장한 것이 아닐까? 이후로 마름이 일으키는 모든 사건과 마름의 행태야말로 부재 지주인 부자가 바라고 의도한 바가 아니었을까? 실제로, 소작농들에게 횡령으로 고발당함으로 인해 부재 지주로부터 해고통보를 받은 마름은 한 치의 망설임도 없이 부재 지주인 주인의 이름을 팔아 직권남용과 배임사기를 친다.

"그리고 마름은 자신의 주인에게 빚진 사람들 가운데서 따로따로 한 명씩 불러들인 후에, 첫 번째 사람에게 말했다.

'당신은 나의 주인에게 얼마나 많은 빚을 졌소?'

그러자 그 사람이 대답했다.

'기름 백말입니다.'

마름이 그 사람에게 말했다.

'당신 빚 문서를 받으시오. 그리고 빨리 앉아서 오십이라고 쓰시오.'

그러고 나서 마름이 또 다른 사람에게 말했다.

'당신은 얼마나 많은 빚을 졌소?'

그러자 그 사람이 대답했다.

'밀 백 섬입니다.'

마름이 그 사람에게 말했다.

'당신의 빚 문서를 받으시오. 그리고 팔십이라고 쓰시오.'"

위 본문비유의 단락에서 마름은 주인의 이름을 빌려서 모든 소작인 들의 빚을 일정부분 깎아주는 배임사기를 친다. 자기가 마름 일로부터 떨려나게 될 때를 대비해서 소작농들에게 자신을 받아들이도록 선심을 쓴 것이다. 한마디로, 마름이 직권남용과 배임사기죄를 저지른 것인데, 여기서 마름의 바람은 터무니가 없다. 부재 지주인 부자에게 턱없이 큰 빚을 지고 있는 갈릴리지역 상업영농·기업영농 빚 세상 경제체제의 빚 꾸러기 소작농들에게는 해고당한 마름을 받아들일 여력이 전혀 없다.

그것은 단지 '마름의 잽싸고 약삭빠른 행동'에 대한 '누가복음 저자의 문학적 수사, 또는 알레고리 수사'일 뿐이다.

그렇다면 실제로, 이 마름의 잽싸고 약삭빠른 직권남용과 배임사기 행태의 목적은 무엇일까? 혹시 마름의 이 머뭇거림도 주저함도 없는 직권남용과 배짱 두둑한 배임사기 행태야말로 부재 지주인 부자에게 자신의 실수를 만회하는 행동으로 보여주는 것이 아니었을까? 이 모든 의문은 비유의 마지막 문장에서 한꺼번에 풀려진다.

"그런데 주인은 그 불의한 마름을 손뼉 치며 칭찬했다.

왜냐하면, 그 마름이 잽싸고 약삭빠르게 사기를 쳤기 때문이다."

참으로, 예수는 비유의 유대인 청중들과 독자들에게 너무도 터무니없는 비유의 끝맺음을 던져 놓는다. 어떻게, 비유의 주인은 '잽싸고 약삭빠르게 사기를 친 것 때문에' 마름을 향하여 손뼉을 치며 칭찬 할 수 있단 말인가? 도대체 주인의 칭찬의 의미는 무엇일까?

여기서 나는 21세기 예수의 비유의 독자로써 '불의한 마름의 잽싸고 약삭빠른 직권남용과 배임사기를 통한 맘몬·자본권력 지배체제 빚 세상 경제 까발리기'라는 비유의 숨겨진 은유 찾기를 제안한다. 또한 비유의 독자들이 나의 제안을 통해서 불의한 청지기 비유를 해석하는 온갖 다양한 은유들에 대한 상상을 억제 하지 않기를 바란다. 그렇게 해야 하고, 그렇게 할 수 있을 만큼, 예수의 불의한 청지기 비유의 끝맺음이 비유의 해석을 아리송하게 하기 때문이다.

자, 그럼 이제 시작해 보자. 예수의 불의한 청지기 비유는 갈릴리지역 상업영농·기업영농 빚 세상 경제 상황에서 빚꾸러기 소작농들이 마름의 횡령을 부재 지주인 부자에게 고발하는 것으로부터 시작한다. 사실, 마름은 부재 지주인 주인의 충분한 아량 안에서 오래전부터 소극적인 횡령행위를 저질러 왔을 것이다. 그것은 갈릴리 상업영농·기업영농 빚 세상 경제 상황에서 부재 지주를 대신한 마름이 빚 세상 경제체제 안정을 잘 이끌어 온 공로에 대한 보상일 수 있다. 왜냐하면, 소작농들에게 감당 할 수 없는 빚을 지워 그들을 부재 지주의 땅에 매어 놓는 것이야말로 부재 지주의 상업영농·기업영농의 생산성을 최대로 보장하는 것이기 때문이다. 21세기 우리시대의 독점재벌·독점대기업 경제체제에서 말하자면, '그것은 관리자 인센티브 상여금'이다.

그러나 이제, 마름이 빚꾸러기 소작농들에 의해 횡령으로 고발됨으로 인해 부재 지주인 주인의 모든 수익구조와 자본축적체계가 무너져 내릴 위기에 처했다. 소작농들과 마름의 관계는 악화 될 때로 악화 되었을 터, 마름은 소작농들을 지휘하고 관리할 힘을 잃었다. 이제, 부득불 부재 지주인 부자는 마름을 불러 해고통보를 하지 않을 수 없었다. 그런데 대 반전이 일어났다. 마름이 주인으로부터 은근슬쩍 보장받은 갈릴리지역 상업영농·기업영농 빚 세상 경제체제의 불안요소 해결의 말미를 더 말할 나위 없이 멋지게 활용한 것이다. 마름이 부재 지주인 주인의 이름을 빌어 빚꾸러기 소작농들에게 빚을 깎아주는 배임사기를 친 것이다.

"당신은 나의 주인에게 얼마나 많은 빚을 졌소?"

갈릴리지역의 소작농들은 부재 지주와 로마제국과 헤롯 왕가와 예루살렘 성전종교체제 등 가혹한 삼중사중 착취체제 아래서 많은 빚을 지고 살아야만 했다. 그러나 이제, 마름의 이 물음은 빚꾸러기 소작농들에게 너그럽고 자비로운 주인을 앞세운 마름의 친절한 연대와 사귐의 제안이 되었다. 이렇듯이, 마름은 빚꾸러기 소작농들에게 주인의 너그러움과 자비로움, 그리고 자신의 친절한 연대와 사귐을 실천행동 한다. 그럼으로써 더불어 마름은 자신과 소작농들 사이에서의 모든 껄끄러웠던 관계들을 말끔히 해소한다.

"기름 백말입니다. 당신 빚 문서를 받으시오. 그리고 빨리 앉아서 오십이라고 쓰시오."

"밀 백 섬입니다."

"당신의 빚 문서를 받으시오. 그리고 팔십이라고 쓰시오."

그런데 여기서 독자들은 부재 지주인 주인의 이름을 빌린 마름의 직권남용과 배임사기행태의 내용들을 자세히 살펴볼 필요가 있다. 마름이 주인의 너그러움과 자비로움을 앞세워 소작농들에게 베푼 '빚 깎아주기의 실체'는 딱 '빚에 대한 이자만큼'만이다. 갈릴리의 주요 농산물 가운데 하나인 올리브기름은 쉽게 상하는 농산물이다. 그러니 유통기한이 짧고 저장도 어려우며 이율도 높다. 그 시대의 올리브기름의 이율은 50% 정도였다고 한다. 반면에 밀은 저장도 쉽고 수년 동안이라도 유통할 수 있는 농산물이다. 그래서 그 시대의 밀에 대한 이율은 20%정도였다고 한다. 많은 이자를 깎아주는 빚 탕감 기법, 그것은 21세기 우리 시대에서도 채권자들이 즐겨 사용하는 '빚 세상 경제의 가장 유용한 신용회복기법'이다.

또 한편 '기름 백말'을 히브리어 '바트-기름 한말'로 따져서 계산하면 약 36리터이다. 따라서 '기름 백말'은 오늘의 단위로 약 3,650리터에 달한다. 올리브나무 한 그루의 일 년 평균 생산량이 약25리터이고 올리브나무 한 그루가 그 시대의 한 가족의 생계를 감당 했다는 사실을 생각 하면 너무나 엄청난 액수의 빚이다. 그리고 '밀 백 섬'은 히브리어 '코르-한 섬'으로 따져서 계산하면 약 36,500리터인데, 약 42헥타르의 경작지를 필요로 한다.

한마디로 소작농들의 어마어마한 빚의 크기에 비해서 이자 따위를 깎아주는 빚 탕감으로는 갈릴리 상업영농·기업영농 빚 세상 경제체제의 아무런 변혁도 불러 오지 못한다. 본문비유에서 마름의 이자 빚 깎아주기로는 갈릴리지역 빚꾸러기 소작농들에게 아무런 실제적 이로움도 줄 수 없다. 다만, 비유에서 마름의 이자 빚 깎아주기는 빚꾸러기 소작농들에게 부재 지주인 주인의 너그러움과 친절과 자비로움을 선전선동할 뿐이다. 그럼으로써 갈릴리 상업영농·기업영농의 핵심생산 수단인 소작농들의 동요를 잠재우고 빚 세상 경제체제의 안정과 영속화를 꾀할 수 있을 뿐이다.

이와 똑같이, 21세기 우리사회 정치·종교·언론 등 모든 영역에서도 독점재벌·독점자본 경제의 충실한 마름들이 활개를 치며 나대고 있다. 대한민국 정부도 이에 발맞추어 빚꾸러기 저소득·취약계층 과중채무자들의 동요를 막고 불만을 잠재우려는 '고리이자 깎아주기 빚 탕감 정책'을 마구 내놓는다. 그럴 때마다 정치권과 언론들이 앞장서서, 이러한 정부정책이 빚꾸러기들에게 큰 혜택이라도 되는 듯 허풍과 거짓말로 호들갑을 떨면서 정부정책을 선전선동 하는데 열을 올린다. 그러면서 또 한편으로는 독점재벌과 독점금융자본의 입이 되고 나팔수가 되어 빚꾸러기들의 도덕적 해이를 떠들어 댄다.

그러므로 이제, 부재 지주인 주인이 왜 마름을 칭찬하는지, 그 뜻이 분명해졌다. 주인의 칭찬의 진짜 의미가 무엇인지, 마름은 어떤 점에서 잽싸고 약삭빠른지, 이해와 설명이 분명해졌다. 그것은 바로 마름의 잽싸고 약삭빠른 직권남용과 배임사기를 통한 갈릴리 상업영농·기업영농, 빚 세상 경제체제의 안정과 영속화이다.

그럼에도 불구하고 예수는 비유의 끝맺음에서 부재 지주인 주인의 입을 빌려서 비유의 주인공 마름을 '불의한 청지기'라고 폭로한다. 그렇다면, 과연 마름은 불의한가? 맘몬^{자본}권력 지배체제 빚 세상 경제의 내부자들에게는 마름이 불의하지 않다. 마름은 빚 세상 경제의 안정과 영속화를 위한 옳고 마땅한 일을 했다. 특별히 갈릴리지역 상업영농·기업영농, 빚 세상 경제 체제에서 마름의 횡령을 고발한 빚꾸러기 소작농들을 주인의 이름으로 달래고 무마한 마름의 직권남용과 배임사기 행태는 칭찬받아 마땅하다. 다만 비유 이야기꾼인 예수만이 마름을 '불의하다'라고 선언한다.

또한 예수는 비유에서 '비유의 주인이 불의한 마름을 칭찬하는 이유를 노골적으로 마름이 잽싸고 약삭빠르게 직권남용과 배임사기를 쳤기 때문'이라고 폭로한다. 여기서 사용한 헬라어 낱말이 '프로니모스'인데 이 낱말의 어원은 '프레나파테스—자기마음을 속이는 자'이다. 이 헬라어 낱말은 '마음+속이다'로 이루어진 합성어인데, 한 마디도 '잽싸고 약삭빠른 사기꾼의 행태'를 가리키는 말이다. 그러나 본문비유에서 부재지주인 주인은 잽싸고 약삭빠른 사기꾼 마름을 향하여 손뼉을 치며 칭찬한다. 그러므로 이제 21세기 독자들은 본문비유의 마지막 끝맺음의 혼란스러움을 충분히 이해하고 나름대로 다양한 신앙은유들을 찾아낼 수 있을 것이다.

그렇다면 이제, 예수는 무엇 때문에 이 비유를 이야기했을까? 앞서 말했듯이 본문비유의 청중들은 바리새파 사람들과 서기관들과 더불어 예루살렘 대중들이다. 먼저, 예수는 로마제국 맘몬·자본권력 지배체제 피라미드 착취구조의 마름역할로 기득권을 누리고 있는 바리새파 사람들과 서기관들을 마름과 하나로 여기고 매조진다. 로마제국 지배체제에 기대어 제국의 아량아래서 횡령을 일삼아 온 그들의 기득권을 고발한다. 그들의 잽싸고 약삭빠른 직권남용 배임사기행태를 꼬집고 조롱한다. 누가복음 저자조차도 이 예수의 조롱과 비난을 비유에서 완전히 제거하기가 멋쩍어 비유 끝에 이렇게 사족을 달 수밖에 없었다.

"또한 이 시대의 아들들이 자신들의 동류와 관계 안에서는 빛의 아들들보다 더 지혜롭기 때문이다."

그러고는 아예 예수의 이름을 빌려서 누가복음 공동체와 초대교회의 비유해석을 예수의 복음인양 선포한다.

"너희는 너희에게 속한 불의한 맘몬으로 친구를 사귀라."

그러나 예수는 비유에서 예루살렘 대중들에게 '맘몬·자본권력 지배체제 빛 세상 경제의 모순과 폐해들을' 낱낱이 밝히고 까발려 드러낸다. 그럼으로써 비유의 청중들과 독자들이 마음껏 새로운 대안세상, 예수의 하나님나라 복음운동에 대한 상상과 은유의 나래를 펼치도록 선정선동 한다. 무엇보다도 비유의 유대인 청중들은 자기 시대의 빛 세상 경제체제 속에서 빚꾸러기들의 삶이 얼마나 고통스럽고 절망스러운지 잘 알고 있을 것이다.

따라서 감당할 수 없는 빚을 지게 된 소작농들이 부재 지주인 부자의 땅에서 쫓겨나 소작농의 지위를 잃지 않으려고 발버둥치는 고통과 절망을 절절히 이해하고 깨달을 수 있었을 것이다. 청중들은 갈릴리지역의 상업영농·기업영농, 빚 세상 경제체제에서 '마름의 야비하고 사악하며 속보이는 이자 깎아주기 빚 탕감 음모'를 이해하고 깨달으면서 미어지도록 제 가슴이 아팠을 것이다. 그러므로 21세기 우리시대의 독자들도 '불의한 마름이 잽싸고 약삭빠르게 배임사기를 쳤기 때문에 주인이 마름을 손뼉 치며 칭찬했다'는 비유의 끝맺음에서 맘몬·자본권력 지배체제 빛 세상 경제의 모든 악함과 모순과 폐해를 뼈저리게 이해하고 깨닫게 될 것이다.

맺는 말

비유의 주인은 이미 해고통보를 한 마름을 다시 고용했을까? 마름은 주인의 칭찬대로 다시 맘몬·자본권력 지배체제 빚 세상 경제의 고위 내부자 지위를 회복했을까? 예수는 비유에서 그런 의문에 답하지 않는다. 그러나 예수는 비유에서 갈릴리 상업영농·기업영농 빚 세상 경제체제의 모순과 폐해를 낱낱이 까발림으로써, 부재 지주인 주인이 불의한 마름의 직권남용과 배임사기를 칭찬할 수밖에 없는 커넥션을 폭로한다. 맘몬·자본권력 지배체제 빚 세상 경제에서는 더 많은 빚꾸러기들을 만들어내고 관리해야하는 불의한 내부자 마름들이 더 많이 필요하다. 빚꾸러기들에게 맘몬·자본권력 지배체제의 너그러움과 친절과 자비의 연대와 사귐을 선전선동할 잽싸고 약삭빠른 사기꾼 마름들이 귀하고 귀하다.

지금 예수의 비유를 듣고 있는 유대인 청중들 가운데에서, 바리새파 사람들과 서기관들이야말로 비유의 불의하고 약삭빠른 사기꾼 마름과 똑 닮았다. 그들은 로마제국 식민지 유대 땅의 기득권세력으로써 로마제국 지배체제의 내부자 마름들이다. 그들은 로마제국 지재체제의 아량 속에서 빚꾸러기 유대 대중들의 호주머니를 은근슬쩍 횡령하는 것으로 로마제국 지배체제 내부자 마름의 기득권을 누린다.

그러므로 예수의 불의한 청지기 비유에는 로마제국 지배체제의 마름들인 바리새파 사람들과 서기관들에 대한 조롱과 비난으로 시퍼렇게 날이 서 있다. 그 조롱과 비난이 너무도 날카롭기에 누가복음 저자는 예수의 비유의 날카로움을 누그러뜨리려고 나름 어설프게라도 본문비유의 어투와 내용을 바꾸어야 하지 않았을까?

이렇듯이 예수는 비유의 청중들과 독자들에게 '맘몬·자본 지배체제 빚 세상 경제 까발리기 은유를 통하여 새로운 대안세상, 예수의 하나님 나라 복음운동 은유를 마음껏 상상하고 펼쳐내도록 안내한다. 서로가 서로의 필요에 따라 서로에게 기대는 예수의 하나님나라 삶의 경제를 위하여!

6. 포도원 품꾼 비유
하나님나라 경제의 최저임금, 생활임금, 한 데나리온

1천국은 마치 품꾼을 얻어 포도원에 들여보내려고 이른 아침에 나간 집 주인과 같으니 2그가 하루 한 데나리온씩 품꾼들과 약속하여 포도원에 들여보내고 3또 제삼시에 나가 보니 장터에 놀고 서 있는 사람들이 또 있는지라 4그들에게 이르되 너희도 포도원에 들어가라 내가 너희에게 상당하게 주리라 하니 그들이 가고 5제육시와 제구시에 또 나가 그와 같이 하고 6제십일시에도 나가 보니 서 있는 사람들이 또 있는지라 이르되 너희는 어찌하여 종일토록 놀고 여기 서 있느냐 7이르되 우리를 품꾼으로 쓰는 이가 없음이니이다 이르되 너희도 포도원에 들어가라 하니라 8저물매 포도원 주인이 청지기에게 이르되 품꾼들을 불러 나중 온 자로부터 시작하여 먼저 온 자까지 삯을 주라 하니 9제십일시에 온 자들이 와서 한 데나리온씩을 받거늘 10먼저 온 자들이 와서 더 받을 줄 알았더니 그들도 한 데나리온씩 받은지라 11받은 후 집 주인을 원망하여 이르되 12나중 온 이 사람들은 한 시간밖에 일하지 아니하였거늘 그들을 종일 수고하며 더위를 견딘 우리와 같게 하였나이다 13주인이 그 중의 한 사람에게 대답하여 이르되 친구여 내가 네게 잘못한 것이 없노라 네가 나와 한 데나리온의 약속을 하지 아니하였느냐 14네 것이나 가지고 가라 나중 온 이 사람에게 너와 같이 주는 것이 내 뜻이니라 15내 것을 가지고 내 뜻대로 할 것이 아니냐 내가 선하므로 네가 악하게 보느냐—**마태복음 20장**

읽기

참으로, 하늘나라는 자기 포도원에서 일할 날품팔이들을 고용하러 이른 아침에 나간 집주인과 같다. 집주인은 날품팔이들과 더불어 하루 한 데나리온을 합의한 후 날품팔이들을 자기 포도원으로 보냈다.

그런데 집주인은 아홉시 경에 나가서도 일거리가 없어 인력시장에서 서성이는 다른 사람들을 보았다. 그래서 집주인이 그들에게 말했다.

"당신들도 포도원으로 가시오! 그러면 내가 당신들에게 정당한 것을 주겠소!"

그래서 그들이 갔다. 다시, 집주인이 열두시와 오후 세시 경에도 나가서, 그와 같이 했다.

그런데 또, 집주인은 오후 다섯 시경에 나가서 서성이는 다른 사람들을 찾았다. 그리고 집주인이 그들에게 말했다.

"일거리도 없는 당신들은 왜, 여기서 하루 온 종일 서성이고 있소?"

그들이 집주인에게 대답했다.

"왜냐 구요? 아무도 우리를 고용해주지 않습니다."

집주인이 그들에게 말했다.

"당신들도 포도원으로 가시오."

저녁때가 되어서, 포도원 주인이 그의 마름청지기에게 지시했다.

"날품꾼들을 불러서, 맨 나중사람들로부터 시작해서 맨 처음사람들까지 그들의 품삯을 주어라!"

그런데 오후 다섯 시 경에 온고용된 사람들이 나와서 한 데나리온씩 받았다. 그러자 맨 처음에 온 사람들이 나와서 '더 많이 받겠구나'라고 지레 짐작했다. 그러나 그들도 각자 한 데나리온씩만 받았다. 그러자 그들은 품삯을 받고나서 집주인을 대항하여 불평을 늘어놓았다.

"맨 나중에 온 이 사람들은 한 시간만 일했잖소! 그런데 그들을 온종일 무거운 짐을 나르고 뙤약볕을 견뎌내며 일한 우리와 똑같이 대한단 말이오!"

그러나 집주인은 그들 가운데 한 사람에게 대답하여 말했다.

"친구여, 나는 그대를 부당하게 대하지 않았네!

그대는 나와 한 데나리온을 합의하지 않았나?

그대는 그대 것이나 받아 가게! 그런데 나는 맨 나중에 온 이 사람들에게도 그대와 똑같이 주고 싶네! 내가 내 것으로 내가 하고 싶은 일을 하는 것이 나에게 합당치 않단 말인가?

혹시, 그대의 눈길이 험악한 것은 내가 선하기 때문인가?"

들어가는 말

IMF이후, 우리사회에는 시간알바, 일용직, 비정규직이 계속해서 늘어나고 있다. 통계에 의하면 지금 우리나라 경제활동인구 약 2,300만 가운데 절반 가까이가 알바노동, 비정규직 노동자들이라고 한다. 정규직과 똑같이 일하면서도 급여는 정규직의 절반 남짓 받는 것이 비정규직이다. 그런데다 언제 어떻게 해고될지 모르는 상황이라 늘 불안 속에서 일을 해야 한다. 그러다 보니 본인이나 가족 중 누군가라도 중병이 걸리거나 사고라도 당하면 그 즉시 빈곤층으로 전락할 수밖에 없다.

사실, 비정규직이라도 직장이 있는 사람들은 조금 나은 편이라고 할 수 있겠다. 아예 직장이 없는 하루벌이 날품팔이들에게는 하루하루를 살아가는 것이 고통의 연속일 뿐이다. 하루생계비에도 못 미치는 일당.

하루하루 늘어만 가는 빚더미. 헤어날 길 없는 빈곤. 이것이 21세기 신자유주의 독점재벌·금융자본경제가 만들어내는 우리사회의 실상이다.

한 달에 열흘 또는 보름밖에 일거리가 없는 날품팔이들이 인력시장에 넘쳐나고 있다. 이렇게 자신과 가족의 하루생계를 걱정해야 하는 날품팔이들은 울며 겨자 먹기로 대부업체나 개인사채를 쓰게 된다. 그리고는 혹독한 불법 채권추심을 당하면서 가정마저 파탄나기 일쑤이다. 지금 당장 교육비와 병원비 등 급한 생활비가 필요해서 사채업자를 찾을 수밖에 없는 저소득·빈곤층 금융소외계층이 약 500만 명에 이른다.

이러한 시대 상황에서, 가장 급하고 필수적인 국가 경제정책은 무엇일까? 두말할 것도 없이 그것은 바로 '최저임금 1만원 쟁취'이다. 착취와 다름없는 최저임금을 사람다운 삶을 보장하는 '생활임금'으로 만드는 것이다. 지금, 지구촌 신자유주의 독점자본·독점기업 국가들에서조차 최저임금을 생활임금화 하려는 사회운동이 들불처럼 번지고 있다. 오직, 대한민국 정부 관료들과 국회와 정치권, 그리고 재벌들만 모르는 체 딴청을 부린다. 아무리 혹독한 독점자본·기업세상에서라도 자신의 노동만으로는 생계를 꾸릴 수 없어서, 고리대금업자의 채무노예로 전락해야만 하는 사회는 사람 사는 세상이 아니다.

사람이 사람답게 사는 세상! 그것이 바로 이 땅의 하나님나라이다. 그래서 예수는 본문비유를 통하여 사람이 사람답게 살 수 있을 만큼의 '최저임금'이야말로 하늘 뜻이라고 선포한다 하루벌이 날품꾼들이 사람다운 삶을 누릴 수 있는 품삯을 받는 것이 이 땅의 하나님나라 경제라고 선언한다. 개인의 능력과 학벌, 직업의 차별 없이 자신에게 주어진 하늘 품삯을 보장받는 세상이 하나님 나라이다. 여럿이 함께 살맛나는 새로운 세상을 꿈꾸고 실천하며 만들어가는 것이야말로 예수의 이 땅의 하나님나라 복음운동의 핵심이다.

이제, 예수의 포도원 품꾼 비유가 우리에게 들려주는 예수의 육성을 들어보자. 그러기 위해서 좀 더 자세히 예수의 비유를 살펴보기로 한다.

이끄는 말

예수는 본문비유에서 다 드러 내놓고 이 땅의 하나님나라 복음운동 신앙은유를 밝힌다. 예수는 비유에서 이 땅의 하나님나라 복음운동의 실체적 내용을 있는 그대로 드러 내놓는다. 이와 관련하여 예수는 '참으로, 하늘나라는 자기 포도원에서 일할 날품꾼들을 고용하러 이른 아침에 나간 집주인과 같다'라고 비유의 말문을 연다. 한마디로, 예수는 비유에서 자신의 하나님나라 복음운동에 대하여 현실 도피적이고, 관념적이며, 묵시적인 저 세상 나라로의 환원을 거부한다.

실제로, 본문비유에서 '집주인은 날품팔이들과 함께 하루 한 데나리온을 합의한 후' 그들을 자기 포도원으로 보낸다. 여기서 사용된 헬라어 동사가 '쉼포네사스'인데 '함께+소리치다, 떠들다'로 이루어진 합성어이다. 한마디로 이른 새벽 날품팔이 인력시장의 모습 그대로이다. 이렇듯이, 우리나라에서도 산업화이후 IMF를 거치면서 대도시의 골목마다 성황을 이루고 있는 시장이 있다. 바로 날품팔이 인력시장이다. 날품팔이 시장은 이른 새벽부터 오전 내내, 때로는 오후에까지 날품을 사려는 고용주들과 날품팔이들 사이의 품삯 흥정으로 시끌벅적하다.

본문비유는 예수시대에도 날품을 사려는 고용주들과 날품팔이들 사이에 거래가 이루어지는 인력시장이 있었다는 사실을 까발린다. 비유의 집주인은 포도원 일거리가 얼마나 급했던지? 이른 아침에 이어, 또 다시 오전 아홉시쯤에도 인력시장으로 나간다. 그리고는 '일거리가 없어 인력시장에서 서성이는 다른 날품팔이들'을 모아서 자기 포도원으로 보낸다. 그런데 집주인은 낮 열두시와 오후 세시쯤에 나가서도 똑 같은 일을 반복한다. 심지어 집주인은 하루의 노동을 마치기 한 시간 전쯤인 오후 다섯 시에도 날품팔이 인력시장으로 나간다.

그래서 그 때까지도 장터를 배회하는 사람들을 찾아낸 후, 포도원 하루 품꾼으로 고용한다. 참으로 비유에서 집주인은 이해 할 수 없는 고용주이다. 일거리가 없어서 절절매는 비유의 노동 상황에서 이와 같은 집주인의 포도원 날품팔이 고용은 미친 짓이다. 포도원의 필요한 일손 때문에 날품팔이들을 고용하려는 것인지? 아니면 일거리가 없어 빌빌거리고 있는 날품팔이들에게 은혜를 베풀고 있는 것인지? 도대체 알 길이 없다.

그렇다면, 예수는 비유에서 '집주인의 포도원 날품팔이 고용행태'를 통하여 무엇을 이야기하고 싶었을까? 한마디로 예수는 비유를 통하여 로마제국 맘몬·자본 지배체제의 임금노예 경제를 꼬집어 까발린다. 무엇보다도 유대 종교·사회의 허울뿐인 야훼신앙 정의·평등 공동체의 경제 실상을 까발린다. 그럼으로써 비유의 유대인 청중들에게 해방과 자유, 정의와 평등, 생명평화 히브리 해방노예들의 야훼신앙 회복을 요구한다. 나아가 로마제국 지배체제와 거기에 기생하는 유대 종교·사회 기득권계층에 대한 저항으로써, 하나님나라 경제의 최저임금을 제안한다.

사실, 본문비유의 날품팔이 인력시장 상황은 유대인들의 정의·평등 야훼신앙에 비추어 너무도 부끄러운 일이다. 야훼 하나님의 정의·평등 사회에서 떠돌이 날품팔이 인력시장은 너무도 낯선 현상이다. 그러나 지금, 유대 땅은 로마제국의 식민통치를 받고 있다. 로마제국의 식민지 수탈과 그로인한 경제 불황, 시시때때로 벌어지는 전쟁과 흉년 등으로 많은 사람들이 채무노예로 팔리거나, 하루벌이 날품팔이로 전락한다. 비유의 정황으로 보아 예수시대 예루살렘은 이미 하루살이 날품팔이들이 넘쳐나는 불평등사회로 떨어져 내렸음이 분명하다.

그렇더라도 유대인들은 그 옛날 이집트 파라오제국 히브리 해방노예들의 후손이다. 히브리들은 인류사에서 그 유래가 없는 해방노예 공동체로써 정의·평등 야훼신앙을 실천해 왔다. 물론, 구약성서 히브리들의 정의평등 야훼신앙 이야기는 긴긴 세월 이어지지 못했다. 하지만 엄연히 사사기는 해방노예 히브리들의 정의·평등사회 신앙실천 기록이다. 따라서 예수시대에 이르러서도 정의·평등 야훼신앙의 맥은 유대인들의 신앙 심장 속에 여전히 살아 있었다. 그러므로 야훼 신앙인들에게는 로마제국 지배체제와 거기에 기생하는 예루살렘 기득권 세력들로 인해 야기된 불의·불평등이야말로 결코 용납할 수 없는 죄악이며 불신앙이었다.

그럼에도 불구하고 예수시대의 유대 종교·사회상황은 정의·평등 야훼신앙과 거리가 멀었다. 유대 종교·사회는 오래전부터 맘몬·자본 지배체제의 노예임금 경제로 길들여진 사회였다. 유대 종교·정치·경제·사회 기득권세력들은 로마제국의 착취와 불평등사회구조에 기생해서 자신들의 기득권을 강화하고 누려왔다. 이러한 유대 종교·정치·경제·사회 현실상황 속에서 예수는 로마제국 맘몬·자본 지배체제 임금노예 경제에 맞서는 포도원 주인의 비경제적이고 비현실적인 날품팔이 고용을 제안한다. 그럼으로써 유대 종교·정치·경제·사회의 반 야훼신앙 날품팔이 임금노예 경제체제를 매섭고 날카롭게 까발린다. 나아가 포도원 주인의 비경제적이고 비현실적인 포도원 날품팔이고용 행태를 '하나님나라'에 비유함으로써 예수의 새로운 대안세상 실체를 드러낸다. 그것은 바로, 예수의 하나님나라 경제의 '최저임금, 생활임금, 한 데나리온'이다.

그렇다면 여기서 '데나리온' 화폐는 무엇이며, 어떤 의미를 가지고 있었을까? 데나리온은 로마제국의 기본화폐로써 라틴어로는 '데나리우스-Denarius'라고 한다. 데나리온은 기원전 211년 제2차 포에니 전쟁한니발전쟁 가운데서 로마 원로원에 의해 발행되기 시작했다. 이후, 로마제국이 건설되면서 지중해 세계 전역에서 징세와 교역의 기축통화가 되었다. 데나리온은 로마제국 전 지역에서 똑 같은 가치를 가지고 있었는데, 로마제국 병사의 일일 급여와 자유노동자의 하루 품삯으로 통용되었다.

예수시대 예루살렘의 경우도 날품팔이들의 하루 품삯이 한 데나리온으로 알려져 왔다. 그러나 경기의 부침에 따라 일거리가 줄어들면 고용주들이 하루에 사분의 일 데나리온까지 품삯을 낮추기도 했다. 바벨론 탈무드에 의하면 '랍비 힐렐도 랍비 수업기간 동안 예루살렘에서 하루 이분의 일 데나리온을 받으며 날품팔이로 일했다'고 한다. 이와 관련하여 예수는 비유의 청중들과 유대 지배계층에게 날품팔이 한 가정의 온전한 하루생계를 위해 한 데나리온 품삯의 보장을 요구한다. 예루살렘 날품팔이의 하루 이분의 일, 또는 사분의 일 데나리온 품삯은 한 가정의 아이들과 여성과 노인들의 굶주림을 의미하기 때문이다. 한마디로 21세기 우리사회의 최저임금 1만원보장 요구가 바로 그것이다.

그럼에도 불구하고 본문비유는 오전 아홉시에도, 열두시에도, 심지어는 오후 세시와 오후 다섯 시까지도 '일거리가 없어 인력시장에서 서성이는 수많은 날품팔이들'에 대하여 이야기한다. 지금, 일거리가 없어 인력시장에서 서성이는 날품팔이들에게 일할 수 있는 기회가 찾아올까? 지금이 오전 아홉시인데, 아직은 열두시인데, 날품팔이에게 일말의 희망이라도 남아 있었을까? 이제 오후 세시가 되었는데, 아니 곧 하루 일과가 끝날 오후 5시인데, 배를 쫄쫄 졸여가면서까지 인력시장을 떠나지 못하는 날품팔이들의 절망과 고통이 이렇게 절절할 수 있을까? 오늘 하루 날품팔이를 공치고 꼼짝없이 굶주려야 할 자식들이 눈에 밟히는데 어쩌란 말이냐! 하루 온종일 자신을 기다렸을 아내와 늙은 부모에게는 무어라 할 것인가? 일거리가 없어 하루 온종일 인력시장을 서성일 수밖에 없었던 날품팔이들이 차마 인력시장을 떠나지 못하는 이유들이다. IMF 외환위기 이후, 절망과 고통으로 그늘진 우리사회의 인력시장의 모습도 이와 똑 같다.

도대체 왜, 한국교회는 이 날품팔이들의 처절한 절망과 고통을 읽어내지 못하는가? 그러면서도 제멋대로의 비유해석을 통하여 예수의 하나님나라 복음운동의 의미를 현실 도피적이고, 관념적이며, 묵시적인 저세상 나라로 되돌리려고 하는가? 도대체 그 속뜻이 무엇인가? 본문비유에서 '일거리가 없어 인력시장을 서성이는 날품팔이의 절망과 고통을 읽어내지 못하는 사람'은 예수의 하나님나라 복음을 깨닫지 못하는 사람이다. 그런 사람은 예수의 하나님나라를 신앙하지 않는 사람일뿐 아니라, 예수의 하나님나라를 훼방하고 거부하는 사람이다. 실제로 이천년 서구 제국주의 기독교회가 그렇게 해왔다.

이와 관련하여 종종 유대인들에게, '포도원'은 하나님나라에 대한 상징적이고 은유적인 표현이었다. 그러나 본문비유에서 포도원은 날품팔이들의 고된 노동의 현장으로 생생하게 증언되고 있다. 예수는 본문비유에서 날품팔이 노동자들의 고단한 포도원 노동을 생생하게 들춰낸다. 본문비유에서 포도원에 들어온 날품팔이들은 '온종일 무거운 짐'을 날랐다. 날품팔이 노동자들은 '뙤약볕을 견뎌내며' 하루 온종일 노동을 했다. 본문비유의 포도원은 예수시대 로마제국 맘몬·자본 지배체제 임금노예 경제의 고단한 노동현장 일 뿐이다. 그러기에 이른 아침부터 포도원에 온 날품팔이들은 맨 나중에 온 날품팔이들을 향하여 분노를 쏟아냈던 것이다. "맨 나중에 온 이 사람들은 한 시간만 일했잖소. 그런데 그들을 온종일 무거운 짐을 나르고 뙤약볕을 견뎌내며 일한 우리와 똑같이 대우한단 말이오?"

그러나 예수는 비유이야기의 흐름 속에서 로마제국의 임금노예 경제체제에 맞서서 하나님나라 삶의 경제, 최저임금, 생활임금, 한 데나리온을 제안하려고 한다. 더불어 유대 종교·정치·경제·사회 현실상황 안에서 속절없이 무너져 내린 야훼신앙, 정의와 평등세상 회복을 제안한다. 나아가 예수는 유대인 청중들에게 히브리 해방노예 공동체의 후손으로써 야훼신앙 회복을 요구한다. 로마제국 맘몬·자본 지배체제의 불의와 불평등에 맞서서 저항할 것을 재촉하고 요청한다.

이제, 본문비유의 이러한 신앙은유로써 '집 주인'은 자신의 포도원으로 날품팔이들을 모아들이는 '하나님 나라의 주인'으로 태도를 바꾼다. 아홉시에도, 열두시에도, 오후 세시에도 포도원 주인은 '일거리가 없어 인력시장에서 서성이는 날품팔이들'을 자신의 포도원으로 받아들인다. 그리고 끝내는 '일이 다 끝날 시간인 오후 다섯 시'가 되어서도 인력시장으로 나간다. 이제, 포도원 주인은 희망을 잃고 절망하는 날품팔이들을 '휴렌-찾아' 나선다. 그리고 포도원 주인은 절망과 고통에 빠진 날품팔이들에게 따뜻한 공동체소통과 연대의 말을 건넨다.

"일거리도 없는 당신들은 왜, 여기서 하루온종일 서성이고 있소?"

"왜냐구요? 아무도 우리를 고용해주지 않습니다."

"당신들도 포도원으로 가시오."

그런데 여기서, 저녁이 되어서도 하릴없이 인력시장을 떠나지 못하는 날품팔이의 고통과 절망을 이해하는 이들이라면 '일거리도 없는 당신들은 왜 여기서 하루 온종일 서성이고 있소'라는 포도원 주인의 이 물음의 의미를 단박에 알아 챌 것이다. 포도원 주인은 저녁때가 다 되어서도 하릴없이 인력시장을 떠나지 못하고 서성이는 날품팔이들을 게으르고 무능한 부랑아들이라고 트집 잡아 따지지 않는다. 도리어 하루살이 날품팔이와 그의 가족들의 절망과 고통을 이해하고 위로함으로써, 그들의 삶의 자리에 연대하고 참여하려는 하나님나라 삶의 경제의 실천의지를 펼쳐 드러낸다.

이와 관련하여 포도원 주인은 날품팔이들에게 '정당한 것을 주겠다'고 약속한다. 어떻게, 얼마나, 정당하다는 것인가? '정의로운 것'이 정당한 것이다. 하나님나라 삶의 경제의 '최저임금, 생활임금'은 마땅하고, 정의로운 것이어야 한다. 한마디로, 그것은 사람의 쓰임과 필요에 따른 것이어야 한다. 왜냐하면, 하나님나라 삶의 경제의 품삯은 사람의 능력이나 생산성에 대한 보상이 아니라, 사람마다의 쓰임과 필요를 채우는 것이기 때문이다. 그러므로 예수는 포도원 품꾼 비유를 '하나님나라 비유'라고 의심의 여지 없이 뚜렷하게 밝혀 드러낸다. 예수는 비유이야기의 흐름을 통하여 하나님나라 삶의 경제 최저임금, 생활임금을 비유의 핵심은유로 제안한다. 한마디로 예수의 하나님나라는 '한 시간밖에 일할 수 없는 상황에서도 하루 날품팔이를 고용하는 포도원 주인'과 같다.

그렇다면, 포도원 주인은 왜, 맨 나중에 온 날품팔이들부터 품삯을 주기 시작했을까? 여기서 많은 해석자들이 으레 그래왔듯이 '마지막 심판 때에는 처음과 나중의 서열이 뒤바뀔 것이다'라는 구태의연한 해석을 따른다. 하지만 이러한 해석은 커다란 오류이다. 왜냐하면, 비유에 등장하는 다섯 날품팔이 그룹들 가운데서 어느 누구도 자기의 하루 품삯을 빼앗기지 않았기 때문이다. 물론, 맨 처음에 온 날품팔이들은 맨 나중에 온 날품팔이들의 한 데나리온 품삯을 보고 자신들은 더 받겠거니 기대하다가 나중에 크게 실망한다. 그렇더라도, 맨 나중에 와서 한 시간밖에 일하지 못한 날품팔이들이 아침 일찍부터 열심히 일한 사람들의 한 데나리온 품삯을 보면서, 불안과 절망감으로 자신들이 받게 될 품삯을 헤아리는 것보다야 낫지 않은가?

그럼에도 불구하고, 예수가 비유 이야기를 통하여 아침 일찍 포도원에 들어온 날품팔이들과 오후 5시 맨 나중에 포도원에 들어온 날품팔이들의 품삯지급 순서를 뒤바꾼, 진짜 의도는 무엇이었을까? 예수는 본문 비유의 이야기 흐름을 통하여 청중들의 마음에 갈등과 분노를 일으키려 하지 않았을까? 예수는 로마제국의 노예임금 경제체제에서 착취와 억압, 불의와 불평등, 절망과 고통에 찌들어진 예루살렘 대중들의 신앙과 삶의 태도를 깨우려한다. 로마제국 지배체제에 기생하며 종교·사회·경제 기득권을 누려온 유대 성전제사 종교 엘리트에 저항하는 예루살렘 민중 스스로의 깨달음을 불러일으키려 한다. 자유와 해방, 정의와 평등, 생명과 평화, 히브리 해방노예들의 야훼신앙을 회복할 것을 요구한다.

이와 관련하여, 예수 비유의 청중들은 로마제국 상업주의와 자본주의 임금노예 경제 체제의 행동양식에 따라 살아왔다. 예수의 청중들은 '처음 온 날품팔이들이 나중 온 날품팔이들보다 더 나은 대우를 받아야 한다'고 생각한다. 그리고 당연히 그렇게 되기를 기대한다. 그러나 예수는 비유의 청중들의 그러한 기대를 짓밟았다. 도리어 '모두가 정당한 품삯을 받았다'라고 선언한다. 이 부분에서 한국교회와 교우들은 생뚱맞게 '하나님나라는 오직 은혜'라고 해석한다. 실제로, 예수의 비유에서 모두에게 정당한 품삯의 의미가 '최후의 심판 때 서열의 뒤바뀜'이 아니라는 전제로, '하나님 나라는 오직 은혜'라는 해석에는 나름 큰 의미가 있다.

그러나 예수의 비유의 청중들은 '모든 사람에게 정당한 품삯이 지불되었다는 것'에 전혀 동의하지도 감동하지도 않았을 것이다. 도리어 '맨 나중에 와서 한 시간만 일한 날품팔이들이 온전한 품삯을 받았다'는 것에 놀라고 이해할 수 없었을 것이다. 더 나아가 '이렇게 불공평한 일이 있을 수 있단 말이야'라고 매우 화가 났을 것이다.

이 점에서 본문비유는 '공귀조'라는 헬라어 동사를 사용한다. 이 헬라어 동사는 의성어로써 '구시렁구시렁 거리며 불평불만을 토로하는 모양'을 나타낸다. 따라서 21세기 독자들이 읽는 본문비유 이야기 안에는 '비유에 등장하는 날품팔이들과 비유의 청중들이 함께 섞여서 구시렁거리는 불평불만'이 겹쳐서 들려질 수밖에 없을 것이다. 실제로, 예수의 비유의 청중들 사이에서는 '이렇게 불공평한 일이 있을 수 있단 말이야'라고 한바탕 소란이 벌어졌을 것이다.

"왜, 포도원 주인은 맨 나중에 와서 한 시간만 일한 사람들에게 조차 하루 품삯을 다 내준단 말이냐? 포도원 주인의 변덕스러운 과시욕 때문이었을까? 아니면 포도원 주인의 타고난 자비와 관용 때문이었을까? 만약, 그렇다고 한다면 아침 일찍 온 날품팔이들부터 품삯을 주어 보내면 될 것을! 무엇 때문에 맨 나중에 와서 한 시간밖에 일을 안 한 날품팔이들부터 보란 듯이 온전한 품삯을 준단 말이냐?"

예수의 비유에서 아침 일찍부터 포도원에 나와 일한 사람들과 예루살렘 청중들의 불평불만은 탕자비유에서 큰 아들의 항변을 생각나게 한다. 이 점에서 두 비유는 다 같은 예수의 하나님나라 복음운동 비유로써 세상의 가치와 질서를 뒤집는 하나님나라 삶의 실천행동을 제안한다.

이와 관련하여 예수는 본문비유에서 '친구여-헤타이레'라는 불친절한 용어를 사용한다. 예수는 종종 말과 행동이 올바르지 않은 사람들을 이렇게 불렀다. 예수는 비유의 예루살렘 청중들이 로마제국 식민지 지배체제 상업주의와 자본주의경제 임금노예로 길들여지고 찌들어져 있다는 것을 잘 안다. 예수는 자유와 해방, 정의와 평등, 생명·평화 히브리 야훼신앙을 저버린 청중들을 향하여 '친구여'라고 비아냥거린다. 참으로 본문비유에서 예수의 어투가 매섭고 날카롭다.

"친구여, 나는 그대를 부당하게 대하지 않았네! 그대는 나와 한 데나리온을 합의하지 않았나? 그대는 그대 것이나 받아 가게. 그런데 나는 맨 나중에 온 이 사람들에게도 그대와 똑같이 주고 싶네! 내가 내 것으로 내가 하고 싶은 일을 하는 것이 나에게 합당치 않단 말인가? 혹시, 그대의 눈길이 험악한 것은 내가 선하기 때문인가?"

예수는 비유이야기를 통하여 포도원 주인의 품삯 지불을 불공정한 행위라고 성토하는 청중들의 감정과 생각에 에두르지 않고 맞선다. 또한편 포도원 주인의 터무니없는 관대함을 강조하거나 찬양하지도 않는다. 예수는 가난하고 소외된 날품팔이들에 대한 연민을 통하여 그들의 삶의 상황에 연대하고 참여하려는 포도원 주인의 결단과 실천행동을 돋보이려고 노력한다. 이렇게, 예수는 비유이야기를 통하여 '하나님께서도 포도원 주인과 똑같이 결단하시고 행동하신다'라고 증언한다. 그러므로 예수는 비유의 유대인 청중들을 포함하여 21세기 우리시대의 모든 독자들에게도 '포도원 주인과 똑같이 결단하고 행동하라'고 재촉하며 요구한다.

"그대의 눈길이 험악한 것은 내가 선하기 때문인가?"

21세기 신자유주의 독점자본경제 임금노예 체제에서 '나와 다른 날품팔이들의 최저임금, 생활임금쟁취 공동체 행동이 나를 화나게 하고 불편하게 하는가? 깊이 생각하고 헤아려 볼 일이다.

맺는 말

예수는 누구에게, 왜, 본문비유를 이야기 했을까? 이와 관련하여 본문비유는 하나님나라 비유로써 두개의 핵심 해석의제를 가지고 있다. 하나는, 집주인이 필요에 넘치도록 날품팔이들을 고용하는 것과 모두에게 절실한 하루살이 품삯을 지불하는 것이다. 또 하나는, 이로 인해 상대적으로 피해 입었다고 생각하는 날품팔이들과 청중들과 독자들의 불평불만이다.

본문비유의 청중과 독자들은 앞의 해석의제와 뒤의 해석의제 가운데서 하나를 강조할 수도 있고, 두 개의 해석 의제를 하나로 연결 지어 강조할 수도 있을 것이다. 그런데 예수는 뒤의 해석의제에 강조점을 두고 있다. 예수는 예루살렘 민중들을 향하여 하나님의 무조건적인 자비와 사랑을 선포하기 위하여 본문비유를 이야기하지 않았다. 예수는 이 땅의 하나님나라 삶의 경제 밑바탕으로써 최저임금, 생활임금인 한 데나리온을 헐뜯고 미워하며 깎아내리려는 예루살렘 종교·경제·사회 기득권세력의 반 야훼신앙을 트집 잡고 따진다. 그들이 로마제국 식민지 지배체제의 상업주의와 자본주의경제 임금노예체제의 고용주들이기 때문이다. 그들은 로마제국 맘몬·자본 지배체제의 임금노예 경제 안에서 사익을 챙기며 기득권을 누리는 세력들이다.

나아가 예수는 21세기 우리시대의 가난하고 소외된 사람들을 멸시하고 죄인 취급하는 부유한 한국교회를 향하여 본문비유를 선포한다. 무엇보다도 무한경쟁·무한독점·무한축적·무한소비의 신자유주의 시장 경쟁체제에서 지치고 소외된 사회적 약자들을 '도덕적 해이자'라고 몰아붙이는 대형교회 교우들을 향하여 한 데나리온 비유를 외친다.

그러므로 사람이 사람답게 사는 세상을 위한 밑바탕으로써 최저임금, 생활임금에 대해 마냥 화가 나 있는 이들을 향하여, 오늘도 예수는 이 비유를 이야기한다. 예수의 한 데나리온 비유 이야기야말로 맘몬·자본세상의 어찌해 볼 도리 없는 임금노예들을 향한 예수의 사랑의 채찍이다.

민중세상

하나님 나라는 잡초처럼

7. 예수의 큰 잔치 비유

지배체제 기득권자들의 만찬을 뒤집고 모욕하다,
하나님나라 무지렁이들의 큰 잔치.

15함께 먹는 사람 중의 하나가 이 말을 듣고 이르되 무릇 하나님의 나라에서 떡을 먹는 자는 복되도다 하니 16이르시되 어떤 사람이 큰 잔치를 베풀고 많은 사람을 청하였더니 17잔치할 시각에 그 청하였던 자들에게 종을 보내어 이르되 오소서 모든 것이 준비되었나이다 하매 18다 일치하게 사양하여 한 사람은 이르되 나는 밭을 샀으매 아무래도 나가 보아야 하겠으니 청컨대 나를 양해하도록 하라 하고 19또 한 사람은 이르되 나는 소 다섯 겨리를 샀으매 시험하러 가니 청컨대 나를 양해하도록 하라 하고 20또 한 사람은 이르되 나는 장가 들었으니 그러므로 가지 못하겠노라 하는지라 21종이 돌아와 주인에게 그대로 고하니 이에 집 주인이 노하여 그 종에게 이르되 빨리 시내의 거리와 골목으로 나가서 가난한 자들과 몸 불편한 자들과 맹인들과 저는 자들을 데려오라 하니라 22종이 이르되 주인이여 명하신 대로 하였으되 아직도 자리가 있나이다 23주인이 종에게 이르되 길과 산울타리 가로 나가서 사람을 강권하여 데려다가 내 집을 채우라 24내가 너희에게 말하노니 전에 청하였던 그 사람들은 하나도 내 잔치를 맛보지 못하리라 하였다 하시니라—**누가복음 14장**

읽기-1

그러자 예수가 그 사람에게 말했다.

어떤 사람이 큰 잔치를 열고 많은 사람들을 초청 했다. 그리고 그가 잔치 시간날에 초청받은 사람들에게 초대말을 전하려고 자기 종을 보냈다.

"오십시오! 이미 준비가 다 되어 있습니다."

그러나 모든 사람들이 하나 같이 핑계를 대며 거절하기 시작했다. 첫 번째 사람이 그 종에게 말했다.

"나는 밭을 샀소. 그러니 그 밭을 보러 가지 않을 수 없구려! 청컨대 당신은 나를 용서하시오."

다른 사람도 말했다.

"내가 겨릿소 다섯 쌍을 샀소! 그래서 나는 그것들을 부려 보러 가는 길이오. 청컨대 당신은 나를 용서하시오."

또 다른 사람도 말했다.

"나는 장가들어 아내를 맞이했소! 그렇기 때문에 나는 갈수 없소!"

그 종이 돌아와서 그의 주인에게 그대로 전했다. 그때, 집주인이 화가 나서 그의 종에게 명령했다.

"너는 빨리 큰 길들과 동네 골목들로 나가라. 그리고 가난뱅이들과 지체장애인들과 시각장애인들과 다리 저는 못난이들을 이리로 데리고 와라!"

그 후, 종이 말했다.

"주인님, 당신이 분부하신대로 되었습니다. 그러나 아직도 자리가 있습니다."

그러자 주인이 종을 향하여 말했다.

"너는 길들과 담장들 안으로 가라! 그래서 내 집이 가득 채워지도록 억지로라도 들어오게 하라!"

"참으로, 내가 여러분에게 말하오! 초청받았던 저 남자들 가운데서
아무도 내 잔치에 참여하지맛보지 못할 것이오!"

본문비유에서 큰 잔치는 무엇이었을까? 한마디로 '끼리끼리 손님들
을 청하여 함께 먹는 만찬'이었을 것이다. 만찬은 서로 사귀고 친밀한
관계를 맺기 위해 서로에게 도움이 되는 사람들을 초청하여 함께 즐기
는 저녁식사 모임이다. 그렇지만 고대사회의 만찬은 다른 이들을 향하
여는 철저하게 차별되고 닫혀 진 끼리끼리의 식탁모임이다. 이러한 만
찬은 고대 지중해 세계에서 부자들만의 즐거움이었다. 21세기 우리시
대로 치면 여의도 정치꾼들이 고급식당에서 여는 정치모임이거나, 정부
고위관료들과 재벌들의 비밀스러운 회식자리와 같았을 것이다. 정부
고위관료와 여·야 국회의원, 재벌·대기업회장 등, 끼리끼리의 그렇고
그런 만찬모임은 정치·경제 뉴스의 가십gossip 거리로 널리 입방아에 오
르내리기 일쑤이다.

21세기 현대 사회에서도 이러할찐대, 고대 제국주의 지배계층의 만
찬은 더 말할 나위도 없었을 것이다. 고대사회에서 만찬은 철저하게 부
와 권력의 크기에 따라 서로의 사익을 주고받는 계급정치와 독점착취경
제 관계를 믿음직하고 도탑게 하는 자리였다. 그러므로 시대의 지배계
층과 하층민중이 뒤섞여 벌이는 만찬이 있다면, 그것은 시대의 지배체
제에 대한 반역이다. 또한 그것은 거꾸로 시대의 지배체제에 대한 하층

민중의 혁명일 것이다. 만일, 지배계층이 하층 민중을 자신의 만찬에 초대한다면, 그것은 자신이 속한 지배계층과 지배체제에 대한 모욕이다. 더불어 그것은 스스로를 지배계층과 지배체제로부터 멀어지게 하는 거대한 자기변혁일 수밖에 없다.

이러할 때, 예수가 갈릴리 민중들과 어울려 함께 벌여온 하나님나라 밥상공동체는 너무도 분명하게 로마제국 지배체제 기득권자들의 만찬을 모욕하고 뒤집는 민중혁명이다. 또한 예수의 밥상공동체는 의심의 여지가 없을 만큼 뚜렷하게 민중계층의 위치를 갖는다. 예수의 공동체 밥상이야말로 가난한 농부와 어부, 세리와 죄인들, 과부와 고아와 여성, 심지어 창녀들까지 함께 어울리는 철저한 하층민들의 밥상공동체였기 때문이다. 따라서 예수의 큰잔치 비유는 예수의 밥상공동체 곧 '예수의 하나님 나라의 큰 잔치'에 대한 신앙은유이다. 이제, 본문비유를 좀 더 자세히 읽고 해석하면서, 예수의 큰잔치 비유에 숨겨진 신앙은유들을 헤아려보기로 한다.

이끄는 말

우리는 본문비유에 대한 평행본문으로 마태복음 22장에 기록된 '왕실 혼인잔치 비유'를 알고 있다. 성서학자들은 두 가지 예수의 잔치비유의 출처에 대하여 마태와 누가가 따로따로 자기들만의 '문서자료'를 가지고 있었을 것이라고 이해한다. 물론, 예수는 '하나의 잔치비유'를 이야기 했을 것인데, 여러 사람들의 입말로 이곳저곳에 전해지는 과정에서 두 갈래 이야기로 나뉘게 되었을 것이다. 그래서 누가는 자신의 복음서에 두 갈래 이야기중 하나를 '큰잔치 비유'로 기록했을 것이고, 마태는 다른 한 갈래 이야기를 자신의 복음서에 '왕실 혼인잔치 비유'로 기록했을 것이다.

이렇게, 두 비유의 저자들은 자기들의 신앙사상에 따라 예수의 큰잔치 비유에 자신들의 생각과 의지를 더하여 이야기를 꾸미고 손질한 후, 자신들의 복음서에 기록했다. 이 점에서 누가는 자신의 생각을 비유에 앞서서 머리말눅14:14로 덧붙였고, 비유의 핵심내용인 '주인의 새로운 큰잔치 초대부분'21절에서 23절까지을 자신의 신앙사상에 따라 새롭게 꾸며서 기록했다. 그럼에도 불구하고 현대 성서학자들은 누가복음 '큰잔치 비유'가 예수의 비유의 원형에 더 가깝다고 평가한다. 이제 하나하나 큰잔치 비유를 읽어가며 비유의 하나님나라 은유들을 찾아나서 보자.

그런데 이렇게 21세기 우리시대의 독자들이 본문비유의 은유를 찾아나서려 할 때, 대수롭지 않게 보아 넘겨서는 안 되는 부분이 있다. 그것은 바로 예수의 비유에 대한 청중들의 반응을 독자들의 삶의 자리에서 상상하고 되새겨 보는 일이다. 이와 관련하여 예수의 비유의 청중들은 '어떤 사람이 큰 만찬 곧, 끼리끼리의 호사스러운 저녁식사 자리를 마련하고 손님들을 초청 했다'는 이야기의 첫 마디에서 자신들의 삶의 마당과는 관계없는 이야기로 여겼을 것이다. 그러면서 예수의 비유 이야기에 대해 그저 심드렁했을 것이다.

하지만 여기서, 예수는 그냥 만찬이라고 하지 않고 '큰 잔치, 또는 큰 만찬—데이프논 메가'라고 허풍떨면서 말한다. 물론, 예수는 본문비유의 큰 잔치를 무슨 종교절기에 따르는 공동체잔치라고 말하거나, 한 마을을 떠들썩하게 할 혼인잔치로 소개하지 않는다. 다만, 예수는 로마제국 지배계층 사이에서 필요에 따라 언제든지 벌어졌을 '만찬'을 '큰 잔치-큰 만찬'이라고 허풍스레 떠벌린다. 그래서 오히려, 예수의 비유의 청중들은 '이거 뭐야'라고 관심을 갖게 되지 않았을까?

그런데다가 예수는 '큰 잔치에 초청받은 사람들이 하나같이 잔치참여를 거부하는 것'으로 이야기를 이끌어간다. 물론, 대부분의 만찬들은 이미 오래전에 초청하는 사람과 초대받는 이들 사이에서 만찬참여 약속이 이루어져 있었을 것이다. 다만, 만찬을 베푸는 사람이 만찬시간에 사람을 보내어 초청받은 이들을 부르는 것은 의례적인 만찬 예절일 뿐이다. 그러나 예수는 비유 이야기의 첫마디에서 '큰잔치'라고 너스레를 떨더니, 천만 뜻밖의 초청받은 이들의 잔치참여 거부를 이야기한다.

"그러나 모든 사람들이 하나같이 변명하며 사양하기 시작했다."

큰 잔치에 초청받은 이들이 모두 한 목소리로 잔치참여를 거부했다. 모두가 함께 미리 약속이나 한 듯이 말도 안 되는 핑계들을 대며 잔치참여를 거부했다. 이쯤해서 예수의 비유의 청중들은 비유 이야기의 흐름의 심각성을 깨닫고 술렁이기 시작했을 것이다.

"무슨 이야기를 하려는 거지?"

예수 시대의 만찬이 갖는 사회·정치·경제적 역할과 실체를 잘 알고 있는 비유의 청중들은 예수의 이야기에 귀를 세우고 갖가지 반응들을 내어놓기 시작했을 것이다.

그렇다면 이제, 21세기 우리시대의 독자들도 예수의 큰잔치 비유에 대하여 비유의 청중들처럼 질문해 볼 수 있다.

"큰잔치에 초대받은 이들은 왜, 하나같이 잔치참여를 거부할까?"

사실, 고대사회에서 만찬에 초청받은 이들의 만찬참여 거부는 만찬을 베푸는 사람에게 엄청난 모욕을 주는 행위이다. 그럴 경우 만찬을 베푸는 사람과 초청받은 이들 사이의 관계가 돌이킬 수 없을 만큼 멀어질 수도 있다. 그뿐만 아니라, 만찬주인과 초청받은 사람들의 지배체제 안에서의 계층위치에 따라 지배체제의 권력관계 시스템에까지 큰 위기를 불러들일 수 있다. 실제로, 예수시대의 로마제국 지배체제 내부자들의 끼리끼리 만찬은 피라미드 계층 후원사회 구조 안에서 부와 권력과 정치관계를 조정하고 공유하는 중요한 삶의 방식이었다.

따라서 본문비유에서 만찬에 초청받은 이들의 만찬참여 거부는 비유의 청중들에게 천만 뜻밖의 낯설고 이해 할 수 없는 일이었다. 이러한 '천만뜻밖의 낯설음과 이해 할 수 없음'으로 인해 비유의 유대인 청중들의 반응도 뒤죽박죽 이었을 것이다. 또 한편 로마제국 지배체제 안에서 뿌리내리고 커 나가던 초대 교회들에게도 큰 잔치 비유는 낯설고 이해 할 수 없는 비유였다. 나아가 초대교회에 이어 이천년 서구 기독교회 역시도 예수의 큰 잔치 비유 읽기와 해석에 갈피를 잡지 못했다.

이와 관련하여 누가복음 저자는 본문비유의 앞 단락에 '낮은 자리에 앉으라, 가난한 사람들을 초대하라'는 등, 누가복음 신앙공동체의 만찬예절과 윤리를 강조하는 이야기들을 늘어놓았다. 또한 저자는 큰 잔치 비유를 '종말론적 메시아 만찬 알레고리'로 이해하고 그 틀에 비유의 내용을 꿰어 맞췄다. 로마제국 지배체제와 이 시대와 땅이 심판 받은 이후, 하늘에서 누리는 천국만찬으로 본문비유를 이해하고 해석하여 받아들였다. 이처럼 로마제국 지배체제 안에서 예수의 큰잔치 비유에 대한 '초대교회의 메시아 천국만찬 알레고리' 이해는 마태복음 22장에서 '자기 아들의 혼인잔치를 벌이는 임금' 비유에 잘 드러나 있다.

그렇다면, 누가복음 저자가 예수의 큰 잔치 비유를 자기 신앙공동체의 '만찬예절과 종교윤리', 더불어 '종말론적 메시아 천국잔치 알레고리'로 이해하고 복음서에 기록한 것은 '예수의 비유의 참 뜻'일까? 결코 그렇지 않을 것이다. 왜냐하면, 예수의 큰잔치 비유의 핵심은유가 '큰 잔치에 초청받은 이들의 만찬참여 거부'에 있다고 볼 수 없기 때문이다. 오히려, 큰잔치 비유의 청중들과 독자들이 맞닥뜨리는 '초청받은 이들의 천만뜻밖의 만찬참여 거부의 낯설음과 어리둥절함' 속에서 비유의 숨겨진 놀랍고 새로운 은유가 깊고 넓게 퍼져 나오기 때문이다.

이와 관련하여 예수는 비유 이야기의 흐름을 통하여 '초대받은 이들이 늘어놓는 말도 안 되는 잔치참여 거부의 변명들'을 하나하나 까발린다. 예수가 초대받은 이들의 잔치참여 거부의 속내를 까발리는 말을 내뱉을 때마다, 청중들 사이에서는 탄식과 웅성거림의 속엣말들이 들끓어 올랐을 것이다.

"첫 번째 사람이 그 종에게 말했다. 나는 밭을 샀소. 그러니 그 밭을 보러 가지 않을 수 없구려! 청컨대 당신은 나를 용서하시오."

이미 밭을 샀는데, 그 밭을 보러가지 않을 수 없다니? 고대 농경사회에서 모든 생산수단의 밑바탕은 오로지 땅 뿐이었을 터, 누구든지 남의 밭을 사들이면서 그 밭에 대해 이모저모 따져보고 판단하지 않았을 리가 없다. 큰 잔치에 초대받은 이들 중, 첫 번째 사람의 잔치참여 거부 핑계꺼리야말로 비유의 청중들을 놀라게 하고, 어이없게 했을 것이 뻔하다. 그렇다면 예수는 무엇 때문에, 큰 잔치에 초대 받은 첫 번째 사람의 입을 빌려서 어이없는 잔치참여 거부의 변명을 늘어놓아야 했을까? 여기서 이런 질문을 통하여 예수의 비유의 청중들과 독자들은 얼마든지 큰잔치 비유에 숨겨진 은유들을 찾아내거나 상상할 수 있다. 사실, 유대인들의 히브리 야훼신앙 전통 안에서 땅은 결코 개인이 사고 팔수 없는 것이다. 왜냐하면, 땅은 야훼 하나님의 것이기 때문이다.

실제로, 유대교 야훼신앙의 밑바탕은 이집트 파라오 노예제국으로부터 탈출한 히브리 해방노예들의 정의·평등 공동체사회이다. 야훼신앙은 히브리 해방노예들의 정의·평등 공동체사회의 신앙과 삶의 경험에서 우러난 것이다. 나아가 히브리 해방노예들의 야훼신앙 실천행동으로써, 정의·평등 공동체 삶의 밑바탕은 '땅은 야훼 하나님의 것'이라는 공동체 신앙고백이다. 그러므로 유대인들은 이집트 파라오 노예제국으로부터 탈출한 히브리 해방노예들의 후손으로써, 야훼신앙 토지정의에 따라 땅을 사유재산처럼 마음대로 사고팔아서는 안 된다. 왜냐하면, 사람은 누구라도 땅 없이는 하나님의 창조생명 공동체의 온전한 삶을 누릴 수 없기 때문이다. 특별히 고대사회에서는 직접 땅을 가꾸는 농부로 살아가든지, 떠돌이 목축을 하든지, 도시의 소상공인으로 살든지, 땅에 기대지 않고는 아무런 생산 활동도 할 수 없었기 때문이다.

그러므로 고대 사회에서는 히브리 야훼신앙 토지정의가 더욱 귀하다. 땅이 있어야 너와 나, 우리 모두의 온전한 생명살이를 유지할 수 있었기에, 땅은 거룩하다. 그럼에도 불구하고, 땅은 사람이 만들어낼 수 있는 문명이나 상품이 아니다. 그래서 땅은 하나님의 것이다. 사람이 마음대로 사고 팔 수 있는 사유재산이 아니다. 땅은 대대로 인류가 공유하는 것이다. 그래서 토지 공개념이야말로 히브리 해방노예들의 야훼신앙 진실의 핵심이다.

이렇듯이, 예수는 큰 잔치 비유에서 초대받은 첫 번째 사람의 입말을 빌려 천만 뜻밖의 만찬참여 거부와 터무니없는 변명을 늘어놓는다. 그럼으로써, 로마제국 지배체제에 기생하여 기득권을 누려온 유대 종교·사회 기득권계층의 반 야훼신앙 행태를 꾸짖는다. 야훼 하나님의 이름을 팔고, 야훼 하나님의 거룩한 성전을 볼모로 삼아, 대지주로써의 부와 권력을 누리는 예루살렘 성전제사종교 엘리트 계층의 삶의 태도를 꼬집고 조롱한다. 예루살렘 성에 거주하면서 갈릴리 등, 모든 유대 땅에서 상업영농 또는 기업영농으로 부를 쌓아올리는 대지주와 대상인들의 삶을 트집 잡고 따진다. 예수는 큰 잔치에 초대받은 첫 번째 사람의 잔치참여 거부와 변명을 통하여 로마제국 지배체제 1% 내부자들이 땅을 독점하고 부를 쌓는 피라미드 약탈경제의 실체를 까발린다.

이어서 예수는 내친김에 '큰 잔치에 초대받은 두 번째 사람의 입을 빌려 비유 청중들이 듣기에도 허풍스러운 잔치참여 거부의 두 번째 변명을 늘어놓는다.

"내가 겨릿소 다섯 쌍을 샀소! 그래서 나는 그것들을 부려 보러 가는 길이오. 청컨대 당신은 나를 용서하시오"

예수는 두 번째 사람의 잔치참여 거부를 변명하면서 '한꺼번에 겨릿소 다섯 쌍을 샀다'고 한다. 당장에라도 밭을 갈 수 있는 일소 열 마리를 샀다는 것인데, 이미 부리고 있는 겨릿소들도 있었을 것이다. 따라서 큰 잔치 참여를 거부한 두 번째 사람은 대지주였음이 분명하다.

이렇듯이, 대지주인 두 번째 사람이 굳이 '새로 산 겨릿소들을 손수 부려 보러 가야겠다며 잔치참여를 거부하는 것'은 큰 잔치 주인을 모욕하는 행위이다. 왜냐하면, 만찬은 저녁에 벌어지는 일이기 때문에 큰 잔치에 초대받은 두 번째 사람은 낮에 자기 할 일을 하면 그뿐이다. 이와 관련하여 구약성서 시대의 유대 땅에서라면 대다수의 자유농민들이 겨릿소 한 두 쌍을 부리는 것으로 모자람이 없었을 것이다. 이러한 자유농민들에 의한 자작 영농이야말로 히브리 야훼신앙 정의·평등 공동체 사회에 딱 걸맞은 영농행위이다.

마지막으로 예수의 큰 잔치 비유의 세 번째 사람은 장가들었다는 핑계를 대며 아예 '미안하다, 용서해 달라'는 말조차 없다.

"나는 장가들어 아내를 맞이했소! 그렇기 때문에 나는 갈수 없소!"

비유의 유대인 청중들은 모세의 율법에 따라 결혼하고 일 년이 지나지 않은 남자들을 전쟁터로 내몰아서는 안 된다는 것을 잘 알고 있었을 것이다. 이러한 제도는 지중해 세계 소제국주의 국가들의 틈바구니에서 히브리 해방노예들이 정의·평등 공동체사회를 건설하고 확장해 나가기 위한 사회·공동체적 배려였다. 왜냐하면, 히브리 해방노예들의 정의·평등 공동체사회 미래의 지속가능성을 위해서는 가정의 안전과 평화를 지켜내는 것이 필수조건이었기 때문이다. 그러나 예수의 비유의 청중들은 '장가를 갔기에 만찬에 참여할 수 없다'는 세 번째 사람의 얼토당토 않는 변명에는 헛웃음을 지을 수밖에 없었을 것이다.

예수는 왜, 이렇게, 큰 잔치 비유 이야기의 흐름을 이끌어갈까? 로마제국이나 유대사회에서 잔치에 초청받은 이들이 잔치참여를 거부하는 것은 잔치의 주인을 무시하고 모욕하는 행위이다. 따라서 예수의 비유에서 잔치에 초청받은 사람들의 잔치참여 거부는 로마제국과 거기에 기생하는 유대 종교·사회 지배체제 안에서 유례가 없는 아주 오만불손한 행동이다. 그럼에도 불구하고, 예수는 큰 잔치에 초청받은 세 부류의 사람들로 하여금 한결같이 잔치 참여를 거부하게 하며 얼토당토않은 핑계를 대는 것으로 비유이야기를 이끌어 왔다. 예수는 큰 잔치에 초청받은 이들의 잔치참여 거부를 통하여 큰 잔치의 주인을 모욕하고 왕따 시킨다. 그럼으로써, 큰 잔치의 주인을 잔치에 초청받은 이들이 속한 지배체제 내부자 계층에서 쫓아낸다. 잔치 주인과 잔치에 초청받은 이들이 서로의 이익을 주고받고 권력을 나누는 제국주의 지배체제 기득권정치·경제·사회의 믿음직스럽고 도타운 만찬교제와 사귐을 끝장낸다.

이 점에서, 예수 비유의 청중들은 '잔치에 초청받은 이들의 천만뜻밖의 잔치참여 거부'라는 낯설고 얼떨떨한 비유이야기의 흐름 속에서 헤어나지 못했을 것이다. 청중들은 '이제 어떻게 하려고 저러지'라는 안타까움으로 비유의 결말을 몹시 궁금해 했을 것이다. 그런데 비유의 청중들 사이의 이러한 궁금증과 안타까움이야말로 큰 잔치 비유의 핵심은유가 숨겨진 자리이다.

이와 관련하여 대부분의 유대인 청중들은 '잔치에 초청받은 이들로부터 잔치참여를 거부당함으로써 큰 모욕과 왕따를 당한 잔치주인'이 어떻게 행동할지 몹시 궁금했을 것이다. 아마도 비유의 청중들은 '잔치주인이 조용하게 이 사건을 덮고 넘어갈 것'이라고 생각했을 것이다. 비유의 잔치주인은 스스로를 위해서라도 자신이 속한 지배계층으로부터 당한 모욕과 왕따를 곱씹으며 조용히 미래를 엿보는 것이 옳을 것이다. 잔치주인이 잔치에 초청받은 사람들로부터 당한 모욕과 왕따가 널리 퍼져서 크게 알려지는 날에는 지배계층 안에서 잔치주인의 위치가 완전히 사라질 것이기 때문이었다.

그러나 예수는 청중들의 이러한 생각과 기대를 무시하고 전혀 다른 방향으로 비유 이야기의 흐름을 이끌어 간다.

"그 종이 돌아와서 그의 주인에게 그대로 전했다. 그때, 집주인이 화가 나서 그의 종에게 명령했다. 너는 빨리 큰 길들과 동네 골목들로 나가라. 그리고 가난뱅이들과 지체장애인들과 시각장애인들과 다리 저는 못난이들을 이리로 데리고 와라! 그 후, 종이 말했다. 주인님, 당신이 분부하신대로 되었습니다. 그러나 아직도 자리가 있습니다. 그러자 주인이 종을 향하여 말했다. 너는 길들과 담장들 안으로 가라! 그래서 내 집이 가득 채워지도록 억지로라도 들어오게 해라."

이제야말로 예수는 '큰 잔치에 초청받은 이들의 천만뜻밖의 잔치참여 거부의 낯설음과 어리둥절함'을 통하여 '예수의 하나님나라 밥상공동체의 실체'를 증언하려고 한다. 그것은 바로 '지배체제 기득권세력의 만찬을 뒤집고 모욕하다, 무지렁이들의 하나님나라 큰 잔치'이다. 한마디로 그것은 예수의 큰잔치 비유에 숨겨진 '예수의 하나님나라 복음운동 은유'이다. 예수는 큰잔치 비유의 청중에게, 나아가 독자들에게 '예수의 하나님나라 복음운동 밥상공동체'의 실체를 있는 그대로 증언한다. 그것은 로마제국과 거기에 기생하는 예루살렘 종교·사회 기득권세력들의 어둠속 끼리끼리의 닫혀진 만찬과 전혀 다르다. 예수의 하나님나라 밥상공동체에서는 로마제국 지배체제와는 전혀 어울리지 않는 이들, 지배체제 기득권세력과는 전혀 다른 계층, 이 땅에 가난하고 힘없는 민중들이 크게 자리를 차지한다. 그것은 이미 예수와 갈릴리 민중들이 함께해 온, 예수의 하나님나라 복음운동 공동체밥상에서 날마다 실현되고 있는 엄연한 현실이다.

예수는 하나님나라 복음운동 공동체밥상을 큰 잔치 비유의 은유 속에 숨겨둠으로써, 도리어 잔치참여를 거부하고 얼토당토않은 변명을 늘어놓는 지배체제 기득권세력을 모욕하고 조롱한다. 이로써, 큰 잔치의 주인은 잔치에 초청받은 이들의 잔치참여 거부로 말미암아 모욕당하고 왕따 당하며 지배체제 내부자 위치에서 쫓겨났으나, 이제야말로 오롯이 하나님나라 복음운동 밥상공동체 큰 잔치의 주인으로 자기변혁을 선언한다. 그럼으로써, 큰 잔치의 주인은 도리어 제국주의 지배체제의 끼리끼리 만찬을 모욕하고 그 만찬에 초청되었던 지배제체 기득권세력의 계급위치를 무너뜨리고 흩어버린다. 그러므로 예수의 큰 잔치 비유에서처럼 지배체제 내부자계층이 밑바닥 민중들을 자신의 잔치에 초대한다면, 그것은 자신이 속한 지배체제와 기득권계층에 대한 모욕으로써, 스스로 지배체제 내부자계층으로부터 탈출하려는 자기변혁일 수밖에 없다.

　이러한 예수의 큰 잔치 비유 이야기의 흐름 속에서 비유의 독자들은 비유에 대한 두 가지 해석이 가능할 것이라고 생각한다. 우선 먼저, 예수의 하나님나라 복음운동 공동체잔치야말로 '시대의 지배체제와 기득권계층의 만찬을 모욕하고 뒤집어엎는 혁명'이라는 신앙은유이다. 큰 잔치 비유에서 예수가 명백히 밝히려 하는 것은 '하나님나라 복음운동 공동체잔치야말로 로마제국 지배체제와 거기에 기생하는 예루살렘 성전제사종교 기득권세력의 끼리끼리 만찬을 모욕하고 뒤집어엎는다'라는 사실이다.

　이 점에서 예수의 하나님나라 복음운동 공동체잔치에서는 초청받은 자들의 거부와 초청받지 못한 이들의 영접이 뒤바뀌어 일어난다. 예수의 하나님나라 큰 잔치는 가난뱅이들과 지체장애인들과 시각장애인들과 못난이들 등, 종교·사회적으로 무의미하고 성가시며 소외된 자들의 공동체잔치이다. 또한 하나님나라 잔치는 먼 미래의 일이 아니라, 지금 여기 예수의 밥상공동체에서부터 시작된다. 그러므로 누구든지 하나님나라 복음운동 공동체잔치에 참여하려는 자는 지금 여기서 결단하고 행동해야 한다. 이와 관련하여 예루살렘 유대 종교·사회 엘리트계층인 제사장, 율법학자, 바리새인들은 예수의 밥상공동체를 통한 하나님나라 공동체잔치에 응할 뜻이 전혀 없다. 그들은 자신들에게 능숙한 성경말씀과 유대 종교·사회전통으로부터 종말론적인 하나님나라 큰 잔치를 잘 알고 있었을 것이다. 또한 그들은 그 하나님나라의 큰 잔치에 참여하는 것을 고대하며 살아왔을 것이다. 그러나 이제, 실제로, 예수와 가난한 민중들의 밥상공동체를 통하여 하나님나라 큰 잔치가 실체를 드러낸 지금, 도리어 그들은 이기적이고 모욕적인 방법으로 하나님나라 큰 잔치 참여를 거절한다.

그러므로 이제, 예수의 하나님나라 복음운동 공동체잔치는 유대 종교·사회에서 무의미하고 성가시며 소외된 자들의 잔치가 될 수밖에 없다. 이 점에서 큰 잔치 비유의 주인은 종들에게 '너는 빨리 큰 길들과 동네 골목들로 나가서 가난뱅이들과 지체장애인들과 시각장애인들과 못난이들을 이리로 인도해 오라'라고 한다. 여기서 비유의 독자들은 '예수 신앙 공동체가 예루살렘의 가난한 민중들에게 하나님나라 복음을 전하여 많은 결실을 맺는 필연성'을 되새기게 된다. 또한 예수의 하나님나라 복음이 유대 종교·사회 기득권층을 지나, 널리 로마제국 민중들에게까지 전파된 것을 떠올리게 된다.

더 나아가 예수는 큰 잔치 비유를 통하여 하나님나라 공동체잔치를 모든 소외계층들에게 널리 열려진 잔치로 확대한다.

"주인님, 당신이 분부하신대로 되었습니다. 그러나 아직도 자리가 있습니다. 그러자 주인이 종을 향하여 말했다. 너는 길들과 담장들 안으로 가라! 그래서 내 집이 가득 채워지도록 억지로라도 들어오게 해라." 큰 잔치의 주인은 종에게 '길들과 담장들을 따라 집집마다 가서' 소외된 이들을 이끌어 내오라고 명령한다. 이것은 예수의 하나님나라 복음이 유대 경건한 남자들의 경계를 지나, 유대 종교·사회 공동체에서 배제되는 떠돌이 나그네와 과부와 고아와 부녀자들을 넘어, 죄인이라고 낙인찍힌 세리와 창녀들에게까지 전파되는 상황을 분명하게 가리켜 보여준다. 크고 작은 길들로 나가서 만나는 사람들마다, 담장 안으로 들어가서 이웃의 눈길에 뜨일세라 숨겨진 사람들까지, 세상의 모든 못난이들을 초대하는 것이 하나님나라 공동체잔치이다. 한마디로 우리

정치·경제·사회의 삭제된 존재들을 우리 삶의 마당으로 '불러오기'하는 것이다. 이와 관련하여 예수의 큰 잔치 비유 안에는 21세기 한국교회를 향하여 외치는 뚜렷한 신앙진실이 있다. 참으로, 큰 잔치 비유는 21세기 한국교회에 대한 신앙경고이며 신앙 심판이다.

"참으로, 내가 여러분에게 말하오! 초청 받았던 저 남자들 가운데서 아무도 내 잔치에 참여하지 못할 것이오!"

이러한 예수의 큰 잔치 비유의 신앙진실은 한국교회의 반인권, 반 생명, 반 평화 신앙행태에 대한 예수의 하나님나라 복음운동 신앙철퇴이다. 그동안 한국교회는 4·16 세월호참사 유가족의 고통을 외면하고 세월호참사 진실 찾기 외침을 모욕해 왔다. 장애인의 인격과 생존권을 무시하고 업신여기며, 신용불량자 등 가난하고 힘없는 이들의 삶의 고통을 외면하는 불신앙 행태를 서슴지 않았다. 성폭력피해자, 동성애자 등 소외계층 소수자들에게 사회적 낙인을 찍고 억압하며 차별해 왔다.

두 번째, 예수의 큰 잔치 비유는 아주 분명하고 뚜렷하게 예수의 밥상공동체의 민중성을 하나님나라 복음의 핵심내용으로 증언한다. 예수는 로마제국 지배체제와 거기에 기생하는 예루살렘 성전제사종교 기득권 엘리트계층을 철저하게 외면하고, 가난한 민중들과 함께 어울렸다. 예수는 의인들이라고 뽐내는 유대 종교·사회 엘리트 기득권계층보다 세리와 죄인들과 교제를 나누었다. 잘나고 부유한 이들보다 못나고 가난한 이들과 함께 공동체밥상을 차렸다. 예수는 유대 종교·사회 기득권 세력들이 아무런 노동도 없이 사람의 필요와 쓰임을 약탈하고 독점하여 부와 자산을 늘려나가는 행태를 보고 경험했다. 반 야훼신앙 퇴행과 이기적인 아집과 편견에 사로잡혀 갈릴리 민중들의 하나님나라 복음운동의 초청을 무시하고 모욕하는 행위들을 보고 경험했다. 따라서 예수는 유대 종교·사회에서 무의미하고 성가시며 소외된 모든 못난이들을 기꺼이 하나님나라 밥상공동체로 맞아들였다. 예수는 이러한 자신의 행동과 처신이 하나님의 뜻이고 야훼신앙의 진실이라고 확신했으며, 이를 정당화하는 차원에서 큰 잔치 비유를 이야기 했다.

이와 관련하여 예수시대의 만찬은 로마제국 지배체제 내부자들, 경제적 유산계급들의 전유물이었다. 초저녁에 시작하는 만찬은 유산계급의 주요한 '밥상차림'이다. 만찬은 특별한 손님들끼리 서로서로 권력과 이익, 정치음모와 술수를 주고받는 잔치로 아주 적합하다. 만찬을 통하여 끼리끼리 주고받은 기득권관계를 형성하고, 서로의 이해득실을 따지고 나누기에 안성맞춤이다. 이렇게, 만찬은 서로 초대하고 초대받는 기득권관계 안에서 지배계급의 위치, 명예의 위치, 사익과 실리의 위치, 종교의 위치, 이데올로기의 위치를 서로 막힘없이 트는 음모와 술수의 자리이다.

이에 반하여, 예수의 하나님나라 밥상공동체는 일상적이고 무계급적이며 무조건적인 공동밥상차림이다. 참여하는 사람들도 소작 농민, 어부, 농노, 세리와 죄인, 여성과 과부와 고아, 심지어 창녀들까지 각양각색의 하층 민중들이었다. 이들은 로마제국 지배체제에서, 유대 종교·사회에서 무의미한 자들이고 성가신 자들이며 소외된 자들이다. 이렇듯이, 예수는 사람들의 계급적 위치, 종교적 위치, 실리적 위치, 이데올로기적 위치 등을 전혀 따지지 않고, 누구라도 함께 어울려 공동체밥상을 차렸다.

그러나 이러한 공동체밥상은 참으로 예수시대의 종교·율법·사회적 관습과 전통을 어기는 것으로써 일종의 범죄행위이다. 나아가 예수시대 로마제국의 지배체제와 유대 종교·사회 기득권체제를 뒤집어엎는 반역행동이었다. 그래서 예수는 예수시대의 종교·율법·사회 엘리트들로부터 먹보요 술꾼이며, 세리와 죄인들의 친구라는 욕을 먹었다. 그리고 끝내 예수는 로마제국과 유대 종교·사회 기득권자들에게 체제전복자로 몰려 십자가처형을 당할 수밖에 없었다.

맺는 말

누가복음 큰 잔치 비유가 우리에게 주는 신앙은유는 너무나도 뚜렷하다. 예수의 하나님나라 복음운동 공동체 밥상이야말로 우리 시대의 지배체제와 기득권세력의 끼리끼리 만찬에 대한 뒤집어엎음이다. 맘몬·자본 권력과 거기에 기생하는 종교·관료·정치 체제에 대하여 저항하고 그것을 변혁하는 삶의 운동이다. 시대의 지배체제 기득권자들의 만찬은 부와 권력과 정치의 독점을 위한 음모와 술수의 자리이지만, 민중들의 공동체밥상은 시대의 고난과 아픔에 대한 소통과 참여와 연대의 대동 세상을 여는 공동체 큰잔치이다.

이처럼 예수가 큰 잔치 비유를 통하여 은유하려고 하는 것은 '하나님나라 공동체잔치야말로 시대의 지배체제와 기득권계층의 끼리끼리 만찬과 전혀 다른, 다양한 계층의 사람들이 함께 어울리는 대안공동체라는 사실이다. 하나님나라 공동체잔치는 가난뱅이들과 지체장애인들과 시각장애인들과 못난이들 등, 정치·종교·사회적으로 무의미하고 성가시며 소외된 자들의 잔치이다. 또한 이 하나님나라 공동체잔치는 먼 미래의 일이 아니라, 지금 여기 예수신앙인들의 공동체밥상을 실천하는 것으로부터 시작한다.

그러므로 누구든지, 영원한 하나님나라 잔치를 기다리고, 바라며, 참여하려는 사람조차도 지금 여기, 이 땅에서 결단하고 행동해야 한다. 예수를 따라, 예수처럼, 이 땅의 가난하고 소외된 민중들과 함께하는 공동체밥상을 차리는 예수의 큰 잔치 비유의 주인처럼, 자기변혁의 길을 가야만 한다. 자기만 옳다고 뽐내는 종교·사회 엘리트보다, 잘나고 부유한 이들보다, 못나고 가난한 이들과 함께 공동체밥상을 차려야 한다. 신자유주의 독점금융자본세상의 무의미하고 성가시며 소외된 모든 못난이들을 기꺼이 우리 삶의 동반자로 맞아들여야 한다.

8. 저절로 자라는 씨앗 비유
버려지고 소외된 이들의 삶, 저절로 자라는 하나님나라

26또 이르시되 하나님의 나라는 사람이 씨를 땅에 뿌림과 같으니 27그가 밤낮 자고 깨고 하는 중에 씨가 나서 자라되 어떻게 그리 되는지를 알지 못하느니라 28땅이 스스로 열매를 맺되 처음에는 싹이요 다음에는 이삭이요 그 다음에는 이삭에 충실한 곡식이라 29열매가 익으면 곧 낫을 대나니 이는 추수 때가 이르렀음이라—**마가복음 4장**

읽기

그리고 예수가 말했다.

하나님 나라는 마치, 어떤 사람이 땅에 씨앗을 흘린 것과 같다. 또한 마치, 그 사람이 밤낮으로 자고 일어나게 되지만, 씨앗이 싹트고 자라는 것을 알아채지 못하는 것과 같다. 땅이 저절로 열매를 내는 데, 처음에는 싹, 다음에는 이삭, 그다음에는 이삭에 가득한 알곡을 낸다.

그러나 알곡이 고개를 숙일 때에야, 그가 곧장 가서 낫을 댄다. 왜냐하면, 추수 때가 이르렀기 때문이다.

들어가는 말

예수의 하나님나라는 무엇일까? 예수의 비유들은 대부분 이 질문에 대한 신앙은유이다. 이렇듯이, 예수의 저절로 자라는 씨앗비유를 읽으면서 마음속에 언뜻 떠오르는 그림은 '게으름뱅이의 시골생활'이다. 게으름뱅이의 시골생활에서도 연연이 봄은 오고, 집안 뜰과 담장 밖 고샅에 온갖 풀들이 싹트고 자란다. 조금만 무심해져도 온갖 잡풀들이 마당을 덮고 무성해진다. '에라'하고 내버려 두면 몇 날을 지나지 않아 형형색색의 꽃을 피우게 되는데, 그 또한 볼만한 일이다.

하지만 대부분의 한국교회 교우들은 본문비유를 읽으면서 죽어서야 가게 되는 어마 어마하게 크고 신비스러운 하나님나라를 마음속에 그릴 것이다. 한발 더 나아가 죽어서 가는 천당에 목을 맨 교우들은 '살아생전에 천당을 갔다 왔다는 이들의 간증'을 들으며 혹惑하는 마음을 갖기도 할 것이다. 그러다 보니 스스로 이 세상에서 살 때부터 위대하고 거룩한 하나님나라에 걸맞은 특별한 신앙행위를 해야 한다고 믿게 된다. 그래서 많은 빚을 내서라도 소위 성전건축·특별헌금이라는 것들을 바치곤 한다.

그러나 본문의 저절로 자라는 씨앗비유를 하나하나 따져 읽다 보면, 예수의 하나님나라는 죽어서 가는 천당과는 사뭇 다르다. 왜냐하면, 예수가 본문비유에서 '하나님 나라는 마치, 어떤 사람이 땅에 씨를 흘린 것과 같다'라고 밝히기 때문이다. 본문비유의 이 첫 문장이야말로 예수의 하나님나라 복음운동의 실체와 맞물려 비유의 하나님나라 진실을 더함도 뺌도 없이 있는 그대로 드러낸다. 실제로, 예수의 하나님나라 복음운동의 실체는 버려진 사람들, 주류사회의 관심조차 끌지 못하는 이들, 아무짝에도 쓸데없고 보잘 것 없는 이 땅의 무지렁이들 사이에서 싹트는 유언비어 세상이다. 고통과 절망 가운데서 비주류 인생을 살아가는 이들이 나름대로 꿈꾸고, 바라며, 실천행동을 해 나가는 삶의 미래이다. 주류 인생에서 밀려나고 쫓겨나 버려진 비주류 인생들의 삶, 주류 사회가 아무런 관심도 두지 않는 소외된 사람들의 하루하루의 삶이 바로 예수의 하나님나라 복음운동의 진실이다. 이렇듯이 주류사회로부터 버려지고 소외되어 쫓겨난 비주류 인생들의 삶 속에는 하나님나라 복음의 신비와 진실이 가득하다.

이끄는 말

예수의 '저절로 자라는 씨앗 비유'는 예수의 하나님나라 복음운동의 진실과 실체를 아주 잘 설명해 주고 있다. 그럼에도 불구하고 서구 기독교회가 예수의 저절로 자라는 씨앗비유를 세상 끝 날, 하나님 나라의 위대하고 놀라운 성공으로 해석하는 것에 대하여 참으로 어이없는 웃음을 웃지 않을 수 없다. 이제 예수의 저절로 자라는 씨 비유를 자세히 읽고 비유의 참 뜻을 밝혀 보고자 한다.

예수는 본문비유에서 '하나님 나라는 이렇다. 마치, 어떤 사람이 땅에 씨앗을 흘린 것과 같다'라고 말문을 연다. 그런데 실제로 모든 농부들은 한 톨이라도 일부러 씨앗을 땅에 흘리려고 하지 않을 것이다. 어떤 농부도 자기 씨앗을 거칠고 딱딱하고 메마른 땅에다 뿌리지 않는다. 따라서 비유에서 농부는 어쩌다가 생각지도 않게 거칠고 메마른 땅에 씨앗을 흘렸다. 자기 밭에서 씨앗을 뿌리던 농부가 어쩌다 무심코 후미진 밭둑 맨땅에 '씨앗을 흘린 것'뿐이다.

이와 관련하여 성서시대의 팔레스타인에서는 밀농사와 보리농사를 지었는데, 현대 농법처럼 골을 켜고 두둑을 만들어 씨앗을 심는 것이 아니라, 그냥 밭에다 씨앗을 뿌렸다. 이때 소규모 자작농들은 허리춤에 씨앗주머니를 차거나, 씨앗 바구니를 어깨에 메고 조심스레 손으로 씨앗을 뿌렸을 것이다. 그럼에도 불구하고 씨앗들을 후미진 밭둑 맨땅에 흘리는 일은 어쩔 수 없는 일이었다. 한편 고대 유대지역 전승에 의하면, 대지주들은 당나귀 등에 씨앗자루를 얹어 양쪽으로 늘어뜨리고 밑에 구멍을 낸 다음, 한 사람이 당나귀 고삐를 움켜쥐고 다른 한 사람은 당나귀 꽁지를 잡아채거나 엉덩이를 채찍질하여, 당나귀가 경중경중 뛰게 해서 씨앗을 뿌렸다고 한다. 그러다 보니 씨앗을 엉뚱한 곳에 흘리게 되는 것은 당연한 일이었다. 실제로, 예수의 비유의 청중들은 이러한 사실을 너무도 잘 알고 있었을 것이고, 대부분은 이와 비슷한 경험들을 가지고 있었을 것이다.

이렇듯이 한마디로 예수의 하나님나라는 후미진 밭둑 맨땅에 흘려진 씨앗의 상황과 똑 같다. 버려진 자들, 소외된 자들의 삶의 마당이 곧 예수의 하나님나라 이다. 예수의 하나님나라는 잘나고 힘도 있고 시대의 기득권·특권마저 가지고 태어나 마음껏 누리는 주류인생들에게 밀려난 막살이 민중들의 유언비어 희망세상이다. 후미진 뒷골목 맨 땅에 삶의 마당을 편 서글픈 못난이들의 삶 속에서 아무도 모르게 싹트고 자라고 커가는 대동세상이다. 예수의 하나님나라 진실은 주류사회가 아무런 관심도 보이지 않고, 거들떠보지 않는 가운데 나름대로 씩씩하고 꿋꿋하게 성장해 가는 이 땅의 잡초민중들의 공동체적 삶의 터전이다. 예수의 저절로 자라는 씨앗비유가 은유하는 하나님나라 진실이 이와 같다.

이 점에서 본문비유에서 이야기하는 '땅'은 '밭'이 아니라 그냥 맨땅이다. 본문비유의 어떤 농부가 '밭에 씨앗을 뿌리다가 무심결에 후미진 밭둑 맨땅에 씨앗을 흘린 것'이다. 따라서 농부는 흘린 씨앗이 싹트고 자라고 열매 맺는 것을 도무지 알지 못한다. 농부는 매일 밤에 충분히 자고, 아침에 일찍 일어나 낮이 다하도록 열심히 밭에 나가 농사일을 한다. 그러나 흘린 씨앗이 후미진 밭둑 맨땅에서 무성한 잡풀과 섞여 싹트고 자라는 것을 전혀 알아채지 못한다. 아니, 농부는 아예 그 일에 관심조차 갖지 않는다. 예수는 이러한 농부의 하루하루의 농사일에 비유해서 자신의 하나님나라 복음운동의 진실을 밝힌다. 예수는 이렇게 비유 이야기를 이어간다. "또한 마치, 그가 밤낮으로 자고 일어나면서도, 씨가 싹트고 자라는 것을 알아채지 못하는 것과 같다. 땅이 저절로 열매를 내는 데, 처음에는 싹, 다음에는 이삭, 그다음에는 이삭에 가득한 알곡을 낸다."

본문비유에서 농부는 실수로 후미진 밭둑 맨땅에 씨앗을 흘렸고, 그렇게 흘려진 씨앗은 농부의 무관심 속에서 메마르고 거친 맨땅에 버려졌다. 그러나 흘린 씨앗은 후미진 밭둑 맨땅에서 억센 잡풀들의 틈바구니를 뚫고 저절로 싹을 틔워내고 자라서 이삭을 피워 올린다. 그리고 어느덧 유대 땅의 우기가 지나고 건기가 다가와 온갖 잡풀들이 말라비틀어질 때, 당당하게 알곡을 맺는다. 후미진 밭둑 맨 땅이 농부의 흘린 씨앗에서 저절로 싹이 나게 하고, 자라게 하며, 이삭을 내서 알곡으로 키워낸 것이다.

이렇듯이, 예수의 하나님나라 생명·평화공동체로써 민초들의 삶은 스스로 성장한다. 주류세상의 돌봄을 받지 않고도 제 스스로 삶의 아름다운 열매를 맺는다. 예수의 하나님나라 생명·평화공동체 삶의 가치는 21세기 신자유주의 시장경쟁사회의 무한경쟁, 무한독점, 무한축적, 무한소비와 아무런 연관이 없다. 돈과 권력과 기득권을 통하여 획득한 일류 학벌, 최고의 스펙, 남들보다 뛰어난 재능 등이 무용지물이다. 예수의 하나님 아빠는 예수의 하나님나라 시민들에게 스스로의 힘으로 생명·평화공동체 삶을 이루고 성장해 나갈 수 있도록 힘을 주신다.

그러므로 '저절로 자라는 씨앗 비유'가 은유하듯이 예수의 하나님나라 생명·평화공동체는 선물이다. 이 땅에서 버려지고 소외되고 잊혀진 무지렁이들의 삶의 마당에 내리는 하늘은총이다. 아무도 예수의 하나님나라를 돈과 권력과 힘으로 쟁취할 수 없다. 아무도 자신의 부와 권력과 기득권으로 예수의 하나님나라를 좌지우지 하거나 망가트릴 수 없다. 후미진 밭둑 맨땅이 흘린 씨앗을 받아 싹을 틔우고 자라게 하며 열매 맺게 하는 것처럼, 하나님나라는 야훼하나님께서 직접 가꾸고 다스리시는 생명·평화공동체 세상이다.

이와 관련하여 비유의 농부는 밭둑 후미진 맨땅에 흘린 씨앗이 저절로 자라서 이삭을 내고 이삭에 가득한 알곡이 무르익어 고개를 숙였을 때, 그때야 비로소 흘린 씨앗이 알곡으로 열매 맺는 것을 알게 된다. 농부는 너무도 뜻밖의 알곡들을 대하자마자 곧바로 낫을 들고 추수를 한다. 참으로 농부의 마음은 뜻밖의 수확을 얻고 기쁨과 행복으로 가득하다. 이제, 농부는 바야흐로 풍성한 추수의 때가 이르렀다는 사실을 깨닫게 된다. 바로 그렇다. 예수의 하나님나라 생명·평화공동체 열매는 뜻밖의 하늘선물이며 하늘은총이다. 그것은 오직 하나님만을 바랄 수밖에 없는 이 땅의 무지렁이 못난이들에게 주어지는 야훼 하나님의 가없는 사랑이다.

따라서 실제로, 예수의 하나님나라 복음운동은 예루살렘 성전제사 종교 기득권세력인 제사장그룹이나 부유한 자들의 눈에 아무것도 아닌 것이었다. 예수의 하나님나라 복음운동은 유대교 종교엘리트들인 서기관 율법학자 등 바리새파 사람들이 보기에는 엄연한 불신앙이었다. 또한 그것은 불굴의 의지와 용기와 결단으로 새로운 다윗왕조를 꿈꾸는 유대교 혁명가들에게 아주 하찮은 것이었다.

그러나 머잖아 예수의 하나님나라 복음운동은 그 누구도 외면할 수 없는 풍성하고 아름다운 생명·평화공동체 세상의 진실이 되어 세상에 그 실체를 드러내게 될 것이다. 이제 하나님의 때를 아는 이라면 누구든지 예수의 하나님나라 복음운동 알곡추수에 참여하지 않을 수 없을 것이다. 시대의 수많은 민중들이 아무런 자기 노력과 수고를 자랑하지도, 주장하지도 못하는 속에서 예수의 하나님나라 복음운동의 풍성한 열매를 거두게 될 것이다. 시대의 깨어있는 민중들이 기쁨과 행복에 겨워 하나님나라의 추수 때에 낫을 들게 될 것이다.

이 점에서 예수의 하나님나라 생명·평화공동체 세상은 뜻밖의 하늘 선물이고 하늘은총인 반면, 또한 그것은 필연이고 마땅한 것이다. 왜냐하면, 후미진 밭둑 맨땅이 농부의 흘린 씨앗을 받아 싹을 틔우고 자라게 하며 이삭을 내어 풍성한 알곡을 내는 것처럼, 예수의 하나님나라는 야훼 하나님께서 이 땅의 모든 무지렁이들의 삶의 마당에서 손수 가꾸어 가시는 생명·평화세상이기 때문이다. 야훼 하나님의 생명·평화세상은 주류세상의 맘몬·자본 권력뿐만 아니라, 무지렁이 민중들조차 이래저래 힘써볼 일이 전혀 없는 하늘 내리비치 세상이기 때문이다. 이제, 예수가 본문비유를 통하여 이 땅을 사는 무지렁이 민중들에게 요청하는 것은 '예수의 하나님나라 복음운동의 풍성하고 아름다움 열매를 마주하라는 것'이다. 그리고 곧장 낫을 들고 나가서 그 풍성한 열매를 거두라는 것이다. 그럼으로써 이제, 시대의 무지렁이 민중들마다 예수의 하나

님나라 복음운동의 풍성한 추수의 때가 되었다는 것을 뼈저리게 깨닫게
될 것이다.

맺는 말

21세기 한국교회는 여전히 서구교회의 전통에 따라 본문비유를 읽
고, 죽어서 가는 천당의 위대한 승리와 보상만을 꿈꾼다.

"모든 것을 하나님께 맡겨라. 추호도 의심하지마라! 너희들이 아무
것도 하지 않아도 하나님께서 놀랍고 풍성한 결실을 주실 것이다."

물론, 하나님을 신앙하고 따르는 사람들에게 하나님에 대한 이러한
신뢰가 없어서는 안 될 일이다.

그러나 예수의 '저절로 자라는 씨앗 비유'에 대한 서구교회의 이러한
해석은 맞지 않다. 예수가 비유에서 청중과 독자들에게 주는 올곧은 신
앙은유는 죽어서가는 천당에 대한 환상이 아니다. 청중들과 독자들이
지금 발 딛고 사는 이 땅의 삶의 현실이다. 어쩌다 농부가 후미진 밭둑
맨땅에 흘린 씨앗이 저절로 싹트고 자라며 이삭이 나서 풍성한 알곡으
로 열매 맺듯이, 주류사회에서 밀려나 소외되고 잊혀진 못난이들의 삶
의 마당에서 속절없이 싹트고 자라며 열매 맺는 생명·평화공동체 삶의
진실이야말로 곧 '하나님나라'라는 것이다.

사실, 21세기 우리 시대 독자들의 하루하루의 생활 속에서도 자세히
따지고 살펴보면, 버려지고 소외된 것들이 아름다울 수 있다. 하찮은
것들도 오래도록 보면 볼수록 사랑스럽다. 나름대로 버려지고 소외 된
것들만의 아름다움과 사랑스러움, 그리고 고귀함이 있다. 다만, 사람들

이 그것들에 대해서 무관심할 뿐만 아니라, 일부러 거부하고 밀어 내치려고만 할 뿐이다. 그러나 예수는 들의 핀 풀꽃들을 보며 말한다.

"솔로몬왕의 온갖 화려하게 치장된 옷과 영광이 이 풀꽃만도 못하다."

저절로 자라는 씨앗비유는 이야기꾼인 예수의 하나님나라 복음운동의 실체와 맞물려 의심할 필요가 없을 만큼 아주 뚜렷한 신앙은유를 우리에게 들려준다. 그것은 '주류세상에서 쫓겨난 사람들, 소외되고 억압당하는 이 땅의 무지렁이 민중들의 삶의 마당'이 곧 '하나님 나라라는 신앙은유'이다. 이렇듯이, 시대의 무지렁이들의 삶은 누가 배려하고 키워주지 않더라도 스스로 성장하고 열매 맺는다. 하나님께서 친히 그들의 삶에 간섭하시고 참여하시며 함께하시기 때문이다. 그러기 때문에, 지금 여기 이 땅에서 민중들이 누리는 하나님나라의 풍성한 열매는 누구에게나 열려있다. 아무라도, 이 땅의 무지렁이들의 삶의 마당에서 열매 맺는 하나님나라의 풍성한 추수 때를 깨닫는 이라면 곧장 낫을 들고 '시대의 하나님나라의 풍성한 추수의 기쁨'에 참여하라.

풀꽃 나태주

자세히 보아야
예쁘다.
오래 보아야
사랑스럽다.
너도
그렇다.

9. 겨자 씨앗 비유

하나님나라는 잡초처럼

31또 비유를 들어 이르시되 천국은 마치 사람이 자기 밭에 갖다 심은 겨자씨 한 알 같
으니 32이는 모든 씨보다 작은 것이로되 자란 후에는 풀보다 커서 나무가 되매 공중
의 새들이 와서 그 가지에 깃들이느니라—**마태복음 13장**

읽기

예수가 다른 비유를 베풀어 그들에게 말했다.

하늘나라는 겨자 씨앗과 같다.

어떤 사람이 겨자 씨앗을 받아다가 자기 밭에 뿌렸다.

참으로 겨자 씨앗은 모든 씨앗들 가운데 가장 작다.

그러나 만약 그것이 자라나게 될 때에는 푸성귀들 보다 더 커져서 나
무가 된다.

그러므로 하늘의 새들이 와서 그 가지에 깃들게 된다.

들어가는 말

누구라도 눈에 보이지는 않지만 크고 아름답고 위대한 세상을 현실 세계의 사물에 비유하려고 한다면, 가장 크고 멋있는 사물과 비교하여 말하는 것이 마땅하다. 예를 들면–우리가 꿈꾸는 생명·평화세상은 동구 밖에 있는 큰 느티나무와 같다. 동구 밖 느티나무는 수백 년을 살아오면서 줄기가 어른 세 아름이나 되고 여름이면 온 마을 사람들이 그 그늘아래서 쉰다. 우리가 꿈꾸는 생명·평화세상은 동구 밖 느티나무처럼 크고 넓고 넉넉하다–라고 말이다.

그런데 본문비유에서 예수는 인류 역사상 한 번도 그 실체를 드러내지 않았던, 그래서 지구촌의 모든 종교가 오매불망 꿈에 그리며 소망해 온 하나님의 나라를 비유하면서 '하나님나라는 겨자 씨앗, 우리말로 하면 잡초 씨앗과 같다'라고 한다. 한마디로 예수의 본문비유는 청중과 독자들로 하여금 예수의 하나님나라 복음운동의 진실에 대하여 헷갈리게 한다.

그런 점에서 초대교회와 복음서 저자들, 그리고 이천년 역사의 서구 기독교회는 하나님나라에 대한 예수의 겨자씨비유 해석에 갈피를 잡지 못하고 이리저리 헤매왔다. 한마디로 초대교회와 서구 기독교회는 예수의 겨자씨비유를 오매불망 교회의 성공과 번영에 대한 비유로 해석하는 데에 목을 매왔다. 세상에서 가장 작은 겨자씨가 자라서 나무가 되고 새들이 깃들이게 되는 것처럼, 로마제국 안에서 또는 이 세상 속에서 교회가 하나님나라의 위상을 갖게 됨으로써 온 세상을 지배하는 성공과 번영을 누리게 될 것이라고 믿었다. 나아가 21세기 우리 시대에 이르러 교회는 예수의 겨자씨 비유를 화려한 자본주의 성공신화로 해석하기를 주저하지 않는다.

"모든 씨앗 가운데 가장 작은 겨자씨가 나물보다 크게 자라서 나무가 되는 것처럼, 예수만 믿으면 위대한 성공이 보장된다. 이 성공이야말로 하나님이 하시는 일이기 때문에 '떼어 놓은 당상'과 같다."

그러므로 우리시대의 신자유주의 시장경쟁체제에 매몰된 모든 성공주의 목회자들은 한 목소리로 이렇게 외친다.

"여러분! 겨자씨만한 아주 작은 믿음. 그 믿음만 있다면 여러분이나 저나 위대한 성공신화의 주인공이 될 수 있습니다. 여러분이나 저나 그 정도의 작은 믿음은 가져 볼 만하지 않습니까?"

그렇다면 과연, 예수의 겨자씨 비유야말로 우리시대의 신자유주의 시장경쟁체제의 위대한 성공을 여는 마술열쇠와 같은 것일까? 아니라면, 도대체 예수는 이 겨자씨 비유를 통하여 무엇을 말하려고 하는 걸까?

이끄는 말

예수는 비유에서 '하늘나라는 겨자 씨앗과 같다'라고 한다. 그러면서 비유는 이 겨자 씨앗을 모든 씨앗 가운데서 가장 작은 씨앗이라고 한다. 그런데 성지 순례자들이 기념으로 가져오는 겨자씨를 보면, 좁쌀보다도 훨씬 더 크다. 예수는 비유에서 그저 유대인들의 관념에 따라 겨자씨야말로 모든 씨앗들 가운데 가장 작은 씨앗이라고 말했을 뿐이다.

그렇다면, 예수의 비유의 청중들은 겨자 씨앗의 작음에서 어떤 이미지를 떠올리게 되었을까? 그것은 바로 해로움이다. 예수와 비유의 청중들은 유대 땅에서 겨자의 해로움을 뼈저리게 잘 알고 있었다. 그런데도 예수는 작디작은 겨자 씨앗이 싹트고 자라서 밭의 푸성귀보다 더 세력이 커져서 마침내 나무처럼 되는 겨자나무 이미지를 그려낸다. 그렇게 예수가 비유이야기를 통하여 그려낸 겨자나무란, 도대체 어떤 식물일까?

겨자는 유대인지역 경작지에서 아주 지독한 잡초일 뿐이다. 유대인들의 생활율법에 따르면, 겨자는 언제 어디서라도 보이는 족족 뽑아서 불태우고 박멸해야만 하는 지독한 잡초이다. 만약 조금이라도 소홀히 하면 작은 씨앗이 산지사방으로 흩어져 얼마 지나지 않아 모든 농경지를 뒤덮어 버린다. 그만큼 겨자는 끝까지 살아남아서 크게 자라나는 강한 생명력을 가지고 있다. 오죽했으면 유대교 율법에서조차 겨자를 뽑아 불태우지 않는 것을 범죄로 규정했겠는가?

이렇듯이, 모든 유대인들이 다 자라기도 전에 보는 족족 겨자를 제거하다 보니, 다 자란 겨자의 본래 모습을 잘 알지 못했다. 실제로 다 자란 겨자는 다른 풀보다 키가 크고, 가지도 많고, 잎도 무성하고 한다. 하지만 그렇다고 해보아야 키가 50cm에서 60cm에 불과한 잡초덤불일 뿐이다. 예수는 왜, 이 지독하고 해악뿐인 잡초와 하나님나라를 비유했을까? 도대체 예수는 무슨 뜻으로 이 겨자씨 비유를 이야기 했을까?

이와 관련하여 예수는 본문비유에서 '어떤 농부가 겨자씨를 받아다가 자기 밭에 뿌렸다'고 한다. 여기서 비유의 청중들과 독자들은 예수의 겨자 씨앗 비유와 관련하여 예수의 하나님나라에 대한 세 가지 신앙은유를 상상해 볼 수 있다. 하나는, 예수의 하나님나라가 잡초 같은 인생들의 나라라는 것이다. 또 하나는, 머잖아 겨자잡초가 자라듯이 예수의 하나님나라가 온 세상을 점령할 것이라는 점이다. 그리고 또 하나는, 예수의 하나님 나라야말로 겨자잡초 같은 인생들의 새로운 삶의 가치가 구현되는 나라라는 것이다.

이 점에서 만약, 예수의 하나님나라가 유대 다윗왕조 신앙의 전통을 따라 의롭고 잘난 이들의 나라라면, 로마제국 지배체제의 부와 권력과 힘을 가진 엘리트들의 나라라면, 예수는 마땅히 구약성서에서 수없이 언급되어 있는 것처럼 '하나님나라는 레바논의 백향목과 같다'라고 표현하는 것이 옳다. 구약성서에는 굵고 곧고 높게 뻗는, 그래서 하나님의 성전과 솔로몬 왕궁을 건설하고 꾸미는데 쓰이는 레바논 백향목에 대한 찬사가 넘쳐난다. 어떻게 감히 해악뿐인 잡초 겨자 씨앗이 하나님 나라를 비유할 수 있겠는가? 그럼에도 불구하고 예수는 '하나님나라는 겨자 씨앗과 같다'라고 말한다. 그것은 의심의 여지 없이 뚜렷하게 예수의 하나님 나라의 주인이 '잡초와 같은 인생들'이라는 은유이다. 예수가 겨자 씨앗 비유에서 말하려고 하는 가장 큰 신앙은유는 '예수의 하나님 나라가 가난한 사람, 고난 받는 사람, 억압당하는 사람, 죄인으로 낙인 찍힌 사람들의 나라'라는 것이다.

예수의 겨자 씨앗 비유의 또 하나의 신앙은유는 '예수의 하나님나라가 싹트고 자라서 뿌리내리기 시작한다면 머잖아 온 세상을 뒤덮게 되리라는 것'이다.

"참으로 겨자 씨앗은 모든 씨앗들 중에 가장 작다. 그러나 만약 그것이 자라나게 될 때에는 푸성귀들 보다 더 세력커져서 나무가 된다."

여기서 예수는 유대지역 농경지 잡초인 겨자의 가장 작은 씨앗이미지와 농경지의 주요 작물인 푸성귀와 그것보다 더 크게 자라나는 나무의 이미지를 맞대어 비유한다. 이로써 예수는 겨자 씨앗 비유이야기를 통하여 예수의 하나님 나라는 쓸모없고 해악뿐이라고 여겨지는 잡초인생들의 나라로써, 순식간에 온 세상을 점령하고, 마침내 온 세상이 잡초인생들의 삶의 터전이 될 것이라고 증언한다.

그럼으로써, 예수는 겨자 씨앗 비유의 핵심 신앙은유로 '하나님나라 잡초인생들의 삶 속에서 발견하는 새로운 삶의 가치'를 증언한다. 이와 관련하여 본문비유에서 농부는 애써서 겨자 씨앗을 받아낸다 그리고 몰래 자기 밭에따, 땅에막, 정원에눅 받아 낸 겨자 씨앗을 심는다. 이와 관련하여 비유의 농부는 우연히 자기 밭에 자라난 겨자 잡초를 찾아낸 것이 아니다. 물론 그렇더라도, 농부는 유대율법에 따라 얼른 겨자를 뽑아서 불태워야 마땅하다. 그럼에도 불구하고 농부는 왜, 마땅히 박멸해야 할 잡초인 겨자 씨앗을 일부러 받아다가 자기 밭에다 몰래 정성껏 심어야만 했을까?

이와 관련하여 60년대에서 70년대 까지만 해도 우리 농촌에서는 집집마다 한 두 포기의 양귀비를 몰래 재배하곤 했다. 양귀비가 마약으로써 해롭고 불법적인 것이긴 하지만, 전혀 의료혜택을 받을 수 없었던 가난한 농촌에서는 위급한 생명을 구할 수 있을 만큼 효용성이 크고 가치 있는 비상약이었기 때문이다. 그렇다고 한다면, 유대농부 역시 이 해롭고 불법적인 겨자에서 지금까지는 무시되었거나 잘 알지 못했던 무언가 새로운 가치를 발견하지 않았을까? 그렇지 않고서야 유대인으로써 율법을 어겨가면서까지 자기 밭에다 이 겨자를 재배할 까닭이 없지 않은가? 이와 관련하여, 예수시대의 갈릴리 분봉 왕이었던 '필립 안티파스'라는 사람에 대하여 이야기하지 않을 수 없다. 필립 안티파스는 갈릴리의 옛 수도였던 '세포리스'를 버리고 AD 18년경 갈릴리 호숫가에 아우구스투스의 양아들 '티베리우스'를 기념하는 도시디베라를 건설했다. 그리고 가까이에 있는 '막달라'라는 도시에 대규모 물고기 염장시설을 설치했다, 갈릴리 호수에서 잡히는 모든 물고기 염장업을 독점하기 위해서였다. 실제로, 성서주변의 자료에 의하면 소금에 절인 갈릴리호수의 물고기들은 지중해의 해상무역을 통하여 멀리 스페인지방에까지 수출되던 무역상품이었다. 따라서 지중해 세계에서는 갈릴리호수를 '타리코스-소금에 절인 생선'라고 불렀는데, 여기서 '타리체아'라는 갈릴리호수의 별명이 나왔다.

그래서 갈릴리 어부들은 심각한 생존의 위기를 겪게 되었다. 갈릴리 어부들은 더 이상 소규모로 물고기 염장업을 할 수 없었을 뿐만 아니라, 애써 잡아온 물고기마저 헐값에 강제수매 당해야 했다. 갈릴리 어부들은 이러한 생존의 위기로부터 자구책을 마련해야만 했는데, 그것은 바로 생 물고기를 판매하는 것이었다. 그러는 통에 갈릴리 주민들도 생 물고기를 즉시 요리해 먹어야만 했다. 그런데 문제가 생겼다. 생 물고기의 비린내를 없애줄 향신료가 마땅치 않았던 것이다. 이 때, 갈릴리 어부들과 주민들이 찾아낸 것이 바로 겨자이다. 갈릴리 사람들은 생존의 위기를 맞아 겨자의 새로운 효용성과 가치를 찾아 낼 수 있었던 것이다. 이렇듯이, 지금까지 보이는 족족 뽑아 박멸해야 마땅했던 겨자잡초가 바야흐로 위기의 갈릴리어부들과 주민들에게 새로운 가치로 재발견 된 것이다.

그렇다면, 21세기 우리시대의 민중들의 삶의 상황은 어떤가? 21세기를 사는 우리의 삶의 위기는 무엇일까? 지금 우리사회는 생명과 먹을거리 위기, 자연과 생태계 파괴의 위기, 빈곤층의 생계위기, 노동과 소득과 교육의 양극화 위기 등, 심각한 사회위기 상황에 직면해 있다. 개인주의, 학벌주의, 엘리트주의, 돈과 지식과 상업 과학기술 숭배주의 등, 신자유주의 시장경쟁체제의 무한경쟁, 무한독점, 무한축적, 무한소비 탐욕이 불러일으키는 수많은 사회위기들이 우리의 생존을 위협하고 있다. 그러나 한편으로 우리는 이러한 위기상황 속에서 그동안 잊었거나 쓸모없다고 내팽개쳤던 것들로부터 새로운 가치들을 찾아 낼 수 있다. 서로 돕고 나누는 상부상조의 정신, 서로 믿고 신뢰하는 관계회복, 서로의 필요와 쓰임에 기여하는 공유경제, 더불어 살아가는 공동체 삶 등, 우리시대의 수많은 위기 속에서 새로운 삶의 가치들을 찾아내고 있다. 이제, 소중히 그 씨앗을 심고 가꾸고 실천하려는 노력들을 끊임없이 이어가야 할 때이다.

그러므로 예수의 겨자 씨앗 비유는 우리 시대의 신자유주의 시장경쟁체제의 위대하고 화려한 성공신화와는 아무런 상관이 없다. 도리어 이 겨자 씨앗 비유는 '예수의 하나님 나라가 아무짝에도 쓸모없고 해악이라고 여겨지는 우리 시대의 잡초 인생들의 세상'이라고 한다. 이러한 예수의 하나님나라가 마침내 싹이 트고 자라나는 때에는 순식간에 온 세상을 뒤덮어 버릴 것이라고 한다. 그래서 지금까지는 아무짝에도 쓸모가 없을 뿐만 아니라, 해롭다고 까지 여겨지던 겨자로부터 새로운 가치와 새로운 희망을 찾아내듯이, 잡초 인생들의 삶의 마당이 새롭게 자리매김 할 것이라고 한다. 이와 관련하여, 예수는 겨자 씨앗 비유의 마지막 신앙은유를 예수의 비유들에서 흔치 않은 알레고리 비유법으로 풀어 놓는다.

"그러나 만약 그것이 자라나게 될 때에는 푸성귀들 보다 더 세력커져서 나무가 된다. 그래서 하늘의 새들이 와서 그 가지에 깃들게 된다."

기껏 자라봐야 높이 50cm에서 60cm에 불과한 겨자잡초 덤불을 나무라니, 도대체 어떤 하늘의 새들이 날아와서 그 가지에 깃들인단 말인가? 그러나 봄·여름 덩치 큰 철새들이 울창한 숲과 산들과 하늘을 차지한 가운데, 온갖 잡초덤불 속에서 둥지를 튼 개개비, 휘파람새, 딱새,

굴뚝새 등, 무수한 작은 새들의 퍼덕이는 날개 짓을 보라. 봄·여름 온 숲과 산들과 하늘을 차지했던 덩치 큰 철새들이 떠난 가을하늘에는 박새, 멧세, 오목눈이, 곤줄박이 작은 새들이 한껏 높이 날아올라 하늘을 뒤덮지 않는가? 그러니 겨자나무 가지에 깃들이려고 날아올 새가 없겠는가? 이제야 말로 예수의 하나님나라는 순식간에 온 땅을 뒤덮어 점령하는 겨자잡초와 같다. 꾀죄죄하고 작고 보잘 것 없는 잡초인생들의 끈질긴 생명살이, 그들의 삶의 마당이 곧 하나님나라이다. 예수의 하나님나라는 서로가 서로의 삶에 기대어 사는 상부상조 세상, 서로 돕고 나누는 대동세상이기 때문에 그렇다.

맺는 말

무더운 한여름, 산과 들에 아무렇게나 자라나 온 들판을 뒤덮을 잡초들을 상상해 보라. 비바람에 꺾이고 사람들의 발길에 밟히고도 살아남아서 저마다 제 생긴 모양대로 자라 마치 겨자나무처럼 되지 않는가? 그 가지줄기 사이로 작은 새들이 깃들이는 것은 당연한 일이다. 그리고 마침내 때가 되면 저만의 고운 꽃을 피워낸다. 그 모양이 얼마나 당당한지, 그 꽃들이 얼마나 아름다운지!

겨자 씨앗 비유는 작고 보잘것없으며 거추장스럽고 해로운 것들을 통하여 거부할 수 없는 현실로 다가오는 하나님 나라의 진실을 은유하고 있다. 예수는 갈릴리의 가난한 사람들, 과부와 고아들, 창녀와 세리 등, 온갖 멸시와 천대 속에서 죄인이라고 손가락질 받는 이들의 벗이며 삶의 동반자였다. 그런데 놀랍게도 그 예수의 말과 행동과 십자가, 그리고 그 예수와 함께하는 갈릴리 민중공동체를 통하여 이미 하나님나라가 시작되고 있었다. 지금, 예수의 하나님나라는 겨자 씨앗처럼 작고 미약해서 세상에 잘 드러나지 않는다. 그러나 시간이 지나고 때가 이르면 예수의 하나님나라가 마침내 온 세상을 구원하는 참 생명공동체임이 드러날 것이다. 이것이 바로 겨자 씨앗 비유의 참 뜻이다.

10. 씨 뿌리는 사람의 비유

대안세상, 예수의 하나님나라는 실패하지 않는다.

2이에 예수께서 여러 가지를 비유로 가르치시니 그 가르치시는 중에 그들에게 이르시되 3들라 씨를 뿌리는 자가 뿌리러 나가서 4뿌릴새 더러는 길 가에 떨어지매 새들이 와서 먹어 버렸고 5더러는 흙이 얇은 돌밭에 떨어지매 흙이 깊지 아니하므로 곧 싹이 나오나 6해가 돋은 후에 타서 뿌리가 없으므로 말랐고 7더러는 가시떨기에 떨어지매 가시가 자라 기운을 막으므로 결실하지 못하였고 8더러는 좋은 땅에 떨어지매 자라 무성하여 결실하였으니 삼십 배나 육십 배나 백 배가 되었느니라 하시고 9또 이르시되 들을 귀 있는 자는 들으라 하시니라—**마가복음 4장**

읽기

예수가 많은 비유들로 그들을 가르쳤다. 그렇게 예수가 가르치는 가운데 그들에게 말했다.

너희는 들어라! 보라, 씨 뿌리는 사람이 씨를 뿌리러 나갔다. 그가 씨를 뿌리다가 이런 일이 일어나게 되었다.

씨앗이 더러는 길가를 따라 떨어졌는데, 새들이 와서, 씨앗을 먹어버렸다.

다른 씨앗 더러는 흙이 많지 않은 곳으로 날아가 돌짝밭 위에 떨어졌다. 그러나 흙이 깊지 않았기 때문에 싹이 나자마자, 해가 솟았을 때 그 싹이 시들어졌다. 그리고 뿌리가 없었기 때문에 말라 버렸다.

또 다른 씨앗 더러는 가시덤불 안에 떨어졌다. 그러자 가시덤불이 자라면서 씨앗을 억눌렀음으로 열매를 맺지 못했다.

그러나 반대로 대부분의 씨앗은 좋은 땅에 떨어졌다. 그래서 싹이 올라와 무성하게 되어 열매를 내어 주었다. 씨앗이 삼십 배, 육십 배, 백배의 열매를 맺었다.

그리고 예수가 말했다.

들을 귀를 가진 사람은 들어라!

들어가는 말

예수의 갈릴리 하나님나라 복음운동은 실패일까, 성공일까? 아니, 21세기 우리시대의 예수신앙인들에게 예수의 하나님나라 복음운동의 진실은 무엇일까? 사실, 예수시대에 예루살렘 성전제사종교 기득권세력들의 눈에는 예수의 하나님나라 복음운동이야말로 처절한 실패로만 보여졌을 것이다. 물론, 로마제국 지배체제로써도 예수의 갈릴리 하나님나라 복음운동은 '실패냐, 성공이냐'를 따질 필요조차 없는 아무것도 아닌 일이었을 것이다. 그것은 예수에게 십자가처형을 판결한 로마제국 법정의 빌라도 총독의 언행으로 보아 여실히 증명 된다.

"참으로, 그가 무슨 악한 일을 했느냐? 나는 이 사람의 피에 대하여 아무런 책임이 없다. 너희가 알아서 해라."

이와 관련하여 예루살렘 성전제사종교 엘리트들은 로마제국 지배체제에 기생해서 유대 종교·정치·사회 기득권을 누려왔다. 그들의 기득권의 눈으로 보면 예수의 갈릴리 하나님나라 복음운동은 예루살렘 성전제사종교에 대한 반역이다. 예루살렘 성전제사종교에서 멀어져 이 땅의 하나님나라 운동에 열광하는 갈릴리 민중들은 그들에게 성가시고 귀찮은 존재들이었다. 나아가 예루살렘 성전제사종교 공동체에서 하루라도 빨리 쫓아내야할 해로운 무리들이었다. 무엇보다도 예수의 하나님나라 복음운동이 예루살렘에서 자리 잡기 전에 쳐부수어 없애 버려야만 했다. 따라서 예수와 갈릴리 민중들이 함께하는 하나님나라 복음운동은 처절한 실패로 마무리 되고 끝장나야 마땅한 일이었다.

한편, 로마제국 지배체제에 맞서서 위대한 다윗왕조를 회복하려는 열혈당원, 유대 선민주의選民主義자들의 눈에도 예수의 갈릴리 하나님나라 복음운동 공동체는 오합지졸일 뿐이다. 가난하고 나약하며, 불의하고 부정한 죄인들은 하나님나라에 전혀 걸맞지 않은 인간군상일 뿐이다. 도리어 그런 인간 군상들은 하나님의 심판의 날에 로마제국 지배체제와 이방인들과 함께 멸망당해야 마땅한 자들이다. 앞으로 머잖아 이 땅에 하나님의 날, 하나님의 심판의 날이 몰아칠 터인데, 이들 인간군상은 이스라엘의 남겨진 소수의 의로운 이들이 만들어 나갈 종말적 하나님나라에 대한 훼방꾼들일 뿐이다.

나아가 유대교 랍비, 예루살렘 성전제사종교의 엘리트 종교이론가들인 서기관과 율법사, 바리새파 사람들에게도 예수의 갈릴리 하나님나라 운동은 이단사설異端邪說일 뿐이다. 하나님의 율법에 따라 의로운 삶을 사는 이들은 앞으로 다가올 하나님의 심판의 날에 구원을 받을 것이다. 그러나 불의하고 부정한 자들은 하나님의 심판을 피하지 못할 것이다. 백번 양보하여 지금 여기, 이 땅에 하나님나라가 온다 해도, 그 나라는 하나님의 율법에 따라 의로운 삶을 살아온 이들의 몫이어야 한다. 하다못해 죄인들이라면 서기관과 율법사들의 가르침에 따라 예루살렘 성전제사를 통해서 죄 씻음을 받고서야 하나님나라를 바랄 수 있을 것이다. 이러한 유대인들의 신앙 관념은 예수 따르기를 거부한 부자청년의 사건에서 여실히 증명되고 있다.

그러므로 이제 예수는 씨 뿌리는 사람 비유를 통하여 예수의 대안세상, 아빠 하나님나라의 무한한 성장과 성공을 증언하려고 한다. 예수의 아빠 하나님 나라는 로마제국 지배체제와 거기에 기생하는 예루살렘 성전제사종교에 대한 대안세상이다. 비폭력 세상, 생명·평화세상, 가난한 이들과 힘없는 이들과 죄인들이 함께 만들어가는 대동세상이다. 그 나라는 끊임없이 성장하는 나라이며, 그 어떤 실패도 없는 나라이다. 그 나라는 가난하고 힘없는 이들과 함께하는 아빠 하나님의 나라이기 때문이다. 아빠 하나님의 나라는 인류역사 이후로 끊임없이 성장해 온 민중들이 삶이다

이끄는 말

마가복음 저자는 '씨 뿌리는 사람 비유 이야기'에 들어가기 전 이렇게 말머리를 튼다.

"예수가 많은 비유들로 그들을 가르쳤다. 그렇게 예수가 가르치는 가운데 그들에게 말했다." 예수가 사람들에게 하나님나라 복음운동의 진실을 증언 할 때, 많은 비유들을 이야기했음이 분명하다. 씨 뿌리는

사람비유도 예수가 하나님나라 복음운동의 진실을 제자들과 사람들에게 증언하는 가운데 나온 하나의 비유일 것이다. 그런데 예수는 씨 뿌리는 사람 비유를 통하여 하나님나라 복음운동의 어떤 진실을 증언하려고 했을까? 예수의 씨 뿌리는 사람 비유에서 이런 저런 예수의 하나님나라 복음운동의 진실을 증언하는 은유들을 찾아내려면 먼저 해야 할 일이 있다. 그것은 바로 역사 속에서 예수의 실체에 대하여 이 모양, 저 모양으로 다양하게 상상해 보는 것이다.

그러할 때, 예수는 하나님의 영의 사람이지만, 에세네파처럼 신비적이고 은둔적인 영적지도자는 아니었을 것이다. 물론, 예수는 종종 사람들에게 랍비라고 불리기는 했으나, 그렇다고 예수를 유대교 랍비로 이해할 수도 없다. 또한 예수의 제자그룹에는 열혈당원들이 있었으나, 예수 자신이 로마제국 지배체제를 폭력적으로 뒤엎으려는 열혈당원도 아니었다.

그렇다면 예수는 무엇이었을까? 예수는 철저한 야훼 신앙인이었을 것이다. 그냥 전통에 매인 야훼신앙이 아니라, 자기 삶 안에서의 깨달음과 재해석을 통하여 철저한 야훼 신앙인으로 거듭났을 것이다. 예수는 해방과 자유, 정의와 평등, 생명·평화세상을 꿈꾸었던 옛 히브리 해방 노예들의 야훼신앙을 로마제국 지배체제에 비유해서 재해석했다. 예수는 사는 날 동안 자신의 야훼신앙 깨달음과 재해석을 실천행동하는 삶의 마당을 꾸렸다. 21세기 우리시대의 언어로 표현하면 예수는 야훼신앙 실천 활동가이다. 로마제국 지배체제와 거기에 기생하는 예루살렘 성전제사종교에 저항하는 대안세상, 하나님나라 복음운동가이다. 예수는 로마제국 지배체제와 거기에 기생하는 예루살렘 성전제사종교의 실패를 만회하는 새로운 하나님나라 복음을 제안하고, 실천행동하는 활동가이다. 예수는 자신의 야훼신앙 실천행동 삶의 마당으로 갈릴리 민중들을 끌어들여 그들과 함께 하나님나라 복음운동을 벌였다.

따라서 예수는 씨 뿌리는 사람 비유를 통하여 자신과 갈릴리 민중들이 함께 벌여온 하나님나라 복음운동에 대한 적대자들의 실패논란에 반박하고 하나님나라의 무한성공을 선전선동해야 할 필요가 있었다. 예수는 씨 뿌리는 사람비유를 통하여 갈릴리 민중들의 하나님나라 복음운동의 실패를 주장하는 자들에게 예수의 하나님나라의 실패가 불가능함을 증언한다. 나아가 유대 민중들에게 그들의 신앙과 삶의 마당에서 깡그리 잊혀진 야훼신앙과 히브리 해방노예들의 정의평등 세상을 선전선동 한다.

그러나 마가복음저자는 이러한 예수의 하나님나라 복음운동의 무한성공을 은유하는 '씨 뿌리는 사람비유'을 아주 다르게 이해하고 해석했던 것 같다. 예수의 비유의 의미를 아주 다르게 이해하다보니, 저자는 예수의 씨 뿌리는 사람 비유를 종말론적 메시야 나라 수수께끼 알레고리로 해석하여 얼버무리고 말았다. 실제로, 마가복음 저자는 본문비유에 이어 곧바로 예수의 입을 빌려 '씨 뿌리는 사람 비유'를 해설한다. 물론, 이 해설조차도 비유 이야기꾼 예수와는 전혀 무관하다고 할 것이다. 도리어 이 해설은 마가와 그의 신앙공동체, 나아가 초대교회의 예수복음 선교의 어려움과 실패의 경험들을 비유에 빗대어 해설한 것일 뿐이다.

이러할 때, 씨 뿌리는 사람은 하나님이거나 또는 예수복음 전도자를 의미하고 '씨앗은 하나님의 말씀 또는 예수에 대한 복음'을 의미할 것이다. 그런데 이 하나님의 말씀인 예수복음이 길가 사람들에게 떨어졌고 사탄인 새가 와서 길가 사람들 안에 뿌려진 말씀을 빼앗아 갔다고 한다.

'하나님의 말씀인 예수에 대한 복음 선포'가 실패하는 이유를 사탄 때문이라고 둘러댄다. 그런데 이어지는 씨뿌리는 사람 비유 해설에서는 아예 예수복음이 뿌려지는 것이 아니라, 예수복음을 선포하는 사람들이 뿌려진다고 말한다. 나아가 비유해설 자체가 초대교회의 예수복음 선포의 어려움과 그에 따른 예수복음 선포자들에 대한 박해를 이야기 한다.

그러나 마가와 그의 신앙공동체, 그리고 초대교회의 비유 해석은 예수의 씨 뿌리는 사람 비유의 현실과 전혀 다르다. 예수의 씨 뿌리는 사람 비유는 예수시대의 유대 농부들의 하루하루의 농사일기와 똑같다. 본문비유는 유대농부들의 농사현장 이야기이다. 유대 땅은 매년 5월에서 6월까지 추수가 끝나고 오랫동안 혹독한 건기를 견뎌내야만 한다. 그 혹독한 건기 동안에 밭은 내팽개쳐지게 되고, 잡풀이 땅을 차지하게 된다. 그렇게 거들떠보지 않는 동안에 사람들이 밭을 가로질러 다니면서 길 아닌 길이 나게 될 수도 있다. 무엇보다도 우기에 맞추어 광야로 나가 있던 가축들이 농경지 안으로 넘어 들어오기도 한다. 가축들이 들어와서 밭에 터 잡고 살면서 밭을 빠대기고 하고 망쳐 놓기도 하겠지만, 가축들의 배설물로 밭을 기름지게도 한다.

그리고 마침내 오랜 건기가 끝나고 10월 중순에 이르러 지중해 쪽으로부터 세찬 비바람이 몰아치면서 우기가 시작된다. 유대 농부들이 밭에 씨를 뿌려야하는 농사철이 시작되는 것이다. 그런데 고대의 유대 농부들은 우리시대의 농부들처럼 씨를 뿌리기전에 밭을 갈아 고랑을 내거나 두둑을 짓지 않는다. 물론 묘판을 만들어 모종을 기르고 옮겨심기를 하지도 않는다. 처음부터 밭에 씨앗을 뿌린 후에 밭을 갈아 밭 흙으로 씨앗을 덮어서 싹이 트고 자라게 한다. 이렇듯이, 예수의 비유는 유대 농부들이 밭에 씨를 뿌리는 첫 농사 일로 이야기를 시작한다.

"너희는 들어라! 보라, 씨 뿌리는 자가 씨 뿌리러 나갔다. 그가 씨를 뿌리다가 이런 일이 일어나게 되었다."

그런데 농부가 밭에 씨를 뿌리는 첫 농사일에서부터 문제가 발생했다. 그로인해 한해 농사 모두가 실패하는 일이 벌어지게 되었다.

"씨앗이 더러는 길가를 따라 떨어졌는데, 새들이 와서, 그것을 먹어 버렸다. 다른 씨앗 더러는 흙이 많지 않은 곳으로 날아가 돌짝밭 위에 떨어졌다. 그러나 흙이 깊지 않았기 때문에 싹이 나자마자, 해가 솟았을 때 그 싹이 시들어졌다. 그리고 뿌리가 없었기 때문에 말라 버렸다. 또 다른 씨앗 더러는 가시덤불 안에 떨어졌다. 그러자 가시덤불이 자라면서 씨앗을 억눌렀음으로 열매를 맺지 못했다."

앞서 말했듯이, 유대 땅 농부들은 우기가 시작되면서 혹독했던 건기 내내 내팽겨 쳐진 밭에 직접 씨앗을 뿌린다. 그러는 과정에서 씨앗들이 더러 밭둑에, 밭둑을 넘어 길가에, 길가 후미진 가시덤불에 떨어지곤 한다. 그것은 유대 농부들의 첫 농사일에서 해마다 반복되는 일이다. 씨앗이 더러는 길가에, 돌짝밭에, 가시덤불에 떨어지는 일은 언제나 있을 수 있는 일이다. 씨앗이 씨 뿌리는 농부의 손을 떠나 길가에, 돌짝밭에. 가시덤불 안에 떨어지는 것을 농부의 한해 모든 농사일의 실패로 딱 잘라서 판단하는 것은 전혀 옳지 않은 일이다.

그럼에도 불구하고, 예수는 씨 뿌리는 사람 비유에서 씨앗이 허튼 곳에 흘려지는 상황을 장황하게 설명한다. 이렇게, 예수가 해마다 거듭해서 되풀이 되는 농부들의 피할 수 없는 씨앗흘림에 대해 세세한 이야기를 늘어놓는 것은 무엇 때문일까? 예수의 비유의 청중과 독자들에게 보다 뚜렷한 비유의 은유들을 흘려놓기 위함이 아니었을까? 이와 관련하여 예수는 비유 이야기를 통하여 자신과 갈릴리 민중들이 함께 벌여온 하나님나라 복음운동을 무시하고 헐뜯고 훼방하는 기득권 지배체제와 맞선다. 전쟁과 피흘림과 죽임의 폭력으로 세워진 로마제국 지배체제는 필연코 실패 할 수밖에 없다. 그 로마제국 지배체제에 기대어 기득권을 누려온 예루살렘 성전제사종교 역시 정의평등·생명평화 야훼신앙에 대해 실패할 수밖에 없을 것이다. 따라서 본문비유는 농부들의 손에서 허튼 곳으로 흘려지는 씨앗들을 통하여 로마제국 지배체제와 거기에 기생하는 예루살렘 성전제사종교의 꼭 그렇게 될 수밖에 없는 실패를 꼬집는다. 물론, 이것은 예수의 씨 뿌리는 사람 비유의 핵심은유는 아니다. 하지만, 이것은 의심의 여지 없이 뚜렷하게 '로마제국 지배체제와 거기에 기생하는 예루살렘 종교·사회 기득권세력의 정의와 평등, 생명평화 야훼신앙에 대한 필패'를 폭로하는 현실 신앙은유이다.

이와 관련하여 만약, 예수의 비유에서 '길가를 따라 떨어진 씨앗을 사탄이 와서 빼앗았다'라고 알레고리 해석을 한다면, 그것은 로마제국 지배체제의 정의와 평등, 생명평화 세상에 대한 실패를 은유하는 것일 수 있다. 이 점에서 본문비유의 '길가를 따라서'라는 문구는 제국의 대로를 떠올리게 한다. 고대로부터 팔레스틴 지역에는 지중해 해변을 따라 이집트에서 다메섹으로, 소아시아를 거쳐 유럽으로 가는 '해변 길'이라는 큰길이 있었다. 또한 메소포타미아 지역에서 다메섹으로, 다시 이집트로 이어지는 '왕의 대로'도 있었다. 이 두 길 모두 군대가 이동하며 전쟁과 죽임과 피흘림이 마구잡이로 벌어지는 제국의 길이었다. 또한 약탈과 독점과 축적을 위한 제국의 대상인들의 길이었다.

특별히 로마제국 시대에는 모든 길이 로마로 통했다. 로마제국의 모든 도로들은 전쟁과 죽임과 피흘림의 로마제국 통치를 위한 필수조건이었다. 로마제국은 제국 내 어디에서든 로마로 통하는 새 길을 만들었을 뿐만 아니라, 제국의 모든 길들을 새롭게 정비해서 운용했다. 그 길들 곳곳에 표지판이 세워졌고 군대를 위한 숙박 시설과 보급소들을 건설했다. 로마제국은 잘 정비된 제국의 길들을 따라 제국의 군단들을 주둔 시켰다. 로마제국의 군단은 6천 명에서 1만여 명 사이였는데, 제국전역에 25개 이상의 군단들이 있었다. 이렇게 지중해 세계 전역을 지배하는 로마제국 군단의 힘은 재빠르게 이동할 수 있는 능력에 있었다. 로마제국 내의 잘 닦여진 길들을 따라 군대가 움직였는데, 한 지역에 반란이 일어나면 순식간에 주변의 로마제국 군단들에게 둘러싸일 수밖에 없었다. 이렇듯이, 로마제국의 길들을 따라 벌어지는 피흘림과 죽임의 전쟁이 히브리들의 해방과 자유, 정의와 평등, 생명과 평화 야훼신앙 진실을 무참하게 짓밟았다.

또한 본문비유에서는 '다른 씨앗 더러는 흙이 많지 않은 곳으로 날아가 돌짝밭 위에 떨어졌다'라고 한다. 실제로 유대 땅은 대체로 흙이 깊지 않은 메마르고 거친 땅이다. 조금만 깊이 흙을 걷어내면 돌들과 바위들이 드러난다. 물론 바지런한 농부라면 날마다 자기 밭에서 크고 작은 돌들을 골라내어 밭둑을 쌓을 것이다. 또한, 자기 밭 땅위로 드러난 바위를 캐내거나 부수려고 애쓸 것이 틀림없다. 그렇더라도 농부의 손을 떠난 씨앗 중 더러는 돌짝밭 위에 날아가 떨어지는 것을 피할 수는 없었을 것이다. 예수는 비유에서 이러한 상황을 세세히 그려냄으로써 야훼신앙 진실을 외면하는 예루살렘 성전제사종교의 하나님나라 복음실패를 증언한다.

이와 관련하여 본문비유는 '돌짝밭에 떨어진 씨앗이 흙이 깊지 않았기 때문에 싹이 나자마자, 해가 솟았을 때 그 싹이 시들어졌다'고 한다.

또한 '뿌리가 없었기 때문에 말라 버렸다'라고 한다. 한마디로 예수시대의 예루살렘 성전제사종교는 야훼신앙 진실을 전혀 증언하지 못했다. '죄와 벌, 성전제사와 죄 사함'이라는 예루살렘 성전제사종교 이데올로기는 히브리 해방노예들의 야훼신앙과 맞아 떨어지는 신앙진실이 하나도 없다. 히브리 해방노예들이 꿈꾸었던 야훼신앙진실, 해방과 자유, 정의와 평등, 생명과 평화 하나님나라 신앙진실과는 너무도 거리가 멀었다. 예루살렘 성전제사종교는 오로지 '죄와 벌, 성전제사와 죄 사함'만을 앞세워 '백치 아다다 성전제사종교 중독질환자'들만을 늘려왔을 뿐이다.

이와 관련하여 21세기 한국교회 안에서는 히브리 해방노예들의 야훼신앙에 대한 반동으로써, 예루살렘 성전제사종교의 온갖 폐해들이 거리낌 없이 위세를 떨치고 있다. 반인권, 반민주, 반이성, 특권·기득권 무소불위 종교권력이 교회와 교우들의 올곧은 신앙실천행동의 발걸음을 옥죄고 있다. 거룩한 성령의 은총을 훼방하고, 바알·맘몬 잡귀신에 씌어, 교회와 교우들을 죄악의 구렁텅이로 이끌고 있다. 교회여, 교우들이여! 거룩한 성령세례를 통하여 바알·맘몬 잡귀신에서 해방되시라! 하루라도 빨리, 반인권, 반민주, 반이성, 특권·기득권 무소불위 종교권력 죄악의 구렁텅이에서 탈출하시라! 예수의 하나님나라 복음 실천행동을 통하여 '21세기 백치 아다다 성전제사종교 중독질환'을 치유하시라!

또 나아가 본문비유는 '다른 씨앗 더러는 가시덤불 안에 떨어졌다'고 한다. 그러자 가시덤불이 자라면서 씨앗을 억눌렀음으로 열매를 맺지 못했다. 이와 관련하여 유대 땅의 농경지에는 혹독한 건기임에도 불구하고 거친 덤불잡초들이 끈질기게 생명력을 이어간다. 따라서 10월 중순 우기가 시작되어 씨를 뿌리는 때에도 유대 땅 농경지에는 가시덤불

잡초들이 무성하다. 물론 유대 땅 농부들은 이러한 잡초를 깨끗이 제거하고 씨뿌리기를 하지 않는다. 이러한 유대 땅 농사일지 상황은 '예루살렘 성전제사종교에 매여 사는 예루살렘 날품팔이 대중들과 가난한 유대 군중들의 하나님나라 신앙실패'를 은유한다.

성서학자들은 예수시대의 예루살렘주민 수를 약3만 명 정도라고 추산한다. 그런데 예루살렘 주민 대부분은 하루벌이 일용 노동자들이거나 과부나 고아 등 유대 종교·행정자치 당국의 구호를 받아 생계를 꾸리는 빈민들이다. 예루살렘과 유대 민중들은 로마제국 지배체제의 전쟁과 죽임과 피흘림에 무서워 떨며 억압당한다. 또한 로마제국 지배체제에 기생하여 기득권을 누리는 예루살렘 성전제사체제의 종교노예로 살아간다. 유대지역 농부들은 대부분 자기 땅을 빼앗기고 대지주의 땅에 매여 사는 소작농이거나 임금농부들이다. 구약성서는 이들을 '암 아레츠─그 땅의 사람들'이라고 부르고 신약성서는 '오클로스─군중'이라고 부른다. 이들은 속절없이 예루살렘 성전제사종교와 유대지역 대지주들의 땅에 매여 살아야만 하는 힘없는 민초들이다. 그러므로 예루살렘 주민들과 유대 민중들의 삶의 마당은 히브리 해방노예들의 해방과 자유, 정의와 평등, 생명평화 야훼신앙에 대한 처절한 실패를 증언할 뿐이다. 예루살렘과 유대민중들의 종교심성 안에는 야훼신앙의 진실이 한 오라기도 남아 있지 않다. 예루살렘 군중과 유대 민중들의 삶의 마당에서는 오래전에 야훼신앙의 진실이 죽었다.

그러나 예수는 비유 이야기의 끝에 이르러, 씨 뿌리는 사람 비유의 앞선 세 가지 실패 사례와는 전혀 다른 엄청난 성공을 증언한다.

"그러나 다른 대부분의 씨앗은 좋은 땅에 떨어졌다. 그래서 싹이 올라와 무성하게 되어 열매를 내어 주었다. 씨앗이 삼십 배, 육십 배, 백배의 열매를 맺었다."

　이로써 예수는 로마제국 지배체제와 거기에 기생하는 예루살렘 성전제사종교의 처참한 실패와는 달리, '대안세상 예수의 하나님나라는 결코 실패하지 않는다'는 대 전환의 신앙은유를 내어 놓는다. 앞서서 예수는 '다른 씨앗 더러는' 이라는 비유의 문구로 로마제국 지배체제와 예루살렘 성전제사종교, 그리고 예루살렘 주민과 유대민중들의 하나님나라 복음실패를 비유한다. 이와 반대로 예수는 비유 이야기의 끝에서 '다른 대부분의 씨앗은'이라는 문구로 대안세상 예수의 하나님나라 복음운동의 놀라운 성공을 은유한다.

　이렇듯이, 예수는 씨 뿌리는 사람 비유 끝에서 대안세상, 예수의 하나님나라 복음운동의 놀라운 성공을 증언함으로써, 로마제국 지배체제와 예루살렘 성전제사 종교의 실패를 새삼 강조한다. 예수는 비유를 통하여 로마제국과 거기에 기생하는 예루살렘 성전제사종교의 처참한 실패와 비유의 청중들 또는 독자들의 신앙 발걸음 사이를 갈라치기 한다. 로마제국 지배체제의 전쟁과 죽임과 피 흘림으로 인한 정의와 평등, 생명평화 세상에 대한 실패는 소수의 지배체제 내부자들의 실패일 뿐이다. 또한 로마제국 지배체제에 기생해서 가난한 민중들의 피와 땀을 빨아온 예루살렘 성전제사종교의 야훼신앙에 대한 실패 역시도 소수 엘리트 기득권세력의 실패일 뿐이다. 그러므로 로마제국 지배체제 내부자들과 그들과 손잡은 예루살렘 엘리트 기득권세력이 예수의 하나님나라 복음운동의 실패를 비난하고 헐뜯는 것은 가소로운 일이다.

　로마제국 지배체제와 예루살렘 성전제사종교의 대안세상, 예수의 하나님나라는 결코 실패하지 않는다.

　"그러나 다른 대부분의 씨앗은 좋은 땅에 떨어졌다."

로마제국 지배체제 내부자와 예루살렘 종교엘리트 기득권세력은 소수이고 그들의 실패 또한 소수 기득권세력의 실패이다. 그러나 그들을 제외한 다른 대부분의 민중들의 삶의 마당에서 하나님나라 복음운동은 실패하지 않는다. 이 땅의 대다수 가난하고 힘없는 이들의 삶의 마당이 곧 하나님나라이기 때문이다. 이 점에서 예수의 씨 뿌리는 사람 비유는 온갖 실패에 대한 은유로 보이지만, 실제로는 민중들의 삶의 마당에서 삼십 배, 육십 배, 백 배, 열매 맺는 언제 어디서나 실패하지 않는 예수의 하나님나라 복음운동에 대한 신앙은유이다.

이와 관련하여 예수의 씨 뿌리는 사람 비유에서 '다른 씨앗 더러는'은 뚜렷하게 실패를 은유한다. 그러나 이 실패를 예수와 갈릴리 민중들의 삶의 마당에서 벌어지는 대안세상, 예수의 하나님나라 복음운동의 실패로 잘못 읽고 엉뚱하게 해석해서는 안 된다. 이 실패는 전쟁과 죽임과 피흘림의 로마제국 사이비 평화복음의 실패이다. 또한 로마제국에 기생하는 예루살렘 성전제사종교 기득권세력의 반 야훼신앙 실패이다. 예루살렘 군중과 유대 민중들의 줏대 없는 반 야훼신앙 휩쓸림의 실패이다.

그러나 '다른 대부분의 민중들의 삶의 마당에서는' 로마제국 지배체제와 예루살렘 성전제사종교의 실패를 뛰어넘는 위대한 성공이 이루어지고 있다. 다른 대부분의 민중들의 삶의 마당에서는 대안세상, 예수의 하나님나라 복음운동의 삼십 배, 육십 배, 백배의 열매가 풍성하다.

맺는 말

"들을 귀를 가진 사람은 들어라!"

우리말 성서는 '들을 귀 있는 사람'이라고 번역했다. 그러나 본문비유에서 '들을 귀'는 타고나는 것이 아니다. 끊임없이 듣기위해 애쓰고, 언제 어디서나 듣는 훈련을 해야 한다. 왜냐하면, 전쟁과 죽임과 피흘림의 로마제국 지배체제가 '예수와 갈릴리 민중들이 함께 벌여온 하나님나라 복음운동의 실체'를 인정하려 하지 않기 때문이다. 따라서 로마제국 지배체제 안에서는 예수의 하나님나라 복음운동에 대한 실패의 소식만 들려질 뿐이다. 또한 로마제국 지배체제에 기생해온 예루살렘 성전제사종교도 예수의 하나님나라 복음운동의 진실을 은폐하고 실패만을 선전선동 할 뿐이다. 그러므로 전쟁과 죽임과 피흘림의 로마제국 지배체제와 예루살렘 성전제사종교 이데올로기로 인해 귀가 어두워진 대중들에게 예수의 하나님나라 복음운동의 진실이 잘 들려지지 않을 것은 뻔하다.

이러한 시대적 상황에서, 예수는 씨 뿌리는 사람 비유를 통하여 예수의 하나님나라 복음운동의 가려진 신앙진실을 증언한다. 전쟁과 죽임과 피흘림의 로마제국 사이비 평화복음에 가려진 예수의 하나님나라 복음운동의 진실, 삼십 배, 육십 배, 백배 놀라운 성공의 실체를 증언한다. 또한 로마제국 지배체제에 기생해서 기득권을 누려온 예루살렘 성전제사종교가 예수의 하나님나라 복음운동의 실패를 선전 선동하는 반야훼신앙 구호에 대해 맞선다. 가난하고 힘없는 민중들의 삶의 마당에서 싹트고 무성하게 자라서 열매 맺는 예수의 하나님나라 복음운동의 놀라운 성공을 의심의 여지 없이 밝혀내어 증언한다.

그러므로 예수의 하나님나라 복음운동은 결코 실패하지 않는다. 예수의 하나님나라는 실패하지 않고 끊임없이 성장한다. 왜냐하면, 예수의 하나님나라 복음운동은 로마제국 지배체제와 예루살렘 성전제사종교에 맞서는 야훼신앙 대안세상이기 때문이다. 가난하고 힘없는 시대의 민중들의 삶의 마당에 함께하시는 예수의 아빠 하나님의 나라이기 때문이다. 예수의 아빠 하나님께서 시대의 민중들과 함께 만들어 나가시는 민중 네트워크 세상이기 때문이다. 오로지 예수의 하나님나라는 가난하고 힘없는 민중들의 삶의 네트워크, 자유롭고 개방된 공유세상, 서로가 서로에게 기대어 나누고 누리는 협동의 나라이다. 그러기에 결코 실패할 수 없는 민중의 나라, 아빠 하나님의 나라이다.

저항

자본권력의 바깥,
그 어둠 속으로 쫓겨나라!

11. 한 달란트 받은 종의 비유
자본권력의 바깥, 그 어둠속으로 쫓겨나라!

14또 어떤 사람이 타국에 갈 때 그 종들을 불러 자기 소유를 맡김과 같으니 15각각 그 재능대로 한 사람에게는 금 다섯 달란트를, 한 사람에게는 두 달란트를, 한 사람에 게는 한 달란트를 주고 떠났더니 16다섯 달란트 받은 자는 바로 가서 그것으로 장사 하여 또 다섯 달란트를 남기고 17두 달란트 받은 자도 그같이 하여 또 두 달란트를 남겼으되 18한 달란트 받은 자는 가서 땅을 파고 그 주인의 돈을 감추어 두었더니 19 오랜 후에 그 종들의 주인이 돌아와 그들과 결산할새 20다섯 달란트 받았던 자는 다 섯 달란트를 더 가지고 와서 이르되 주인이여 내게 다섯 달란트를 주셨는데 보소서 내가 또 다섯 달란트를 남겼나이다 21그 주인이 이르되 잘하였도다 착하고 충성된 종아 네가 적은 일에 충성하였으매 내가 많은 것을 네게 맡기리니 네 주인의 즐거움 에 참여할지어다 하고 22두 달란트 받았던 자도 와서 이르되 주인이여 내게 두 달란 트를 주셨는데 보소서 내가 또 두 달란트를 남겼나이다 23그 주인이 이르되 잘하였 도다 착하고 충성된 종아 네가 적은 일에 충성하였으매 내가 많은 것을 네게 맡기리 니 네 주인의 즐거움에 참여할지어다 하고 24한 달란트 받았던 자는 와서 이르되 주 인이여 당신은 굳은 사람이라 심지 않은 데서 거두고 헤치지 않은 데서 모으는 줄을 내가 알았으므로 25두려워하여 나가서 당신의 달란트를 땅에 감추어 두었었나이다 보소서 당신의 것을 가지셨나이다 26그 주인이 대답하여 이르되 악하고 게으른 종아 나는 심지 않은 데서 거두고 헤치지 않은 데서 모으는 줄로 네가 알았느냐 27그러면 네가 마땅히 내 돈을 취리하는 자들에게나 맡겼다가 내가 돌아와서 내 원금과 이자 를 받게 하였을 것이니라 하고 28그에게서 그 한 달란트를 빼앗아 열 달란트 가진 자 에게 주라 29무릇 있는 자는 받아 풍족하게 되고 없는 자는 그 있는 것까지 빼앗기리라 30이 무익한 종을 바깥 어두운 데로 내쫓으라 거기서 슬피 울며 이를 갈리라 하니라—**마태복음 25장**

읽기-1

참으로 하늘나라는 '어떤 사람이 여행을 떠나면서 자기 종들을 불러서 그들에게 자기 소유 자산들을 맡긴 경우'와 같다. 그는 각 사람에게 제 능력에 따라 한 종에게는 다섯 달란트를, 한 종에게는 두 달란트를, 한 종에게는 한 달란트를 주고 여행을 떠났다.

즉시, 다섯 달란트 받은 종은 가서 그것으로 장사를 해서 다섯 달란트를 더 벌었다. 마찬가지로 두 달란트 받은 종도 두 달란트를 더 벌었다. 그러나 한 달란트 받은 종은 물러나와 땅을 파고 자기 주인의 은화를 묻었다.

많은 시간이 지난 후에, 그 종들의 주인이 와서 그들과 함께 셈을 했다. 다섯 달란트 받았던 종이 나아와서 다섯 달란트를 더 내어놓고 말했다.

"주인님! 저에게 다섯 달란트를 맡기셨습니다.

그런데 보십시오.

제가 다섯 달란트를 더 벌었습니다."

그 종의 주인이 종에게 말했다.

"잘했다. 착하고 믿음직한 종아!

네가 작은 것들에 믿음직했으니, 내가 더 많은 것들 위에 너를 세우겠다.

네 주인의 기쁨 안으로 들어오라!"

두 달란트 받았던 종도 나아와서 말했다.

"주인님! 당신이 저에게 두 달란트를 맡기셨습니다.

그런데 보십시오.

제가 두 달란트를 더 벌었습니다."

그 종의 주인이 종에게 말했다.

"잘했다! 착하고 믿음직한 종아!

네가 작은 것들에 믿음직했으니 내가 더 많은 것들 위에 너를 세우겠
다.

네 주인의 기쁨 안으로 들어오라!"

그러나 한 달란트 받았던 종은 나아와서 말했다.

"주인님! 나는 당신을 알고 있었습니다, 당신이 모진 사람이라는 것
을.

당신은 씨 뿌리지 않은 곳에서 추수하는 사람이고, 키질도 하지 않은
곳으로부터 알곡을 모으는 사람입니다. 그래서 나는 무서워서 물러나
와 당신의 달란트를 땅에 묻어두었습니다.

보십시오, 당신은 당신의 것을 차지하셨습니다."

그러자 그의 주인이 대답하여, 그에게 말했다.

"악하고 게으른 종아!

너는 내가 씨 뿌리지 않은 곳에서 추수하고,

키질도 하지 않은 곳으로부터 알곡을 모은다는 것을 이미 알고 있었
더란 말이냐?

그렇다면, 너는 내 은화들을 은행가에게 맡기는 것이 마땅했었다.

그랬더라면, 내가 와서 은행가로부터 이자와 함께 내 것을 돌려받게

되었을 것이다.

그러니 너희는 그 자로부터 한 달란트를 빼앗아라!

그래서 너희는 그것을 열 달란트 가진 사람에게 주어라.”

참으로, 누구든지 가진 자에게는 더 많이 주어져서 넘쳐나게 될 것이다. 그러나 가지지 못한 사람은, 그가 가지고 있는 것마저도 그 자신으로부터 빼앗기게 될 것이다. 그러므로 너희는 쓸모없는 종을 더 바깥 어둠 속으로 내어쫓아라. 거기서 울며 이를 악묾이 있을 것이다.

들어가는 말

돈이란 무엇일까? 교과서적으로 말하면 돈이란, 첫 번째 상품을 교환하는 매개수단이다. 하지만 근대 산업사회 이후, 돈은 사람의 쓰임과 필요를 교환하는 기능을 수행 할 뿐만 아니라, 사람의 노동까지도 상품화하고 거래하는 힘을 가지게 되었다. 두 번째, 돈은 사람의 모든 쓰임과 필요에 대한 가치척도로써, 사람의 노동마저도 가치매김 하거나 가치맞춤 할 수 있는 지불수단이다. 세 번째, 이렇듯이 돈은 사람의 쓰임과 필요, 사람의 노동에 대한 지배와 독점을 통하여 사람의 필요와 쓰임, 노동까지도 쌓고 재생산할 수 있는 오직 유일한 수단이다.

사실, 돈이 사람의 쓰임과 필요를 교환하고 사람의 노동을 매개하는 도구에만 머문다면, 돈은 사람들의 삶에서 그렇게 큰 힘을 떨치지 못할 것이다. 그렇지만, 인류 문명사에서 돈은 사람의 쓰임과 필요를 교환하고 사람의 노동을 매개하는 수단으로써, 사람 사는 세상에 나오자마자, 인간 삶의 모든 것을 지배하기 시작했다. 돈은 모든 사람들에게 하나의 마력魔力을 드러냈다. 돈이 사람의 쓰임과 필요를 교환하고 매개하는 도구가 아니라, 인간 삶 자체를 지배하는 권력으로 그 모습을 바꾼 것이다.

이러한 돈의 권력의 밑바탕은 곧 '사람의 쓰임과 필요, 사람의 노동에 대한 지배와 독점과 쌓음'이다. 아마도, 맨 처음 사람 사는 세상에서는 사람의 쓰임과 필요, 사람의 노동에 대한 지배와 독점과 쌓음이 마땅치 않은 일이었을 것이다. 그러나 21세기 신자유주의 시장경쟁사회에서 돈은 인간 삶의 모든 것을 지배하고 독점하며 쌓는 권력으로 우뚝 서게 되었다. 이제, 돈은 스스로 지배와 독점과 쌓음자본화을 재구조화再構造化함으로써, 홀로 세상의 모든 재화를 독점지배하고 쌓으며 초과소비전쟁하는 맘몬자본 하나님으로 진화할 수 있게 되었다. 21세기 우리시대의 돈은 단순하게 사람의 쓰임과 필요와 노동을 교환하는 도구, 그 이상의 것이 되었다. 돈은 우리의 삶이고 우리 삶의 보람이며 우리의 인생목적이다. 그래서 또한 돈은 언제든지 우리의 삶과 우리의 인생목적을 폐기처분할 수 있는 죽임의 권력이다.

그렇다면 이제, 21세기 우리시대의 맘몬자본세상에서, 어떻게 본문비유를 읽고 해석해야할까? 예수는 비유에서 로마제국 지배체제 자본권력의 '약탈횡포와 착취, 무한축적 욕망의 실체'를 까발린다. 로마제국 지배체제 내부자 세력인 대상인들과 자본가들의 약탈횡포와 착취, 축적욕망 기계구조의 실체를 실감 나게 그려낸다. 그럼으로써, 자본권력의 축적욕망 기계구조의 톱니바퀴 노예인 인간군상과 그들의 삶의 마당을 그 모양 그대로 들춰낸다. 이렇듯, 예수는 맘몬세상 자본권력의 축적욕망을 폭로함으로써, 맘몬자본세상에 대응하는 하나님나라 공동체 경제 실천행동의 진실을 증언하려고 한다. 그것은 바로 본문비유의 한 달란트 받은 종의 삶의 프락시스행동양식이다. 예수는 본문비유에서 청중과 독자들에게 자본권력의 축적욕망 기계구조의 톱니바퀴 노예상황에서 탈출하여 하나님나라의 대안적 가치와 그에 따르는 실천행동을 요구하고 다그친다.

이끄는 말

이제 좀 더 자세히 본문비유를 읽어 보자. 본문의 '달란트 비유'는 누가복음 19장의 '므나 비유'와 평행본문 인데, 이야기의 틀은 같으나 내용이 아주 다르다. 그래서 일부 성서학자들은 '달란트 비유와 므나 비유'를 마태와 누가복음서 저자들이 서로 다른 자기들만의 문서자료에서 옮겨왔을 것이라고 여기기도 한다. 하지만 대다수의 성서학자들은 마태와 누가가 예수의 어록에 하나의 비유로 기록되었던 것을 자기복음서에 옮기면서 크게 고쳐 썼을 것이라고 믿는다. 이와 관련하여 본문 달란트 비유 저자는 저자 자신의 신앙관점에 따라 예수의 하나님나라를 상징과 관념의 종말론적 하늘나라로 표현했다. 나아가 본문비유에서 예수의 하나님나라를 초대교회의 '그리스도 재림 대망'으로 바꾸어 놓았다. 그 구체적인 내용은 '많은 시간이 지난 후에, 그 종들의 주인이 와서 그들과 함께 셈을 했다'라는 내용이다.

그렇다면 본문비유에서 예수의 하나님나라 복음진실을 제대로 살려서 찾아낼 수 있을까? 누가복음 '므나 비유'에 비교해서, 마태복음 달란트 비유에서는 충분히 그럴 수 있다고 믿는다. 이제 예수의 달란트 비유를 차근차근 읽어 보자.

"참으로 하늘나라는 '어떤 사람이 여행을 떠나면서 자기 종들을 불러서 그들에게 자기 소유 자산들을 맡긴 경우'와 같다."

여기서, 비유의 첫 문장을 좀 더 세밀하게 읽어야 할 필요가 있는데, 비유 첫 문장에 '하늘나라'라는 주어가 삭제되어 있다. 하지만 비유의 문맥을 따라 달란트비유를 예수의 하나님나라 비유로 읽는 데는 아무런 문제가 없다.

이러 할 때, 예수의 하나님나라에 대응하는 비유의 내용은 '비유의 주인이 여행을 떠나면서 자기 종들을 불러서 그들에게 자기 소유 자산들을 맡긴 경우'이다. 이처럼 예수의 달란트 비유의 문맥으로 보아 '하늘나라와 비유의 주인인 어떤 사람'은 서로에게 결코 직접적인 비유대상이 아니다. 따라서 예수의 달란트비유를 바르게 읽고 제대로 해석하려면, 달란트 비유의 주인에 대한 '초대교회의 그리스도 재림신앙, 알레고리 상상'을 생각 밖으로 밀쳐놓아야 한다. 그럼으로써, 비유의 주인으로부터 주인의 사유 재산들을 넘겨 맡은 세 부류의 종들의 삶의 행동양식을 쫓아 본문비유를 읽고 해석해야한다. 그런 생각으로 이어지는 비유이야기를 따라가 보자.

"그는 각 사람에게 제 능력에 따라 한 종에게는 다섯 달란트를, 한 종에게는 두 달란트를, 한 종에게는 한 달란트를 주고 여행을 떠났다. 즉시, 다섯 달란트 받은 종이 가서 그것으로 장사를 해서 다섯 달란트를 더 벌었다. 마찬가지로 두 달란트 받은 종도 두 달란트를 더 벌었다. 그러나 한 달란트 받은 종은 물러나와 땅을 파고 자기 주인의 은화를 묻었다."

여기서 다섯 달란트, 두 달란트, 한 달란트를 맡은 세 명의 종들이 차례로 언급된다. 이렇게, 예수의 비유에서 차례로 세 명의 등장인물이 나타나는 경우, 앞선 두 명의 등장인물은 잇달아 서로 관계된 사건을 일으키거나 비슷한 행동을 한다. 반면에, 세 번째 등장인물은 앞의 두 명의 등장인물과는 전혀 다른 사건을 일으키거나 완전히 반대되는 행동을 한다. 이 경우, 예수는 마지막 등장인물이 일으키는 사건과 행동을 통하여 억세고 힘차게 비유의 은유를 드러낸다. 이 점에서 독자들은 본문비유의 한 달란트 맡은 종이 일으키는 사건과 행동을 쫓아서 비유에 숨겨진 예수의 절절한 육성을 찾아낼 수 있을 것이다.

그렇다면 우리는 본문비유에서 한 달란트 맡은 종과 관련한 사건과 행동 속에서, 어떻게 비유의 숨겨진 은유를 찾아낼 수 있을까? 지금까지 서구 기독교회가 본문비유를 읽고 해석해온 대로라면―하나님이 사람에게 선물로 주신 달란트^{재능}을 크다 작다 불평하지 마라. 다만 맡은 일에 충성을 다해서 성공해라. 그러면 나중에 하나님께서 크게 보상해주실 것이다―라고 이해 할 수 있다. 그러나 한 달란트 맡은 종이 벌이는 사건과 행동을 쫓아 본문비유를 읽다보면, 지금까지 기독교회가 반복해온 이러한 뜻풀이가 엉터리라는 사실을 깨닫게 된다. 이러한 뜻풀이는 본문 달란트 비유 이야기의 실제 내용과도 전혀 맞지 않는다. 그것은 그저 서구 제국주의 기독교회의 '메시아 신앙, 그리스도 재림신앙' 알레고리 상상에 따른 기독교 자본주의 윤리지침에 지나지 않는다.

사실, 예수는 비유를 통하여 로마제국 맘몬^{자본}세상의 약탈횡포와 착취, 자본권력 축적욕망의 실체를 폭로하려고 한다. 그럼으로써, 로마제국 맘몬^{자본}세상에 저항하는 대안세상, 예수의 하나님나라 복음 신앙 실천행동을 제안하려고 한다. 이와 관련하여 본문비유에서 대 자본가인 주인이 종들에게 맡기는 돈의 크기가 '다섯 달란트, 두 달란트, 한 달란트 등' 어마어마하다. 또한 그럼에도 불구하고 다섯 달란트와 두 달란트 받은 종들은 아무런 망설임도 없이 그 큰돈을 밑천삼아 장사를 한다. 뿐만 아니라, 두 종들이 저마다 100%라는 엄청난 자본이익을 만들어 낸다.

여기서, 본문비유는 다섯 달란트와 두 달란트를 맡은 종들의 삶의 행동양식을 표현하기 위해 활발하고 거침없는 삼음보 문장을 사용한다.

"즉시, 다섯 달란트 받은 종이 가서 → 그것으로 장사를 해서 → 다섯 달란트를 더 벌었다." 이와 관련하여 다섯 달란트와 두 달란트를 맡은 종들은 여느 때부터 주인을 가까이 따르며 주인의 상업 활동을 돕고 배웠을까? 아니면, 로마제국 안에서 주인의 상업 네트워크가 매우 튼튼하고, 촘촘하며, 독점적이라서 종들의 돈벌이가 누워서 식은 죽 먹기이었을까? 예수는 본문비유에서 청중과 독자들에게 그러한 의문의 실체를 이야기해 주지 않는다.

그렇지만, 본문비유의 청중들과 독자들은 비유의 문맥 안에서 두 종들의 터무니없는 성공의 밑바탕을 충분히 헤아려 볼 수 있다. 딱 잘라 말하면, 두 종의 자본주의 성공신화는 '로마제국 지배체제 안에 독점자본권력의 약탈횡포와 착취, 축적욕망의 거대 사회기계구조'가 존재했기 때문일 것이다. 그렇지 않았다면, 두 종들의 어마어마한 자본주의 성공신화는 꿈도 꿀 수 없는 일이었다. 한마디로, 두 종들의 자본주의 성공신화는 맘몬^{자본}권력의 축적욕망 사회기계구조 톱니바퀴에 끼인 노예인간 군상의 표상일 뿐이다.

또 한편으로는 본문비유 이야기의 끝자리에서 돈놀이 하는 은행가가 등장한다. 이러한 비유 이야기의 흐름 속에서 본문비유에 등장하는 주인은 예루살렘에 사업 근거지를 마련한 대 상인이거나 대 자본가임이 틀림없다. 그렇다고 한다면, 예수시대의 예루살렘에 대 상인 또는 대 자본가들이 있었을까? 대다수의 성서학자들은 '예수시대의 예루살렘에 크고 작은 상인들과 자본가들이 있었다'고 믿는다. 실제로, 예수시대의 예루살렘은 로마제국의 매우 중요한 식민지였던 이집트와 시리아를 잇는 가교지역이다. 그러기에, 로마제국 안에서 손가락으로 꼽을 만한 대 상인 또는 대자본가들이 예루살렘에 자기 사업장을 두어야 할 필요가 있었다. 이렇듯, 예수시대의 예루살렘에는 대 상인·대 토지주·세금청부업자·은행가 등, 로마제국의 큰 손 자본가들이 존재했다. 이들은 상업적이고 정치적인 이유로 인해 로마제국 여러 식민지역들을 여행했다.

그러므로 예루살렘에 사업장을 둔 대 상인과 대 자본가들은 자신들의 소유 자산들을 맡아서 관리해 줄 종들을 거느려야 만 했다. 물론, 여기서 종들이란, 전적으로 주인에게 예속된 노예라고 할 수만은 없을 것이다. 어찌 되었든, 주인은 자기 종들의 사업능력을 철저하게 분석해서 각자 능력에 따라 지분을 나누어 맡겼을 것이다. 실제로, 본문비유는 '각 사람에게 제 능력에 따라'라는 문구를 통하여 이러한 상황을 증언한다. 한마디로, 그것은 삼성과 현대 등, 우리사회의 독점재벌들이 '무한 경쟁과 차별대우'를 통하여 노동자들을 다루는 상황과 똑같다.

이와 관련하여, 본문 달란트 비유의 경우처럼, 예수시대로부터 21세기 우리 시대에 이르기까지 독점자본은 무한 쌓음을 추구했고, 그것은 언제나 가능한 일이었다. 로마제국 지배체제 내부세력인 대 상인과 자본가들은 로마제국 권력과 야합하여 얼마든지 식민지 주민들을 약탈하고 착취할 수 있었다. 뿐만 아니라, 로마제국에 빌붙어 사익을 추구하는 예루살렘 소규모 자본가들에게도 무한 사익창출이 '식은 죽 먹기'였다. 고대 유대역사가 요세푸스에 의하면 '예루살렘 성전에 바쳐질 희생 동물들을 거래하는 일'은 대제사장 가문의 독점사업이었다. 또한 '성전세를 내기 위한 성전화폐 교환사업'도 그들의 독점사업이었다. 나아가 '유대 식민지 주민들에게 걷어야 하는 인두세 청부업'도 예루살렘 자본가들의 독점사업이었다.

그러나 놀랍게도, 이러한 본문비유의 시대적 배경과 상황 속에서, 한 달란트 받은 종은 앞선 두 종과 전혀 다른 '삶의 행동양식'을 드러낸다. 한 달란트 받은 종은 대 자본가인 주인이 여행을 떠난 후, 자기에게 맡겨진 주인의 은화 한 달란트를 땅을 파고 묻어 버린다. 본문비유는 한 달란트 맡은 종의 이러한 삶의 행동양식을 조심스럽지만 단호한 어투의 삼음보 문장으로 표현한다.

"한 달란트 맡은 종은 물러나와 → 땅을 파고 → 자기 주인의 은화를 묻었다."

한마디로 한 달란트 맡은 종이 대 상인이며 자본가인 주인의 자본권력 축적욕망에 대해 정면으로 반기를 든 것이다. 이 점에서, 한 달란트 받은 종이 땅을 파고 달란트를 묻어버리는 삶의 행동양식은 철저한 반 자본주의, 반 제국주의, 반 지배체제 '삶의 프락시스'이다. 돈을 땅에 묻는 행위야말로 자본권력의 무한증식 무한 쌓음의 욕망을 폐기처분하는 가장 실효적이고 강력한 저항수단이기 때문이다.

그런데 여기서 한 달란트 받은 종이 주인의 달란트를 땅에 묻어버리는 저항행동의 발단은 '모질고 탐욕스러운 대 자본가인 주인의 부재' 곧, 주인의 여행이다. 주인은 먼 여행길을 떠나면서 자기 종들에게 자신의 소유 자산들을 나누어 맡긴다. 자신이 없는 동안에도 소유 자산들이 묶이는 일이 없이 계속해서 이익을 내고 끊임없는 자산축적이 일어나도록 계획한 것이다. 그러나 한 달란트 받은 종은 달란트를 땅에 묻어 버림으로써 주인의 이러한 의도를 묵살해 버린다.

이와 관련하여 한 달란트는 결코 작은 돈이 아니다. 한 달란트는 로마화폐로 6,000데나리온인데, 예수시대에 숙련된 노동자의 하루 품삯이 한 데나리온이었다. 한 노동자가 이십년 동안 한 푼도 쓰지 않고 벌어 모아야 만져 볼 수 있는 금액이다. 따라서 한 달란트 맡은 종이 달란트를 땅에 묻어 버리는 대목에서 청중들은 예수의 비유의 엄중함을 실제로 체험하듯 느낄 수밖에 없었을 것이다. 무자비하고 탐욕스러운 주인이 그 큰돈을 종들에게 맡겨 많은 이익창출이 이어지도록 미리 준비했음을 넉넉히 이해할 수 있었기 때문이다. 그렇듯이, 주인의 자본권력 축적욕망을 짓뭉개버린 한 달란트 받은 종의 삶의 행동양식 이야말로, 비유를 듣는 청중들에게 말로 다 표현할 수 없는 심리적 긴박감을 전달해 주었을 것이다. 이어지는 비유 이야기를 읽어 보자.

> 많은 시간이 지난 후에, 그 종들의 주인이 와서 그들과 함께 셈을 했다.
> 다섯 달란트 받았던 종이 나아와서 다섯 달란트를 더 내어놓고 말했다.
> 주인님! 저에게 다섯 달란트를 맡기셨습니다.
> 그런데 보십시오.
> 제가 다섯 달란트를 더 벌었습니다.
> 그 종의 주인이 종에게 말했다.

잘했다. 착하고 믿음직한 종아!

네가 작은 것들에 믿음직했으니, 내가 더 많은 것들 위에 너를 세우겠다.

네 주인의 기쁨 안으로 들어오라!

두 달란트 받았던 종도 나아와서 말했다.

주인님! 당신이 저에게 두 달란트를 맡기셨습니다.

그런데 보십시오.

제가 두 달란트를 더 벌었습니다.

그 종의 주인이 종에게 말했다.

잘했다! 착하고 믿음직한 종아!

네가 작은 것들에 믿음직했으니 내가 더 많은 것들 위에 너를 세우겠다.

네 주인의 기쁨 안으로 들어오라!

여기서, '많은 시간이 지난 후에' 여행을 끝내고 나타나는 주인의 상황은 종종 '그리스도의 재림'으로 상징화되기 일쑤이다. 이와 관련하여, 본문비유의 저자는 '열 처녀 비유와 최후의 심판비유' 사이에 본문비유를 의도적으로 끼워 넣었다. 그럼으로써, 언제일지 모르는 그리스도의 재림을 기대하며 '깨어서 신실하게 일하라'는 기독교 자본주의 윤리화를 시도한다. 이렇게, 본문비유에 나타나는 마태복음 저자의 '그리스도의 재림신앙' 알레고리 관점은 '주인이 돌아와서 셈 한다'라는 비유이야기 흐름 속에서 더욱 분명해 진다.

이와 관련하여 본문비유의 주인은 다섯 달란트와 두 달란트 맡은 종들의 사업보고를 들은 후 매우 흡족한 표정으로 종들을 칭찬한다.

"잘했다. 착하고 믿음직한 종아! 네가 작은 것들에 믿음직했으니, 내가 더 많은 것들 위에 너를 세우겠다. 네 주인의 기쁨 안으로 들어오라!"

대 자본가인 주인이 자본권력의 축적욕망 사회 기계구조의 톱니바퀴에 끼인 노예인간들을 평가하는 잣대는 오로지 맘몬^{자본권력}에 대한 숭배와 충성경쟁 뿐이다.

"네가 작은 것들에 믿음직했으니"

다섯 달란트와 두 달란트가 작은 것들이라면, 주인은 얼마나 더, 많은 것들을 원하는 걸까?

"내가 더 많은 것들 위에 너를 세우겠다."

주인의 쌓음의 욕망에는 만족이라는 끝이 있을까?

"네 주인의 기쁨 안으로 들어오라."

자본권력의 축적 욕망 사회 기계구조의 톱니바퀴에 끼인 노예인간들은 속절없이 대 자본가인 주인의 초청에 응할 수밖에 없을 것이다.

그러나 본문비유에서 한 달란트 받은 종은 맡은 돈을 땅에 묻어버리는 반제국주의, 반자본주의 삶의 행동양식을 보여준다. 그렇듯이 한 달란트 맡은 종의 삶의 행동양식은 주인의 자본권력 축적욕망과 심각한 갈등을 일으키게 된다. 한 달란트 받은 종은 주인이 맡긴 달란트가 드러내는 주인의 자본축적 욕망 의지를 전혀 헤아리거나 고려하지 않는다. 도리어 주인의 자본축적 욕망을 폐기처분하는 과격한 실천행동으로써 자신에게 맡겨진 달란트를 땅을 파고 묻어버린다. 도대체 한 달란트 받은 종의 이러한 삶의 행동양식은 무엇 때문이었을까? 이어지는 본문비유 이야기를 읽어 보자.

그러나 한 달란트 받았던 종은 나아와서 말했다.

주인님! 나는 당신을 알고 있었습니다, 당신이 모진 사람이라는 것을.

당신은 씨 뿌리지 않은 곳에서 추수하는 사람이고,

키질도 하지 않은 곳으로부터 알곡을 모으는 사람입니다.

그래서 나는 무서워서 물러나와 당신의 달란트를 땅에 묻어두었습니다.

보십시오, 당신은 당신의 것을 차지하셨습니다.

그러자 그의 주인이 대답하여, 그에게 말했다.

악하고 게으른 종아!

너는 내가 씨 뿌리지 않은 곳에서 추수하고,

키질도 하지 않은 곳으로부터 알곡을 모은다는 것을 이미 알고 있었더란 말이냐?

그렇다면, 너는 내 은화들을 은행가들에게 맡기는 것이 마땅했다.

그랬더라면 내가 와서 은행가로부터 이자와 함께 내 것을 돌려받게 되었을 것이다.

　여기서 비유 이야기의 흐름은 이야기의 구성요소들과 함께 '한 달란트 받은 종과 대 자본가인 주인사이의 셈하는 장면'을 드러내놓고 강조한다. 멀리 여행을 떠나면서 자기 종들에게 달란트를 맡기는 주인. 다섯 또는 두 달란트 받은 종들과 한 달란트 받은 종의 대조되는 삶의 행동양식. 주인과 다섯 또는 두 달란트 받은 종들의 셈하는 내용들과 보상. 이것들은 대 자본가인 주인과 한 달란트 받은 종사이의 '셈'을 선명하게 부각시키기 위한 들러리 장치에 불과하다.

그렇다면 본문비유에서 한 달란트 맡은 종이 알아차린 주인의 삶의 실체는 무엇일까? 본문비유에서 대 자본가인 주인의 숨겨진 삶의 실체는 '모진 사람'이다. 여기서 '모진 사람'이란, 사전적 의미로 '차마 못할 짓을 능히 하고 마는 독한 심성을 가진 사람'이다. 본문비유는 모진 사람으로서 주인의 삶의 프락시스행동양식를 이렇게 표현한다.

"당신은 씨 뿌리지 않은 곳에서 → 추수하는 사람이고, 키질도 하지 않은 곳으로부터 → 알곡을 모으는 사람입니다."

이렇듯이, 예수는 본문비유에서 한 달란트 받은 종의 입말을 빌어 로마제국 대 상인들과 자본가들의 약탈횡포와 착취, 자본 축적욕망의 실체에 대하여 매섭고 날카로운 평가를 쏟아놓는다. 그럼으로써, 예수는 한 달란트 받은 종의 반제국주의, 반자본주의, 반 지배체제 의지에 따르는 삶의 행동양식을 '하나님나라 신앙실천 행동 제안'으로 풀어낸다.

그런데 놀라운 것은 '본문비유에서 대 자본가인 주인은 한 달란트 받은 종의 이러한 날카롭고 세찬 평가에 대하여 전혀 변명하지 않는다'는 점이다. 도리어 주인은 한 달란트 받은 종에게 호통을 친다.

"악하고 게으른 종아! 그랬구나. 너는 진즉부터 가난한 사람들을 향한 나의 약탈횡포와 착취, 자본권력 축적욕망을 잘 알고 있었구나. 그래 그렇다면, 내 돈을 고리 대금업자에게 맡겼어야지, 그랬으면 내가 이자라도 챙겼을 것이 아니냐!? 못된 종놈아!"

사실, 여기서 주인의 입말에 오른 '은행가'는 유대인들의 야훼신앙 금기어이다. 유대인들의 야훼신앙이 '이자를 사회적 악'으로 규정하고 이자 받는 행위를 철저하게 금하기 때문이다. 따라서 유대 종교·경제·사회에서는 고리 대금업자가 존재해서는 안 된다. 그럼에도 불구하고 예수는 본문비유에서 '은행가'를 이야기 한다. 그것은 예수가 본문비유를 통하여 유대 종교·경제·사회에 만연한 반 야훼신앙, 공동체 타락을 고발하고 증언하려고 하기 때문이다. 이렇듯이, 예수는 본문비유를 통하여 예루살렘에 자리 잡고 앉아서 민초들의 피를 빠는 고리대금업을 날카롭고 거센 어조로 비판한다. 나아가 로마제국 맘몬자본권력에 기생하며 민초들의 고혈을 짜내는 예루살렘 성전제사종교 기득권체제의 불신앙과 타락을 경고한다.

이제 끝으로 본문비유에서 대 자본가인 주인이 한 달란트 받은 종에게 내리는 처벌내용을 읽어 보자.

"그러니 너희는 그 자로부터 한 달란트를 빼앗아라! 그래서 너희는 그것을 열 달란트 가진 사람에게 주어라."

우리말 성서는 이 문장에서 '너희는'이라는 주어를 빼고 번역했다. 그런데 실제로 이 문장의 주어인 '너희는'을 살려서 번역하면 비유 안에 숨겨진 청중과 비유의 청중사이에 혼돈과 겹침의 모순이 발생한다. 따라서 '그러니 너희는 그 자로부터 한 달란트를 빼앗아라. 그래서 너희는 그것을 열 달란트 가진 사람에게 주어라'라는 외침은 비유 안에 숨겨진 청중을 향한 말일 뿐만 아니라, 지금 예수의 비유를 듣고 있는 예루살렘 청중을 향한 외침이기도 하다. 그렇다면 여기서 비유 안에 숨겨진 청중은 누구일까? 예수의 비유에서는 그들이 누구인지 알 수 없다. 그러나 21세기 우리시대의 독자들은 미루어 짐작하는 무수한 비유의 숨겨진 청중들을 상상할 수 있다. 예수의 비유의 어제와 오늘과 내일의 무수한 독자들이야말로 예수의 비유의 숨겨진 청중들이다. 그러므로 비유에서 듣게 되는 예수의 외침은 비유의 청중들과 비유의 무수한 독자들을 향한 선정선동이다. 나아가 그것은 맘몬·자본권력의 약탈횡포와 착취, 축적욕망 사회기계구조 톱니바퀴 노예로 살아가는 시대의 민초들을 향한 예수의 게릴라식 선전선동이다.

이 점에서, 본문비유의 숨겨진 은유의 실체는 대 상인이거나 자본가인 주인의 맘몬·자본권력 축적욕망에 저항하는 한 달란트 받은 종의 삶의 행동양식이다. 예수는 한 달란트 받은 종의 삶의 행동양식을 통하여 비유의 청중들에게 하나님나라 반자본주의, 반제국주의, 반 지배체제 게릴라 저항행동을 선전선동 한다. 예수는 비유의 숨겨진 청중, 비유의 독자들에게 한 달란트 받은 종의 삶의 행동양식 이야말로 예수의 하나님나라 실천행동 양식의 진실이라고 선언한다. 한마디로 그것은 반자본주의, 반제국주의, 반 지배체제 유언비어 게릴라 저항행동 양식이다. 나아가 예수는, 대 자본가인 비유의 주인이 한 달란트 받은 종을 향하여 선포하는 혹독한 앙갚음의 처벌언어를 반자본주의, 반제국주의, 반지배체제의 유언비어 게릴라 저항 행동양식으로 바꾸어 비유의 청중들과 독자들을 선전선동 한다.

"너희는 지금, 맘몬·자본권력의 약탈횡포와 착취, 축적욕망 사회기계구조 톱니바퀴 노예로부터 탈출하라! 맘몬·자본권력의 약탈과 독점, 지배와 쌓음에 저항하라! 맘몬·자본권력으로부터 맡겨진 달란트를 땅을 파고 묻어버려라!"

이와 관련하여 본문비유는 한 달란트 맡은 종에 대한 주인의 처벌로 끝났어야 한다. 그런데 본문비유의 저자이거나 또는 후대 편집자 누군가에 의해 '읽기-2' 29절과 30절의 내용들이 본문비유에 덧 붙여졌다.

"참으로, 누구든지 가진 자에게는 더 많이 주어져서 넘쳐나게 될 것이다. 그러나 가지지 못한 사람은, 그가 가지고 있는 것마저도 그 자신으로부터 빼앗기게 될 것이다. 그러므로 너희는 쓸모없는 종을 더 바깥 어둠 속으로 내어쫓아라. 거기서 울며 이를 악묾이 있을 것이다."

그렇게 덧붙여진 29절은 서구 기독교회에 의해 '영적인 풍요의 전형으로, 하나님의 보상의 전형적인 양태로' 해석의 오류를 낳고 있다. 그러나 본문비유에 덧붙여진 29절은 예수시대의 부익부 빈익빈을 개탄하는 민중 유언비어일 뿐이다. 실제로 신약성서에는 이런 의미로 이 민중 유언비어를 사용한 곳이 많다.막4:25, 마13:12, 눅8:18 이와 관련하여 읽기-2에서는 맘몬자본권력의 약탈횡포와 착취, 쌓음과 독점욕망을 드러내는 삼음보 문장을 사용한다.

"누구든지 가진 자에게는 → 더 많이 주어져서 → 넘쳐나게 될 것이다."

이어서 본문읽기-2는 맘몬·자본권력의 약탈횡포와 착취, 쌓음과 독점으로 인해 몰락하는 무산계급의 절망을 드러내는 삼음보 동사 문장을 사용한다.

"가지지 못한 사람은 → 그가 가지고 있는 것마저도 → 그 자신으로부터 빼앗기게 될 것이다."

마지막으로 읽기-2의 30절 내용을 살펴보자.

"그러므로 너희는 쓸모없는 종을 더 바깥 어둠 속으로 내어 쫓아라. 거기서 울며 이를 악묾이 있을 것이다."

그렇다. 인류문명사에서 언제나, 맘몬·자본권력은 '한 달란트 받은 종의 행동양식을 처벌'하기 위해 '맘몬·자본권력의 약탈횡포·축적욕망 사회기계구조 톱니바퀴에 끼인 노예대중들'을 선전선동 해왔다. 그러므로 이제, 나는 본문읽기-2의 마지막 문장을 읽고 해석하면서 21세기 우리시대의 한 달란트 받은 이들을 향하여 이렇게 선전선동 한다.

"한 달란트 맡은 종의 삶의 행동양식을 쫓아, 맘몬·자본권력의 약탈횡포와 착취, 축적욕망을 저격하라! 그래서 휘황찬란한 자본권력의 바깥, 그 어둠속으로 쫓겨나라!"

맺는 말

이천 년 기독교 역사 속에서, 교회는 본문비유를 읽고 해석하면서 교우들에게 맘몬·자본권력의 축적욕망 사회기계구조 톱니바퀴 노예인생에 저항하는 하나님나라 신앙실천행동의 진실을 숨기고 훼손하며 짓밟아 왔다. 그러면서 도리어, 맘몬·자본권력의 무한증식, 무한축적 욕망을 우러러 받드는 자본주의 윤리실천 행동해석을 바꾸지 않고 끝까지 이어왔다. 사실, 처음부터 마태복음 저자는 자신과 초대교회의 신앙사상과 로마제국의 맘몬·자본세상 윤리에 맞추어 본문비유의 내용을 크게 손질했다. 그로 인해 예수가 본문비유를 통하여 드러내려고 했던 예수의 하나님나라 신앙은유를 찾아내기가 매우 난처해 졌다. 따라서 초대교회에 이어 제국주의 서구교회 역시도 본문비유를 '종말에 대한 경고와 그리스도의 재림'이라는 문맥 안에서 상징과 추상을 통한 자본주의 기독교 윤리로 해석해왔다. 서구교회는 본문비유를 읽고 해석하면서 교우들에게 '세상의 종말 때까지의 남은 시간을 정직하고 충성스럽게 살라'고 요청한다. 이러한 서구교회의 비유 해석을 이어 받은 한국교회들도 우리시대의 예수 신앙인들에게 '지금 당장 다섯 달란트 또는 두 달란트 받은 종들의 자본주의 실천행동을 본받으라'고 떠들어 댄다.

그러나 이제, 참으로 어처구니없이 맘몬·자본권력의 약탈횡포와 착취, 무한 축적욕망을 우러러 받드는 자본주의 윤리실천 행동해석으로써, 서구교회의 본문비유 해석 퇴행을 걷어치워야만 할 때이다. 그럼으로써 21세기 우리시대의 독자들은 본문비유를 통하여 '예수가 무엇을 말하려 했을까' 철저하게 질문해야 한다. 그러할 때, 본문비유가 우리에게 들려주는 예수의 육성은 '한 달란트 받은 종의 삶의 행동양식을 따르라'는 것이다. 한 달란트 받은 종의 삶의 행동양식을 쫓아서, 네가 맡은 달란트를 땅에 묻어라. 그래서 제국주의 맘몬·자본권력의 약탈횡포와 착취, 무한 축적욕망의 숨통을 끊어라. 이것이야말로 하나님나라의 가장 정당한 삶의 행동양식이다.

12. 새 포도주와 낡은 가죽부대 비유

새로운 대안세상, 새 포도주는 새 가죽부대에

21생베 조각을 낡은 옷에 붙이는 자가 없나니 만일 그렇게 하면 기운 새 것이 낡은 그 것을 당기어 해어짐이 더하게 되느니라 22새 포도주를 낡은 가죽 부대에 넣는 자가 없나니 만일 그렇게 하면 새 포도주가 부대를 터뜨려 포도주와 부대를 버리게 되리라 오직 새 포도주는 새 부대에 넣느니라 하시니라—**마가복음 2장**

읽기

아무도 생베 조각들을 낡은 옷 위에 대고 꿰매지 않는다.

그러나 만일 그렇지 않다면, 낡은 옷에 대고 기운 생베 조각이 그 낡은 옷을 당겨서 아주 못쓰게 찢어버리고 말 것이다.

또한 아무도 새 포도주를 낡은 가죽부대들에 넣지 않는다.

그러나 만일 그렇지 않다면, 포도주가 가죽부대들을 터트려서, 포도주도 가죽부대들도 못쓰게 되어 질 것이다.

오로지 새 포도주는 새 가죽부대들에 넣어야만 한다.

들어가는 말

백만 천만 국민주권혁명 촛불은 21세기 국민주권정치의 밑바탕을 만들어냈다. 이 땅의 국민주권혁명 촛불은 노동계나 시민단체들이 조직적으로 참여하기도 했지만 대부분은 가족, 학생, 남녀노소 모두가 자발적으로 참여한 범국민 주권혁명 행동이었다. 모두가 함께 쓰레기를 치우고 시위 다음날 광화문 거리가 깨끗했다. 그야말로 비폭력 촛불시위가 멋지게 자리 잡았다. 촛불시위에 다양한 문화콘텐츠가 동원되었고 모두가 공유했다. '나홀로'에 익숙한 젊은이들이 광장에서 서로에게서 '공동체 욕구'를 확인하고 국민주권 형제애를 나누기도 했다. 무엇보다 국민주권 촛불 자체가 무언가 더 나아지려고 하는, 미래를 위해 더 좋은 국민주권혁명 밑바탕을 만들어 내려고 하는 국민주권 의지였고 용기였다.

이 땅의 백만 천만 국민주권혁명 촛불은 신명나고 기운찼다. 한마디로 백만 천만 국민주권혁명 촛불은 민주주의 힐링 촛불이었다. 민주공화국 대한민국 국민들의 상처 입은 자존심에 대한 치유였을까? 민중들의 삶의 고통이 솔직하게 표출되고 공감되기 때문이었을까? 너와 내가 모두 삶의 상처를 입었고, 똑같은 삶의 고통을 안고 있으며, 함께 분노했다. 함께 공유하는 삶의 상처와 고통과 분노를 진솔하게 드러냈다. 백만 천만 촛불은 70여 년 이 땅의 뿌리 깊은 국정농단을 심판했다. 새로운 국민주권혁명 촛불정부를 탄생시켰다.

이제, 새로운 국민주권혁명 촛불은 과거의 낡고 헌것을 모두 부수어 버려야한다. 억압과 착취와 죽임의 역사 속에서 국민주권을 탄압해온 반 민주 반 인권 무리들의 특권·기득권을 해체해야 한다. 반 생명, 반 평화, 반 공동체, 반 노동 약탈세력들이 사익을 추구하는 거대 사회기계구조를 끝장내야 한다. 독점재벌·독점자본·독점관료 기득권 지배체제 내부자들의 음모와 술수들을 깨트리고 부수어 트려야 한다.

그럼에도 불구하고 국민주권혁명 촛불승리 이후, 우리사회는 여전히 독점재벌·독점자본·독점관료 기득권 지배체제의 사악한 음모와 술수에 휩쓸려 놀아나고 있다. 이들의 음모와 술수에 휩쓸려 우리시대의 을 사이에 갈등이 커지고, 넓어지며, 깊어지고 있다. 우리시대의 을 들 사이에 무분별하고 줏대 없는 증오심이 마구마구 퍼져 나가고 있다. 백만 천만 국민주권혁명 승리의 히스테리인가? 우리사회 을들의 무지, 을들의 사회맹社會盲 때문인가? 아니다. 과거의 낡고 헐고 탐욕뿐인 독점재벌·독점자본·독점관료 기득권 지배체제의 사악한 음모와 술수들이 먹혀들고 있는 것이다. 독점재벌·독점자본·독점관료 기득권 지배체제의 검은 커넥션들이 국가통계자료를 왜곡하여 재벌개혁, 노동개혁, 부동산개혁 등, 새로운 사회·경제·공동체 건설을 훼방하려고 끊임없이 태클을 걸고 있는 것이다.

이러한 시대적 상황에서 예수의 새 포도주와 낡은 가죽부대 비유를 통하여 백만 천만 국민주권혁명 촛불승리의 갈 길을 헤아려 보고자 한다. 이 땅의 국민주권혁명 촛불승리가 과거의 낡고 헐고 탐욕뿐인 독점자본 지배체제의 음모와 술수를 물리치고 새로운 대안세상의 길로 나아가기를 고대한다. 이제야말로 새 것, 꾸미지 않은 날것, 새로운 세상, 하나님과 사람이 더불어 하나의 생명공동체를 이루어 살아가는 예수의 하나님나라로 가자!

이끄는 말

본문비유는 사람들의 삶의 마당에서의 경험들을 있는 그대로 드러내다는 점에서 '생활비유'라고 말할 수 있다. 실제로, 우리는 생활 속에서 낡은 옷에 새 천 조각을 대어 기울 경우 기운부분 가장자리가 금방 찢어지는 경험들을 해봤을 것이다. 물론, 새 포도주를 낡은 가죽부대들에 넣어두는 상황이 우리에겐 낯선 일이기도 하다. 또 한편 본문비유는 너무도 다른 사물들과 상황들을 서로 맞대어 비교하는 것에 비추어 '상징비유'로 이해할 수 있다. 그렇다면 본문비유들 안에서 서로 맞 비교하는 상징물들, '새 천조각과 낡은 옷, 새 포도주와 낡은 가죽부대들'은 어떤 상징의미들을 가지고 있을까? 나아가 예수는 본문비유의 이러한 상징 사물들과 상황들을 통하여 청중과 독자들에게 어떤 은유들을 전달하려고 했을까?

이와 관련하여 새 천 조각 또는 생베조각과 새 포도주가 갖는 상징의미는 '새롭다', '강하다'라는 것이다. 또한 낡은 옷, 낡은 가죽부대들은 '헐었다', '약하다'라는 상징의미를 갖는다. 따라서 본문비유들 안에서 서로 맞 비교 되는 상징물과 상징의미들은 서로 어울릴 수 없을 뿐만 아니라, 서로 적대적이다. 실제로, 낡은 옷에 대고 꿰맨 새 천 조각이 그 낡은 옷을 당겨서 아주 못쓰게 찢어버리게 되기 때문이다.

이 점에서 '새 천 조각'이라고 번역한 헬라어 문구에 사용된 '아그나푸'라는 낱말은 '부정 접두어 아+그나프토 세탁하다'로 이루어진 합성어이다. 한마디로 이 헬라어 문구는 옷감으로 만들어 한 번도 빨지 않은 생베조각을 말한다. 실제로, 생베옷은 오래 입으면서 여러 번 빨아 부드럽게 되어야 몸에 감기는 맛을 느낄 수 있다. 마찬가지로 새 포도주 역시 오래두어 완전히 발효가 되어야 감칠맛이 난다. 아직 발효가 끝나지 않은 새 포도주는 낡은 가죽부대 안에서 부글부글 끓어올라 낡은 가죽부대를 터트려서 못쓰게 만들기 십상이다. 그러면 새 포도주도 낡은 가죽부대들도 모두 못쓰게 되고 만다.

예수는 본문비유의 이러한 상징의미들을 통하여, 자신이 증언하는 하나님나라가 아주 새롭고 혁명적이며 강력한 민중의 나라라는 사실을 선언한다.

"이미 때가 채워졌소! 이미 하나님의 나라가 가까이 왔소! 여러분! 회개하시오. 여러분! 복음을 신앙하시오."

이 점에서 예수의 하나님나라는 전쟁과 폭력과 죽임의 로마제국 지배체제와 전혀 다른, 도저히 마주 설 수 없는 생명·평화세상이다. 로마제국 지배체제에 기생하여 민중을 억압하고 착취하는 예루살렘 성전제사종교 체제와 비교할 수 없는 혁신적이고 위력적이며 강력한 하나님의 통치세계이다.

이 하나님의 통치세계는 새롭고 강력하며 혁명적이다. 낡고 헐어서 곧 무너져 내려야만 하는 로마제국 피라미드 빨대착취 사회구조로는 도저히 감당할 수 없는 나라이다. 전쟁과 죽임과 피흘림의 로마제국 지배체제 안에는 생명·평화 하나님나라가 들어설 수 있는 자리가 없다. 도리어 로마제국 피라미드 빨대착취 사회구조 속에서 진구렁에 빠져 허덕이는 민중들이라면, 하루라도 빨리 로마제국 지배체제에서 탈출을 해야만 한다. 로마제국 지배체제 속에서 안주해왔던 노예적 삶의 자리와 삶의 태도를 깨부수고 스스로 돌이켜 예수의 하나님나라를 향해 달음박질 해 나와야 한다.

이러할 때, 본문비유의 청중들과 독자들이 한순간이라도 빨리 벗어던져야 할 반 신앙, 반 인간 올무는 무엇일까? 먼저, 로마제국 지배체제에서 기생하며 죄와 벌로 민중을 옭아매 온 예수살렘 성전제사종교, 낡은 가짜신앙을 벗어던져야 한다. 또한, 전쟁과 죽임과 피흘림의 로마제국 지배체제 내부자들만을 위한 사이비 평화안보와 그에 따르는 사회억압 질서에 저항해야 한다. 나아가, 전쟁과 죽임과 피흘림의 로마제국 지배체제 안에서 누리는 노예적 삶의 평온과 얽매임을 거부해야한다. 로마제국 황제숭배와 돈과 전쟁과 죽임의 권력을 하나님의 뜻으로 받드는 제국주의 우상을 깨부수어야 한다.

반대로 본문비유의 청중과 독자들이 신앙해야 할 참 복음은 무엇인가? 예수의 하나님나라 복음이다. 본문비유에서 예수의 하나님나라는 새 것, 꾸미지 않은 날 것, 난 대로의 세상이다. 하나님과 사람이 한 생명공동체로 사는 세상, 사람이 사람답게 사는 세상이다. 그러므로 예수의 하나님나라는 오랜 세월 지중해 세계의 온갖 피흘림과 죽임과 전쟁으로 낡아져 온 로마제국 지배체제와는 정반대로 어긋날 수밖에 없다. 부딪히고 저항하고 싸울 수밖에 없다. 예수의 하나님나라는 전쟁과 죽임과 피흘림의 로마제국 지배체제를 만나 그 낡은 지배체제를 찢어 못쓰게 만들고야 말 것이다. 마찬가지로 로마제국 지배체제에 기생하며 특권·기득권을 누려온 예루살렘 성전제사종교 체제를 산산이 부수고 말 것이다.

그렇다면 예수의 이러한 하나님나라 복음운동의 밑바탕은 무엇일까? 그것은 바로 예수의 하나님나라가 새것, 꾸미지 않은 날것, 새로운 세상이라는 것이다. 따라서 예수의 하나님나라는 '지중해 세계의 오랜 피흘림과 죽임과 전쟁으로 낡아온 로마제국 지배체제와 서로 반대되는 세상'이다. 예수의 하나님나라는 피흘림과 죽임과 전쟁의 로마제국 지배체제에 대한 생활 저항이다. 투쟁이며 혁명이다. 로마제국 지배체제에 기생하며 민중들에게 근거 없는 죄와 벌이라는 반 신앙, 반 인간 올무를 뒤집어씌우고 착취해온 예루살렘 성전제사종교 체제를 쳐부수는 생활신앙 철퇴이다.

사실, '죄와 벌'이라는 종교올무는 유럽 중세시대로부터 21세기 우리 시대에 이르기까지 기독교 근본주의 신앙, 이슬람 신정사회, 여타 세력 있는 종교들의 정통 교리신앙에서 두루 쓰이는 종교권력 이데올로기였다. 그로 인한 대중들의 불안과 공포, 그 악마성에 대하여는 더 이상 이야기하고 싶지 않다. 세계 인류·종교·문화사에서 모든 종교들이 하나같이 '죄와 벌이라는 신정사회 종교 이데올로기'를 통하여 대중권력을 누려 왔다. 뿐만 아니라 이러한 종교 대중권력을 이용하여 직접 세속권력을 쟁취하기도 했다. 또한, 죄와 벌이라는 신정체제 종교 이데올로기를 통하여 지배체제의 권력과 사익에 봉사함으로써 종교·사회 음모와 술수의 하수구 역할을 감당해 왔다.

따라서 본문비유는 '예수의 하나님나라'와 '로마제국 지배체제, 그리고 거기에 기생하는 예루살렘 성전제사종교'를 '새것과 낡은 것, 강함과 쇠약함'이라는 상징의미로 맞세워 비교함으로써 본문비유의 상징은유를 한껏 부풀린다. 이 점에서 사실, 예수의 하나님나라는 인류 종교·문화사에 홀연히 나타난 노예들의 하나님 야훼신앙에 뿌리를 두고 있다. 야훼 하나님은 이집트제국 파라오 지배체제의 노예였던 히브리들을 해방하고 구원하셨다. 야훼 하나님은 히브리 해방노예 공동체를 통하여 해방과 자유, 정의와 평등, 생명·평화가 넘치는 대동 세상大同世上을 건설하려고 하셨다.

그러나 야훼 하나님의 대동 세상 꿈은 히브리 해방노예들의 후손인 이스라엘의 민족종교 유대교 안에서 시나브로 사라지고 말았다. 반면에 유대교 안에서는 야훼신앙에 대한 반동신앙으로 소제국주의 다윗왕조 신앙이 번성했다. 다윗왕조 신앙의 핵심은 예루살렘 성전제사종교 체제였다. 다윗왕조가 망한 후에는 이스라엘 민족주의를 표상하는 시온신앙이 세력을 키웠다. 이스라엘 민족주의 시온신앙을 자양분으로 메시야신앙도 세력을 확대하기 시작했다. 이후, 예수시대에 이르러 메시아 신앙은 정치적 메시아신앙과 묵시적이고 우주 종말적인 메시아신앙으로 갈라졌다. 유대 대중들은 다윗의 후손 가운데서 영웅적 메시야가 나타나기를 바라는 정치적 메시아신앙을 믿고 받아들였다. 또한 더불어서 하늘로부터 로마제국을 심판하고 새 시대, 새로운 세상을 여는 우주 종말적인 메시아신앙을 함께 우러르고 받들었다.

그렇다고 유대 대중들 사이에서 히브리 해방노예들의 야훼신앙 맥이 아주 끊긴 것은 아니었다. 일찍이 다윗왕조 신앙이 크게 세력을 떨칠 때에도, 야훼신앙은 민중 예언자신앙을 통하여 히브리 해방노예들의 후손인 이스라엘 민중들에게 이어져 내려왔다. 이 예언자 신앙을 자양분으로 '남은 자 신앙'이 잉태되었다. 남은 자 신앙은 '고난 받는 야훼의 종 신앙'으로 이어졌다. 이 '고난 받는 야훼의 종 신앙'은 지중해 제국주의 지배체제 안에서 고통당하는 민중들에게 위로이며 희망이었다.

그리고 마침내 야훼신앙에 대한 민중들의 위대한 깨달음으로서 '임마누엘신앙'이 태동되었다. "하나님께서 우리와 함께 하신다" 일찍이 이집트제국 파라오 지배체제의 노예였던 히브리들도 '고난 받는 노예들의 하나님, 야훼께서 자신들과 함께 하신다'는 신앙진실을 이해했다. 이어지는 인류역사의 고비마다 시대의 지배체제로부터 억압받고 착취당하며 고통당하는 시대의 수많은 민중들의 삶 속에서 함께 살아오신 야훼 하나님이 바로 '임마누엘 하나님'이시다. 예수는 히브리 해방노예들의 하나님, 야훼신앙의 핵심인 임마누엘신앙으로부터 이 땅의 하나님나라 복음을 찾고 선포하며 실천 행동할 수 있었다. 예수는 이 땅의 가난한 사람, 나약한 사람, 억압받고 고통당하는 사람, 병든 이들, 심지어 창녀와 죄인들까지, 그들의 삶 속에서 그들과 함께하시는 하나님을 증언했다. 예수는 가난하고 힘없는 이들과 함께하시는 임마누엘 하나님을 '아빠Aββα'라고 부르시고 제자들에게도 그렇게 부르라고 가르쳤다.

이렇게, 예수의 아빠 하나님 나라가 선포되고 실천되며 확장하는 순간 '피흘림과 죽임과 전쟁을 통한 로마제국 지배체제 내부자들의 사이비 평화복음'은 설자리를 잃게 되고 말 것이다. 로마제국 피라미드 빨대 착취구조의 노예적 삶의 안정이라는 신기루도 무너져 내릴 수밖에 없을 것이다. 나아가 로마제국 지배체제에 기생해서 '죄와 벌'이라는 신정사회 종교 이데올로기를 통하여 특권·기득권을 누려온 예루살렘 성전제사종교체제도 스스로 소멸할 수밖에 없다. 무엇보다도 더 나아가 21세기 맘몬자본지배체제의 무한경쟁, 무한독점, 무한축적, 무한소비라는 종교·사회·경제신화도 빛을 잃게 되고 말 것이다.

맺는 말

아무도 새 천 조각을 낡은 옷 위 헤진 곳에 대고 꿰매지 않는다. 그러나 만일 낡은 옷에다 새 천 조각을 대고 꿰맨다면, 낡은 옷에 대고 꿰맨 새 천 조각이 그 낡은 옷을 당겨서 아주 못쓰게 찢어버리고 말 것이다. 또한 아무도 새 포도주를 낡은 가죽부대들에 넣지 않는다. 그러나 만일 그렇지 않다면, 새 포도주가 낡은 가죽부대들을 터트려서, 포도주도 가죽부대들도 못쓰게 되어 질 것이다.

그럼에도 불구하고 21세기 한국기독교 엘리트 목사들은 끊임없이 예수천당 불신지옥, 죄와 벌, 사이비 기독교 성공신화를 외쳐댄다. 예수의 하나님나라 복음을 제멋대로 오역誤譯하고 속이고 감추며 자신들의 맘몬·자본숭배 신앙이데올로기에 접목하려고 안달이다. 물론 이러한 반동反動신앙 행태는 여타의 다른 종교들에서도 마찬가지 현상이다.

이와 관련하여 지구촌제국 미국의 정치판 뒷이야기에 주목한다. 특별히 관심이 가는 이야기는 '크리스토파시즘'과 '제국적 페미니즘'이다. 독일의 여성신학자 도르테 죌레에 의하면, '크리스토파시즘'은 국가주의, 군사주의, 가부장주의, 노동운동 적대주의 등 파쇼 이데올로기가 기독교 복음주의와 혼합되고 수단화된 종교체제이다. 한국의 대형보수 기독교회들과 똑 닮았다.

또 한편으로 이야기 되는 것은 '제국적 페미니즘'이다. 미국의 페미니스트 질라 아이젠스타인Zillah Eisenstein은 '2016년 미국의 대통령 선거야말로 여성 혐오와 인종차별적인 편협한 사람들과 제국적 페미니스트 사이에서 벌어진 지옥으로부터의 선거였다'라고 평가한다. 이로보아 지구촌제국 미국의 지배체제가 도발하는 피흘림과 죽임의 전쟁이 사라지지 않을 것이다. 이렇듯이, 지구촌제국 미국의 대선 판에서 벌어졌던 상황들을 살펴볼 때, 신자유주의 독점금융자본경제의 폐해로 인한 사회양극화와 불평등 세상에 대한 민중저항운동이 제국주의 파쇼정권·반동현상으로 귀결될 가능성이 얼마든지 있다.

그러므로 이제야 말로, 새 포도주는 새 가주부대에 넣어야 한다. 그래야만 새 포도주가 잘 숙성해서 맛있는 묵은 포도주를 맛보게 될 것이기 때문이다. 예수의 하나님나라도 그렇다. 예수의 하나님나라는 새것, 꾸미지 않은 날 것, 난 대로 세상이다. 하나님과 사람이 다함께 한 생명 공동체로 사는 세상이다. 사람이 사람답게 사는 새 세상이다. 그러므로 예수의 하나님나라는 인류역사 속에서 무한히 낡아져 온 맘몬·자본세상과 어긋나고 부딪치며 마침내 맘몬·자본세상을 부수어 트리고 말 것이다. 나아가 맘몬·자본을 숭배하고, 기독교 자본주의 성공신화를 널리 퍼트리며, 가난하고 나약한 이들에게 죄와 벌이라는 종교이데올로기를 통하여 불안과 공포를 확산시킴으로써, 종교·사회적 특권기득권을 누려온 이 땅의 종교엘리트들을 몰아내게 될 것이다.

지금, 이 땅에서 새로운 국민주권역사를 써나가야 할 책임이 있는 국민주권혁명 촛불정부도 마땅히 그렇다. 국민주권혁명 촛불 스스로가 이 땅의 독점재벌·독점관료 기득권 지배체제를 몰아내도록 길놀이 판을 벌여야 할 것이다. 국민주권혁명 촛불이 스스로의 미약한 국민주권을 변혁할 수 있도록 국민주권행동의 길을 열어야 할 것이다. 맘몬·자본지배체로부터 인권과 생존권, 노동과 삶의 주권을 되찾을 수 있도록 특권·기득권 사회·정치·경제 장애물제거에 힘을 쏟아야 할 것이다. 국민주권혁명 촛불 스스로가 정의와 평등, 생명과 평화 공동체주권을 확립할 것이기 때문이다. 이제 국민주권 스스로가 국민주권혁명 민주주의 체제를 세워 나갈 것이다. 백만 천만 국민주권혁명은 민주공화국 국민주권에 대한 무한혁신과 무한변혁의 주체로써, 그 권리행동에 한계가 없다.

13. 등불 비유

이제부터, 촛불신앙이다.

21또 그들에게 이르시되 사람이 등불을 가져오는 것은 말 아래에나 평상 아래에 두
려 함이냐 등경 위에 두려 함이 아니냐 22드러내려 하지 않고는 숨긴 것이 없고 나타
내려 하지 않고는 감추인 것이 없느니라 23들을 귀 있는 자는 들으라 24또 이르시되
너희가 무엇을 듣는가 스스로 삼가라 너희의 헤아리는 그 헤아림으로 너희가 헤아
림을 받을 것이며 더 받으리니 25있는 자는 받을 것이요 없는 자는 그 있는 것까지도
빼앗기리라—**마가복음 4장**

읽기

예수가 그들에게 말했다.

"등불이 됫말통 아래 또는 침상아래 놓여 지려고 들여지겠느냐? 등
잔대에 놓여 지기 위해서가 아니겠느냐?

참으로, 드러내지기 위해서가 아니었다면, 감추지도 않는다. 나타나
려고 하지 않았다면 스스로 숨지도 않았다.

누구든 들을 귀를 가졌거든, 들어라!"

들어가는 말

'도대체 국가라는 것이 뭐냐?' 박근혜정권 국정농단세력 심판 이후, 새로운 대한민국을 만들어가는 백만 천만 국민주권혁명 촛불의 물음이다. 그러면서 스스로 '국민이 국가다'라고 외친다. 인류역사상 유례가 없는 백만 천만 비폭력 국민주권혁명 촛불 승리의 구호이다. 물론, 국민주권혁명 촛불이 하루아침에 나타난 것은 아니다. 지금 모든 문제가 다 해결된 것도 아니다. 앞으로 갈 길이 너무도 멀고 험난하다. 일제로부터의 해방이후, 친일청산 실패로 인해 이 땅에는 독점재벌·친일독재 기득권 지배체제가 자리 잡았다. 그로 인한 억압과 착취, 폭력과 피 흘림과 죽임의 역사가 이어져 왔다. 이 땅의 민중들은 독재군사정권 세상에서 억압과 고난을 받았다. 피를 흘리고 죽임을 당했다. 재벌특권·기득권 세력들에게 노예처럼 부림을 받았고 착취를 당해왔다.

그러나 이 땅의 민중들은 무지렁이 노예가 아니었다. 60년~70년대 민중해방운동, 전태일 노동항쟁, 80년 5·18민중항쟁, 87년 민주항쟁 등 저항행동을 실천해 왔다. 90년대에서 2000년대에는 반 세계화, 경제민주화 운동을 벌였다. 그리고 2014년 4·16 세월호 참사에 이르러 전 국민이 분노의 촛불을 들었고, 마침내 백만 천만 이 땅의 민중들이 21세기 국민주권정치의 밑바탕을 만들어냈다. 이제 국민주권혁명 촛불은 다시는 꺼지지 않을 것이다. 이 촛불은 국민주권자 스스로의 삶을 밝히고 정의로운 사회를 향하는 사그라지지 않을 힘이다. 이 촛불의 힘이 불의한 국가권력과 독점재벌·독점관료 기득권 지배체제의 어둠 속 음모와 술수들을 낱낱이 걷어내게 되리라. 이 땅의 국민주권혁명의 역사로, 대동세상 건설 체험의 불꽃으로 후손들에게 전달되리라. 그리고 마침내 머잖아 이 땅 한반도의 생명평화 통일세상을 열어 가리라.

이제 이와 관련하여, 본문에 드러난 '예수의 토막말 비유들' 속에서 백만 천만 국민주권혁명 촛불을 이해하고 해석하며 새로운 촛불신앙 실천의 길을 찾아보려고 한다. 이제부터, 촛불신앙信仰이다.

이끄는 말

본문 마가복음 4장 21절에서 25절 단락은 네 개의 토막말 비유와21, 22, 24, 25절 한 개의 선동경구23절로 어지럽게 묶여져 있다. 마가복음 저자가 이 네 개의 토막말 비유들을 한군데 모아놓았을 터인데, 이유는 저자의 '메시야 비밀사상'과 잘 맞아 떨어졌다고 보았기 때문일 것이다.

이와 관련하여 마가복음 저자는 예수를 이 땅에 등불로 오신 하나님의 아들로 이해한다. 그런데 예수는 세상 속에서 스스로의 정체를 감추었다. 하지만 결국 등불은 어두운 세상을 비추려고 세상 속으로 들어온 것이다. 예수는 세상 사람들에게 자신의 정체를 감추었지만 머잖아 예수의 정체가 만천하에 드러나게 될 것이다. 이러한 마가복음의 메시야 비밀사상 단락과 평행하는 변형단락들이 누가복음 8장 16절에서 18절, 마태복음 5장 14절에서 16절, 10장 26절에 흩어져 있다.

그렇지만 마가복음 4장 21절, 22절 토막말 비유들은 이어지는 24, 25절 토막말 비유들과 아주 다른 요소가 있다. 본문 21, 22절 토막말 비유들은 전형적인 '상징 토막말'인 반면 이어지는 24, 25절 토막말들은 '경구적 토막말'들이다. 따라서 마가복음 저자의 편집의도와 단락 나눔에 상관없이 서로 뜻이 통하는 21, 22절 두 개의 상징 토막말 비유만 떼어따로 읽는 것이 맞을 것으로 여겨진다. 그래야만 본문 토막말비유 본래의 상징의미를 제대로 해석하고 그 뜻을 바르게 찾아낼 수 있을 것이다. 따라서 여기서는 서로 뜻이 통하는 마가복음 4장 21, 22절 상징 토막말비유들과 23절 선동경구를 하나로 묶어서 읽고 해석하여 본문 토막말비유의 올곧은 뜻을 찾으려고 한다.

그렇다면 21절 상징 토막말비유에 표현된 등불, 됫말통, 침상, 등잔대는 무엇을 은유하는 상징들일까? 등불은 어둠을 전제로 한다. 등불은 어둠을 밝히기 위해 켠 불이다. 어둠은 빛이 없어서 깜깜해진 상태를 말하는데, 등불은 그 어둠을 밝힌다. 이처럼 등불은 어둠을 밝히는 것으로써 어둠과 생래적으로 적대적이다. 그러므로 등불은 어둠속에 감추어진 모든 것들을 밝혀 드러낸다. 어둠속에서 꾸미는 음모, 술수, 거짓들을 밝혀 드러낸다. 음모와 술수와 거짓을 통하여 사람들을 억압하고 착취하고 고통스럽게 하는 어둠의 권력과 체제의 실체를 폭로한다. 그럼으로써 등불은 어둠의 권력과 체제에 저항한다. 어둠의 음모와 술수와 거짓, 어둠으로 상징되는 세상의 모든 악의 실체들과 싸운다.

한편, 등불은 자신과 주변을 밝힌다. 어둠속에서 등불을 켜면 어둠에 묻혀있던 악의 실체를 드러낼 뿐만 아니라, 자신과 주변마저 밝히게 마련이다. 자신의 정당성뿐만 아니라, 자신의 취약성마저 드러내게 된다. 따라서 등불은 어둠의 권력과 체제에 대한 저항은유로써, 저항의 의지이고 용기이며 정당성이지만, 반면에 스스로의 약함과 잘못과 한계에 대한 폭로이기도 하다. 따라서 어둠속에서 등불은 어둠의 권력과 체제로부터 피흘림의 폭력과 죽임 당함의 위기상황을 스스로 불러들이는 것이기도 하다.

이렇듯이, 어둠속에서 등불이 겪을 수밖에 없는 피흘림의 폭력과 죽임 당함의 위기상황에 대한 상징은유로써, '됫말통'과 '침상'이 등장한다. 이와 관련해서 성서시대의 유대인들은 자신들의 삶의 마당을 통하여 '어둠속에서 켠 등불로 인한 아주 구체적이고 실체적인 삶의 위험들'을 경험해오고 있었다. 왜냐하면, 유대 땅은 역사적으로, 나아가 지리적으로 이집트제국과 메소포타미아 제국을 잇는 다리역할을 해 왔기 때문이다. 따라서 유대 땅은 서로 다른 제국들에 의한 침략전쟁과 그 제국들에 대한 저항전쟁이 꼬리를 물고 벌어졌던 전쟁지역이다. 그러한 유대 땅의 역사·지리적 상황에서 유대인들의 마을은 우리나라와 달리 골짜기에 형성되지 않고, 산등성이에 세워졌다.

그래서 본문의 변형단락인 마태복음 5장 14절에서는 '너희는 세상의 빛이다. 산위에 있는 마을이 숨겨질 수 없다'라고 말한다. 제국들의 침략전쟁과 저항전쟁의 참화 속에서 산등성이 마을 집집마다 등불을 밝히는 것은 피흘림과 죽임 당함의 위기상황을 스스로 불러들이는 것과 다름없다. 어쩔 수 없이 등불을 켜야 하는 상황이 발생했다면 집 밖과 마을 주변 상황을 살펴서 조심조심해야만 한다. 집밖에서 들려지는 인기척과 마을주변의 말발굽소리, 골짜기나 산등성이 길로 군대들이 행군하는 낌새를 살펴서 잽싸게 뒷말통이나 침상 밑으로 등불을 밀어 넣어야만 한다. 절대로 불빛이 집 밖을 향하여 새어나가지 않도록 해야만 하는 것이다.

그런데 고대사회에서 불씨는 매우 귀한 것이어서 집집마다 불씨를 저장해 두는 '화티'가 따로 있었다. 굳이 어둠속에서 등불을 밝히려고 한다면 화티에 보관한 불씨로 등불을 켜서 방안으로 들여와야만 했다. 따라서 이제 필요에 따라 어둠속에서 등불을 밝힌 이상 주변상황에 따라 그때그때마다 쉽게 등불을 끄지 못한다. 급한 김에 뒷말통이나 침상 아래로 등불을 감추는 상황을 미루어 짐작할 수 있다. 실제로 전기가 없었던 시절 우리나라 산골마을에서도 경험했던 상황들이다. 이렇게, 본문 토막말 비유의 '됫말통'과 '침상'은 어둠속에서 등불이 불러들이는 위험들을 은유한다.

그러므로 또 한편, 본문의 '등잔대'야 말로 어둠속에서 등불이 겪어야만 하는 모든 위기와 위험들을 극복해 낸 등불의 힘과 의지와 용기에 대한 상징은유이다. 어둠의 음모와 술수와 거짓에 저항하고, 어둠의 권력과 체제의 실체를 폭로하기 위해서, 어둠속에서 등불은 등잔대 위에 놓여져야만 한다. 어둠을 밝히는 등불은 당당하게 등잔대 위에 올라섬으로서 자신의 정당성을 드높이고 자신의 취약성을 극복해 내게 되는 것이다.

그렇다면 본문에서 등불은 어떤 사람들을 가리키는 표상일까? 바벨론 포로기 이후의 유대 대중들의 종교심성 속에서 등불은 예언자 모세와 엘리야계11:4의 두 감람나무, 두 촛대이다. 또 덕망 있는 유대 랍비들도 '세상의 등불'로 칭송되었다. 특별히 광야의 예언자이며 들사람이었던 엘리야는 지중해 세계 전역에 흩어져 오랜 세월 떠돌이생활을 해온 디아스포라 유대인들에게, 식민지 유대 땅 고난 받는 민중들에게 일상의 위기와 위험을 헤쳐 나가게 하는 삶의 길라잡이 횃불이었다.공동번역, 집회서48:1 나아가 예수시대에 이르러 유대 대중들은 유대광야에서 죄 사함의 물세례를 베풀던 세례요한을 등불로 여겼다.요5:35

그렇다면 예수도 스스로를 어두운 세상을 밝히는 '등불'로 여겼을까? 실제로 복음서 저자들은 예수를 '모든 사람을 비추는 참 빛'요1:9 또는 '세상의 빛'요8:12, 9:5이라고 신앙고백 했다. 아마도 예수의 제자들은 살아생전의 예수를 자신들 삶의 등불로 삼았을 것이다. 나아가 두말할 필요도 없이 초대교회는 예수를 부활신앙의 등불로 우러러 받들었다. 초대교회의 부활신앙에서 예수는 마땅히 '세상의 빛등불'이다. 초대교회의 부활신앙에서 예수는 살아생전에 유대인들에게 스스로를 숨겼다. 하지만, 예수는 어둠을 밝히는 등불로 세상에 왔고, 마침내 세상을 비추는 빛이 되었다.

그러나 예수가 스스로를 어둠을 밝히는 등불로 여겼다면, 본문 토막말 비유들의 해석은 매우 엄중해 진다. 예수가 하나님나라 복음운동 안에서 스스로를 세상의 어둠을 밝히는 등불로 여겨 행동했다면, 예수의 제자들도 본문 토막말비유의 뜻을 아주 구체적이고 현실적인 실천행동 과제로 받아들일 수밖에 없었을 것이다. 제자들은 '로마제국 지배체제의 어둠 속에서 스스로 하나님나라 복음운동의 등불로 살아야만 한다'는 예수제자도 의무를 받아 들여야 했을 것이다.마16:24-28, 막8:34-9:1, 눅 9:23-27 제자들 스스로가 예루살렘 성전제사종교의 죄와 벌이라는 종교 이데올로기를 타파하는 예수의 하나님나라 복음운동의 등불이 되어야만 했을 것이다.

이 점에서 본문 21절 토막말비유는 매우 논쟁적이고 도전적이다.

"등불이 됫말통 아래 또는 침상아래 놓여 지려고 들여지겠느냐? 등 잔대에 놓여 지기 위해서가 아니겠느냐?"

여기서 사용된 헬라어 의문 불변사 '메티'는 '이거 맞아'라는 질문을 통하여 청중들에게 '아니요'라는 대답을 요구하는 매우 논쟁적인 질문이다. 이어서 '우크'라는 헬라어 의문 불변사 역시 '~ ~ 가 아냐'라는 질문을 통하여 '맞아요'라는 대답을 유도하고 설득하려는 아주 도전적인 질문이다. 이처럼, 본문 21절 토막말 비유를 풀어서 새기면 이렇게 될 것이다.

"등불이 됫말통 아래 또는 침상아래 놓여 지려고 들여지겠느냐? 아니오, 아닙니다! 등잔대에 놓여 지기 위해서가 아니겠느냐? 맞아요, 맞습니다!"

그렇다면, 예수는 어떠한 상황에서 이와 같이 논쟁과 설득과 도전을 위한 토막말 비유를 말했을까? 로마제국 식민지 갈릴리의 분봉왕 헤롯 안티파스가 예수를 잡아 죽이려고 하니 '피신하는 게 좋겠다'라는 지인들의 경고를 받았을 때일 것이다.눅13:31-33 헤롯 안티파스는 자신의 악행을 책망할 뿐만 아니라 대중소란을 일으키는 주요 원인으로 지목된 세례요한을 잡아 들여 목을 쳤다. 이후, 헤롯은 자신의 영토 안에서 대중소란을 일으킬만한 요소들을 뿌리 뽑아 잠재우려는 정치행동에 적극 나섰다. 헤롯은 이러한 정치행동을 위해 예루살렘에까지 촘촘한 감시망을 조직했다. 그러는 과정에서 헤롯은 갈릴리 민중들에게 하나님나라를 선포하고 실천행동 해 온 예수를 눈여겨보았다. 아마도 헤롯 안티파스는 예수의 활동을 통하여 '갈릴리 대중들 사이에서 세례요한 운동이 부활한 것이 아닐까' 의심했을 것이다.막6:14 그래서 헤롯은 세례요한처럼 예수마저 잡아서 처단하려는 생각을 가지게 되었을 것이다. 그럴 때마다 예수의 하나님나라 복음운동에 호감을 가진 몇몇 바리새파사람들은 예수에게 '헤롯이 예수를 죽이려고 한다'는 사실을 알려 주곤 했다.

또한 예수는 '예루살렘 성전제사종교 체제의 특권·기득권세력들이 예수의 생명을 노리고 있다'는 보고를 수시로 듣고 있었을 것이다. 그럴 때마다 예수는 제자들과 자신을 따르는 사람들에게 본문의 상징토막말 비유들을 되풀이해서 이야기 했을 수도 있다. '어둠속에서 등불은 감추어 둘 것이 아니라 등잔대 위에 놓아야 하는 것'처럼, 예수 스스로가 드러내놓고 하나님나라 복음을 선포하며 활동하겠다는 결의를 선언한 것이다. 예수는 본문 토막말 비유들을 통하여 스스로 숨거나, 감추거나,

도망칠 뜻이 전혀 없음을 분명히 한다. 나아가 예수의 하나님나라 복음 선포와 실천행동을 가로막는 모든 위험들을 정면 돌파할 것을 명토 박 는다. 실제로 예수의 십자가 처형이 그 진실을 증언한다. 이 점에서 본 문의 토막말 비유는 마가복음 저자가 의도한바 '메시야 비밀사상'과는 전혀 다르게 읽혀지고 해석되어 질 수밖에 없다.

이와 관련하여 비유의 '등불이 ~ 들여지겠느냐'라는 표현은 우리말 어법에서 매우 생소한 말이다. 그러나 고대인들, 특별히 고대 메소포타 미아 문명에서 사람들은 무생물을 생물처럼 여기는 문화심성을 가지고 있었다. 이점에 유의하여 본문 21절 토막말은 '등불을 가져오다'라고 의 역해서 읽기보다는 '등불이 들여지다'라고 원문그대로 읽는 것이 좋다. 그러할 때, 본문의 토막말 비유 속에서 주어는 등불 자신이다. 그것은 본문 토막말 비유에 사용된 '에르케타이'라는 헬라어 동사가 수동태 디 포동사이기 때문에 더욱 그렇다. 마치 어둠속에서 등불이 스스로 불을 밝혀 방안으로 들여지는 상황처럼 그려지고 있다.

그렇다면, 본문 상징토막말 비유의 숨겨진 진짜 주어는 누구인가? 예수 자신일까? 예수의 제자들일까? 아니면 예수의 비유의 청중들일 까? 본문 토막말 비유의 어제와 오늘과 내일의 무수한 독자들일까? 이 처럼 본문 토막말비유의 숨겨진 진짜 주어는 무한히 확대되고 재생산될 수 있다. 그럼으로써 예수처럼 시대의 어둠속에서 불을 밝히는 등불도 무수하게 늘어날 수 있다. 스스로 등불이 되어 자신과 주변을 밝히고 세 상의 어둠을 걷어내어 어둠의 권력과 체제에 저항하는 백만 천만 등불 이 되는 것이다. 여기서 '본문 토막말비유 속에 숨겨진 미루어 짐작하는 수많은 진짜 주어들'을 통하여, 21세기 이 땅의 백만 천만 국민주권혁명 촛불신앙의 뜻을 밝히고 찾아낼 수 있을 것이다.

또 한편 이어지는 본문 22절 토막말비유 속에 나타난 상징행위는 무엇을 뜻하는 것일까? "참으로, 드러내지기 위해서가 아니었다면 감추지도 않는다. 나타나려고 하지 않았다면 스스로 숨지도 않았다"

본문의 두 번째 상징토막말 비유는 마태복음 10장 26절과 누가복음 12장 2절, 8장 17절에 나란히 놓일 만한 평행구가 있다. 그런데 이 평행구들에 비추어 '진실은 언젠가 밝혀지게 마련이고, 비밀은 반드시 드러나고야 만다'라는 따위의 뜻풀이는 동서고금에 흔하게 나타나는 속담이다. 그렇다면 본문의 토막말비유는 '지금 숨겨진 것들은 장차 하나님의 심판의 날에 명명백백하게 밝혀질 것'이라는 뜻에서 마가복음 저자가 시대의 속담을 인용한 것일까? 아니면, 예수가 하나님나라 복음운동의 은유로써 자기 삶의 뜻과 신앙진실을 속담에 비유해서 이야기한 것일까?

이와 관련하여 본문의 '에안 메'라는 헬라어 문구는 '~ 가 아니라면 ~ 하지 않는다'라는 헬라어 가정문법에 따른 '조건문'이다. 이어지는 문구도 '나타나려고 하지 않았다면, 스스로 숨지도 않았다'라는 헬라어 가정문법에 따른 조건문이다. 이처럼 본문 22절 상징토막말 비유가 가정문법에 따른 '조건문'이라는 점에 주목해야 한다. 만약, 마가복음 저자가 '메시아 비밀사상'이나 '복음의 비밀주의'를 의도 했다면, 이는 도리어 온 세상에 예수와 예수의 하나님나라 복음의 실체가 드러나기를 바라기 때문이다. 만약, 오늘 누군가에게 예수의 하나님나라가 복음으로 보여지지 않는다면, 내일 또 다른 누군가에게는 '예수의 하나님나라 복음이 의심의 여지가 없는 뚜렷함으로 나타나게 될 것'이다.

그런데 여기서도 그냥 지나쳐서는 안 될 주요한 사실 하나가 있다. 22절 토막말 비유에서도 숨겨진 진짜 주어가 있다는 사실이다.

"참으로, 드러내지기 위해서가 아니었다면 감추지도 않는다. 나타나려고 하지 않았다면 스스로 숨지도 않았다."

여기 22절 토막말비유의 진짜 주어가 예수 자신이든, 예수의 제자이든, 예수의 청중이든, 21세기 우리시대의 독자이든 상관없이 본문 22절 토막말비유에 진짜 주어를 대입해서 읽고 해석한다면 '메시아 비밀사상'이나 '복음의 비밀주의' 따위는 설자리가 없다.

예수는 이 땅의 하나님나라, 곧 가난한 이들과 억압받고 착취당하며 고난 받는 이들과 죄인과 세리와 창녀들의 나라를 선포하고 실천행동 했다. 따라서 피흘림과 전쟁과 죽임의 피라미드 빨대 착취구조의 로마제국 지배체제는 예수의 하나님나라에 대하여 상상도, 이해도, 불가능하다. 모른 체 하거나, 너그러이 포용하거나, 눈 딱 감고 함께 참여할 수조차도 없다. 로마제국 지배체제에 기생하며 '죄와 벌이라는 종교 이데올로기'로 민중을 억압하고, 민중 위에 군림하며, 특권기득권을 누려온 예루살렘 성전제사 종교체제 역시도, 예수의 하나님나라 복음에 대하여 아무것도 모르기는 마찬가지이다.

그러나 로마제국 식민지 변방 갈릴리 민중으로서 예수의 제자가 된 사람들은 예수와 함께 이 땅의 하나님나라를 소망하며 함께 건설해 왔다. 나아가 오늘 21세기 이 땅의 참 예수신앙인들도 마찬가지이다. 21세기 참 예수신앙인들이 만들어가는 하나님나라는 우리시대의 가난한 이들과 억압받고 착취당하는 이들과 고난 받는 이들의 신앙과 삶의 자리에서 작지만 아름답게 꽃피우고 있다. 그러나 로마제국 변방 갈릴리 민중의 아들 나사렛 사람 예수를 버리고, 금관의 예수만을 숭배하는 사이비 교회들은 이 땅의 하나님나라를 전혀 알지 못하고, 깨닫지도 못하며, 참여하지도 못한다. 예수가 없는 교회, 하나님이 아니라 맘몬·자본을 숭배하는 교회는 사익과 탐욕을 위해 함께 뭉친 종교소비자 집단일 뿐이다.

그래서 마지막으로 본문 23절 토막말 선동경구는 '누구든 들을 귀를 가졌거든, 들어라'라는 예수의 일갈이다. 여기서 '만약 누구든 들을 귀를 가졌거든'이라는 표현은 마가복음 4장 9절 선동경구의 변형이다. 마가복음 4장 9절에서 '들을 귀를 가진 이'라는 히브리어 어투가 본문 23절에서 '헬라어 조건문장'으로 바뀌었다.

이와 관련하여 '엑케이'라는 헬라어 동사는 '가지다, 움켜쥐다'라는 의미의 '동작동사'이다. 이점에 유의하여 여기서는 '들을 귀가 있거든'에서 '들을 귀를 가졌거든'으로 고쳐서 읽었다. 왜냐하면, '들을 귀를 가졌거든'이라는 헬라어 조건문장은 끊임없이 듣는 훈련을 할 것을 요청하기 때문이다. 그것은 본문 23절 토막말 선동경구가 '가정법 조건문'이라서 더욱 그렇다. 예수의 하나님나라 복음은 전쟁과 죽임과 피흘림의 로마제국 사이비 평화복음 숭배자들의 귀에 전혀 복음으로 들려지지 않을 것이다. 또한 로마제국 사이비 평화복음에 기생하는 예루살렘 성전 제사종교의 '죄와 벌이라는 종교이데올로기에 오염된 귀를 가진 사람'에게도 잘 들려지지 않을 것이다.

맺는 말

이 땅의 백만 천만 국민주권혁명 촛불승리가 지긋지긋한 친일군사독재 망령을 이 땅에서 몰아냈다. 그러나 아직 국민주권혁명 촛불이 더 힘을 내야한다. 독점재벌·독점관료 기득권 지배체제, 그로 인한 정경유

착, 영혼 없는 관료주의에 마침표를 찍을 사회 변혁의 때가 왔다. 국민주권혁명 촛불은 반사회적이고 반 공동체적이며 반민주적인 파쇼 메시야 이데올로기를 극복해야한다. 거짓과 꾸밈과 사기술로 미화된 국가주의, 군사주의, 영웅주의, 메시아 구국신화를 쳐부수어야 한다.

이제, 대한민국의 정치와 정권은 백만 천만 국민주권혁명 촛불승리의 공동체 지성, 공동체 사회영성을 이해하고, 믿으며, 따라야 한다. 백만 천만 국민주권혁명 촛불은 국민주권에 대한 민중의 깨달음이다. 민주주의에 대한 민중 스스로의 혁신이다. 국민주권혁명 촛불승리는 조작당하지도, 이용당하지도 않는다. 왜냐하면, 백만 천만 국민주권혁명 촛불승리는 이 땅의 무지렁들이의 깨달음과 연대와 맞울림이기 때문이다. 백만 천만 국민주권혁명 촛불승리의 깨달음과 연대와 맞울림은 국민주권자의 자기 삶의 의지이고, 뜻이며, 자기 삶의 주권이다. 백만 천만 국민주권혁명 촛불승리는 지금까지 인류문명이 가보지 못했던 길을 가고 있다.

따름

민중의 힘, 무력함과 가치 없음의
공감과 연대와 참여

14. 착한 사마리아 사람 비유

예수, 자화상을 그리다: 주류의 이데올로기에 맞서는 발칙한 사마리아 사람

25어떤 율법교사가 일어나 예수를 시험하여 이르되 선생님 내가 무엇을 하여야 영생을 얻으리이까 26예수께서 이르시되 율법에 무엇이라 기록되었으며 네가 어떻게 읽느냐 27대답하여 이르되 네 마음을 다하며 목숨을 다하며 힘을 다하며 뜻을 다하여 주 너의 하나님을 사랑하고 또한 네 이웃을 네 자신 같이 사랑하라 하였나이다 28예수께서 이르시되 네 대답이 옳도다 이를 행하라 그러면 살리라 하시니 29그 사람이 자기를 옳게 보이려고 예수께 여짜오되 그러면 내 이웃이 누구니이까 30예수께서 대답하여 이르시되 어떤 사람이 예루살렘에서 여리고로 내려가다가 강도를 만나매 강도들이 그 옷을 벗기고 때려 거의 죽은 것을 버리고 갔더라 31마침 한 제사장이 그 길로 내려가다가 그를 보고 피하여 지나가고 32또 이와 같이 한 레위인도 그 곳에 이르러 그를 보고 피하여 지나가되 33어떤 사마리아 사람은 여행하는 중 거기 이르러 그를 보고 불쌍히 여겨 34가까이 가서 기름과 포도주를 그 상처에 붓고 싸매고 자기 짐승에 태워 주막으로 데리고 가서 돌보아 주니라 35그 이튿날 그가 주막 주인에게 데나리온 둘을 내어 주며 이르되 이 사람을 돌보아 주라 비용이 더 들면 내가 돌아올 때에 갚으리라 하였으니 36네 생각에는 이 세 사람 중에 누가 강도 만난 자의 이웃이 되겠느냐—**누가복음 10장**

그런데 보라.

어떤 율법학자가 일어나 예수를 시험하여 말했다.

"선생님, 제가 무엇을 행해야 영원한 생명을 상속할 수 있겠습니까?"

그러자 예수께서 그에게 말했다.

"율법에 뭐라고 쓰여 있소? 당신은 어떻게 이해하시오?"

그가 대답하여 말했다.

"너는 너의 온 마음을 다하고, 너의 온 생生을 다하며, 너의 온힘을 다하여, 너의 하나님이신 주님을 사랑하라. 또한 '너의 이웃을 너 자신처럼 사랑하라'고 했습니다."

예수가 그에게 말했다.

"당신이 옳게 답했소. 그것을 행하시오. 그러면 당신이 살 것이오."

그런데 율법학자는 스스로 의로운 체 하고 싶어서 예수에게 말했다.

"그러면 제 이웃이 누구입니까?"

예수가 되받아서 말했다.

어떤 사람이 예루살렘으로부터 여리고로 내려가다가 강도들을 만났다. 강도들이 그를 벗기고 때려서 반쯤 죽여서 내버려 두고 갔다.

그때 마침 우연히 어떤 제사장이 그길로 내려오다가 강도만난 사람을 보고 피하여 지나갔다.

마찬가지로 어떤 레위인도 그곳에 가까이 이르러 와서 보고 피하여 지나갔다.

그러나 어떤 사마리아 사람은 길을 가다가 강도만난 사람에게로 와서 보고 그를 불쌍히 여겼다. 그리고 가까이 곁에 와서 올리브기름과 포도주를 붓고 강도만난 사람의 상처들을 싸맸다. 그런 후에 사마리아 사람이 강도만난 사람을 자기 가축에 태워 여관으로 데리고 가서 돌보아 주었다. 그 이튿날에 사마리아 사람이 두 데나리온을 꺼내서 여관주인에게 주면서 말했다.

"저 사람을 돌보아 주시오. 만일 얼마라도 비용이 더 들면, 내가 돌아올 때에 당신에게 갚겠소."

읽기-3

"당신은 이 세 사람 가운데 누가, 강도 만난 사람의 이웃일 거라고 생각하시오?"

그러자 율법학자가 말했다.

"강도만난 사람에게 자비를 베푼 사람입니다."

예수가 율법학자에게 말했다.

"가시오. 당신도 그렇게 하시오."

들어가는 말

수면제 모으던 철수씨, 지금은 어떻게 됐나?

6월 중순 초여름, 철수씨가^{가명}는 고개를 떨 구고 온갖 상념에 잠겨 대전역으로 가는 인도를 걸었다. 오늘이 디데이, 철수씨는 걸어가면서 수시로 주머니에 손을 넣어 비닐봉지에 담긴 수면제를 움켜쥐곤 했다. 철수씨는 역 앞 큰 도로를 건너 교외로 나가는 511번 시내버스를 탈 참이었다.

그런데 오늘따라 초여름 한낮 햇살이 너무나 따갑다. 철수씨는 어떨결에 역 앞 지하도로 들어가 지하철광장으로 내려섰다. 아무 생각 없이 무심코 지하철광장으로 내려온 그는 뚫어져라 한곳을 바라보았다. 철수씨가 눈길 주고 있는 곳에서는 여러 민간단체들의 활동들을 홍보하는 박람회가 열리고 있었다. 그때, 철수씨의 눈에 들어와 꽂힌 것은 '사회적협동조합 민생네트워크 새벽'^{이하 '새벽'}의 파산면책 무료상담 홍보포스터였다. 철수씨는 가던 발길을 돌려 집으로 돌아갔다. 이튼 날 아침, 뜬눈으로 밤을 새운 철수씨는 집을 나서자마자 새벽 상담센터의 문을 두드렸다. 철수씨는 상담센터 민생상담 활동가와 마주앉아 자신의 이야기를 털어놓았다.

철수씨는 어린 시절 수도권의 한 작은 도시에서 살았다. 그의 어린 시절은 불행하기 짝이 없었다. 일찍이 어린 나이였을 때 부모님이 이혼을 하셨고, 그는 홀어머니 품에서 외톨이로 자랐다. 그러다가 어머니가 재혼했다. 그러면서 철수씨는 의붓아버지네 집에서 의붓형제들과 함께 살아야 했다. 하지만 철수씨는 의붓아버지와 형제들 사이에서 애틋한 가족애를 느끼지 못했다. 또한 나이 차이가 많이 나는 의붓형제들은 그를 따돌리고 백안시했다.

그러던 중 철수씨가 중학생일 때, 어머니마저 돌아가셨다. 그는 어린 나이에 주변에서 아무런 피붙이도 찾아 볼 수 없는 천애고아가 되고 말

앉다. 그 무렵에 철수씨는 무작정 서울로 가출을 했다. 그러면서 의붓식구들과의 모든 가족관계가 단절되었고, 외톨이 삶을 살게 되었다. 그는 서울에서 이것저것 닥치는 대로 일용노동을 하며 생계를 꾸렸다. 가게 점원 노릇도 하고, 식당 잔심부름 일도 하며, 부평초처럼 떠도는 삶을 살았다. 그러다가 철수씨는 어깨 너머로 자동차정비 일을 배우게 되었다. 그 후 철수씨는 전국을 떠돌며 작은 카센터에서 일을 했다. 그렇게, 흘러 흘러서 부산까지 내려가게 되었는데, 다행히도 그는 부산에서 자동차정비공장의 정식직원으로 취업을 했다. 그는 자동차정비공장 차량도장 부서에서 전문적으로 차량도장 일을 하게 되었다.

그렇게 철수씨는 안정된 직장생활을 하면서 기술도 배우고 돈도 좀 모으게 되었다. 나아가 미래를 약속한 여자 친구도 만났다. 그러면서 90년대 중반에 이르러 철수씨는 자기 사업을 하기로 결심했다. 그는 그동안 모아 놓은 저축과 카드대출 등 여기저기서 작은 빚들을 내어 자동차도장 업체를 차렸다. 그러는 과정에서 그의 여자 친구도 삼천 여 만원을 투자했다.

철수씨는 부산지역의 작은 카센터를 돌며 영업을 했다. 그에게는 생전 처음해보는 영업활동이었지만, 그래도 그것은 자기 사업이었다. 철수씨는 나름대로 친절하고 진정성 있는 영업활동을 했고, 온 힘을 다 쏟아 사업을 했다. 그래서인지 그의 사업은 처음부터 잘 되었다. 오래지 않아 단골거래처가 생겨났고, 굳이 영업활동을 하지 않아도 일감이 몰려들었다.

그러나 그렇게 좋았던 시절은 잠시뿐이었다. 1997년 IMF 외환위기로 인한 경제 한파가 몰아치면서 철수씨의 사업은 휘청거릴 수밖에 없었다. 카센터 업계 관행상 외상거래가 많은 상황에서, 하루아침에 여러 거래처 카센터들이 문을 닫고 소식을 끊었다. 그 바람에 일감도 끊기고, 외상으로 깔아놓은 차량도장 대금도 떼이곤 했다. 그런 일들은 한 달, 두 달 시간이 가면서 점점 더 횟수가 늘어나고 손해도 걷잡을 수 없이 커졌다. 큰 밑천 없이 사업을 시작한 그는 더 이상 버티지 못하고 차량도장 사업을 접을 수밖에 없었다.

하지만 철수씨가 자동차 도장사업을 접고 남은 돈으로 빚을 정리하고 보니, 자신과 여자 친구의 투자금은 한 푼도 건지지 못했다. 그러는 과정에서 여자 친구와의 관계도 파국을 맞이하게 되었다. 마침내 여자 친구마저 그의 곁을 떠났다. 철수씨는 또다시 혈혈단신으로 전국을 떠도는 처지가 되고 말았다. 그길로 철수씨는 반 노숙생활을 하며 전국을 떠돌아 다녔다. 어쩌다 일용노동을 하기도 하고 구걸도 하며 생계를 꾸렸다. 그러는 와중에 그는 몇몇 중한 질환들을 앓게 되었다. 하지만 병원에 갈 엄두도 못 낸 채, 제때 치료 받아야 할 시기를 놓쳤다. 그러는 중에 그는 우연히 대전으로 와서 머물게 되었다.

그러던 어느 날, 철수씨는 길거리에서 쓰러졌다. 119 구조차량이 달려와서 철수씨를 대학병원 응급실로 실어가 입원을 시켰다. 그렇게 철수씨는 충남대학병원에서 수술 및 여러 가지 치료들을 받았다. 그런 와중에 1,000만 원이 넘는 병원비가 발생했고, 추후 계속 통원치료를 받아야만 했다. 철수씨는 급한 대로 신용카드 대출을 받아 병원비로 충당했다. 앞으로 몸이 나아지면 건축노동이라도 해서 카드빚을 메울 생각이었다.

하지만 철수씨의 질환은 몇 번의 수술과 오랜 병원치료에도 불구하고 별 차도가 없었다. 그러면서 그는 예전처럼 건축현장 노동 등 힘든 일용노동을 할 수 없게 되었고, 날이 갈수록 카드빚만 늘어났다. 철수씨는 당장의 생계마저 막막한 가운데 극심한 카드빚 독촉에 시달렸다. 그는 불안과 절망 속에서 하루하루를 견디는 가운데 정신질환까지 앓게 되었다.

도저히 살아갈 길을 찾지 못한 철수씨는 자살을 결심했다. 자살을 결심한 그는 두 달여 동안 병원과 약국을 드나들며 수면제를 모으기 시작했다. 그리고 마침내 충분한 수면제가 모아졌고, 자살을 결행할 날짜까지 잡았다. 그리고 바로 그날이 되어, 그는 511번 시내버스를 타고 미리 봐둔 교외 한적한 장소로 가려고 대전역 앞을 지나게 되었던 것이다. 그리고 그날 철수씨는 운명처럼 '새벽'의 상담활동 홍보부스를 발견하게 되었다.

다행스럽게도 수면제를 모으던 철수씨는 '새벽'의 상담을 통하여 먼저, 기초생활수급자 신청을 안내 받았다. 철수씨는 주민자치센터에 수급자신청을 하게 되었고 지자체의 실사를 거쳐 기초생활보장 수급자로 지정되었다. 또한 법원에 개인파산면책을 신청한 후 파산면책을 받았다. 현재, 철수씨는 어느 정도 건강을 회복했고 새로운 삶을 개척하고 있다.

> 우리시대의 금융자본경제 체제에서
> 개인파산·면책은 도덕적 해이의 문제가 아니라
> 인권이고 생존 권리이며 새로운 출발로써
> 사회·공동체경제 기술技術의 문제이다.

IMF이후, 금융자본경제 체제에서 기업은 생존이 걸린 상황에 처해 회생도 하고 파산도 한다. 우리는 법적 인격을 부여받은 기업들이 회생을 하거나 파산하는 것을 매우 당연하게 여긴다. 그럼에도 불구하고 왜, 살과 피를 가진 진짜사람은 삶과 죽음이 갈리는 상황에서 파산을 하거나 회생신청 하는 것을 도덕적 해이라고 욕할까? 살고 죽는 위기상황에서 아무런 길이 보이지 않아 자살로 생을 마감하는 사람들의 빚이 삼사 대 후손들에게까지 상속되는 것이 사회적으로 마땅한 일일까?

금융자본 경제 체제에서 경제활동을 하다 빚을 지게 되고, 파산에 이르게 되는 상황은 기업이나 개인이나 마찬가지이다. 아니, IMF 외환위기 이후 우리 사회의 가난한 서민들 일수록 국가경제 위기와 사회 환경변화의 어려움과 개인의 불행을 버텨내기가 더더욱 힘들다. IMF 외환위기 이후, 기업들의 일상적인 구조조정으로 인해 많은 사람들이 하루아침에 실업자가 되거나 하루벌이 노동자로 전락한다. 그들 중 일부는 영세 자영업자가 되어 거대기업 상권과 피 터지는 생존경쟁에 내몰린다. 이렇게 소득과 경제상황의 양극화상황 속에서 가난한 사람들이 IMF와 같은 사회·경제위기를 만나면 속절없이 파산에 이르게 된다.

이것은 개인의 도덕적 문제이거나 개인의 무능력만의 문제가 아니다. 21세기 독점금융자본이 불러들이는 지구촌 금융위기 속에서 수많은 기업들의 파산이 사회적 문제로 인식되는 것처럼, 개인의 파산상황 역시 사회적 책임의 문제이다. 감당할 수 없는 빚더미에 치여 절망과 고통의 나락에서 허덕이는 개인채무자에게 공권력과 사법권을 동원하여 빚을 갚으라고 강요하는 것이야말로 가장 비열하고 비도덕적인 행위이다.

이끄는 말

'착한 사마리아 사람 비유'는 예수의 비유이야기 가운데 가장 널리 알려져 있는 이야기이다. 인터넷에서 '착한 사마리아 사람'을 검색하면 줄줄이 이와 관련한 이야기들이 딸려 나온다. 하나같이 착한 사마리아 사람의 착한행실을 본받자는 이야기이다. 한마디로 착한 사마리아 사람 비유는 교회에서나, 세상 속에서나 이웃사랑의 아주 좋은 예화이다. 나아가 주류사회 언론들은 때마다 착한 사마리아 사람에 비교될 만한 사회·정치적 의인·영웅들을 찾아내어 그들의 용감하고 착한 행동들을 선전선동 한다. 왜냐하면, 내세울 것 없는 평범한 이들이 '의롭고 영웅적인 행동을 용감무쌍하게 실천해내는 이야기들'은 모든 사람들에게 가슴 뭉클한 감동을 선물하기 때문이다. 이렇듯이, 우리시대의 착한 사마리아 사람 이야기야말로 모든 이들에게 매우 감동적이고 훌륭한 삶의 예화가 된다.

그렇다면 예수도 그 시대의 주류사회의 이야기꾼들처럼 사회·정치적 의인·영웅으로 착한 사마리아 사람을 소개한 것일까? 예수는 진짜로 유대 종교·사회의 이웃사랑의 예화로 '착한 사마리아 사람 비유'를 이야기했을까? 물론, 예수는 지중해 세계의 수많은 제국주의 의인·영웅이야기들을 마음속에 헤아리며 착한 사마리아 사람 비유이야기를 하지는 않았을 것이다. 마찬가지로 지중해 세계의 손꼽을 만한 종교들과 예루살렘 성전제사종교에 이르기까지 무슨 종교적 자비와 선행으로, 영성에 대한 본보기로 비유를 이야기하지도 않았을 것이다. 왜냐하면, 본문비유의 등장인물들과 사건과 이야기의 흐름으로 보아 비유의 유대인 청중들이 예수의 비유이야기에 전혀 감동하지 않았을 것이기 때문이다. 감동보다는 도리어 커다란 반발을 불러 왔을 것이 빤하기 때문이다. 예수의 착한 사마리아 사람 비유는 어떤 경우에서라도 유대인 청중들에게 전혀 감동을 줄 수 없는 이야기이다.

무엇보다 의심할 여지 없이 예수 스스로가 '착한 사마리아 사람 비유'에 대한 유대인 청중들의 분노와 반발, 시끄러운 따짐을 충분히 예상했으리라. 그럼에도 불구하고 예수가 착한 사마리아 사람 비유를 이야기해야 만 했던 이유는 무엇이었을까? 아마도 그것은 강도만난 사람의 처참한 상황을 통하여 약탈과 착취와 폭력이 마구잡이로 벌어지는 로마제국 지배체제에 대한 대안세상, 예수의 하나님나라 복음운동의 진실을 증언하려는 것 아니었을까? 또한 로마제국 지배체제에 기생하여 종교·사회 기득권을 누려온 예루살렘 성전제사종교체제의 배제와 차별을 트집 잡고 꾸짖으려는 것이 아니었을까? 나아가 비유의 유대인 청중들에게 로마제국 지배체제와 예루살렘 성전제사종교에 맞서는 새로운 하나님나라 복음운동을 제안하는 것이 아니었을까? 그럼으로써, 예수는 비유이야기를 통하여 '하나님나라 복음운동에 대한 증언, 주류세상 지배체제에 대한 꾸짖음, 주류세상 지배이데올로기에 맞서는 대안세상 제안'으로써 예수 스스로의 자화상을 그려내려고 하지 않았을까?

그러므로 21세기 독자들은 예수의 착한 사마리아 사람 비유를 읽고 해석할 때 '비유 이야기꾼 예수, 강도만난 사람, 강도만난 사람을 지나쳐가는 제사장과 레위인, 강도만난 사람을 불쌍히 여기는 사마리아 사람 등' 예수의 비유의 등장인물들 사이에서 분노하고, 반발하며, 시끄럽게 떠들어 댔을 '유대인 청중들의 감정과 생각들'을 헤아려야 한다. 비유의 강도만난 사람의 상황과 비유의 청중들의 분노와 반발과 시끄럽게 떠드는 외침을 넉넉히 상상하고, 듣고, 이해할 필요가 있다. 이와 관련하여 여기서는 비유의 숨겨진 신앙은유 찾기 제목으로 '예수, 자화상을 그리다. 강도 만난 사람을 통하여 주류세상 지배이데올로기에 맞서는 발칙한 사마리아 사람'이라고 정했다.

그럼에도 불구하고, 예수의 착한 사마리아 사람비유는 누가복음 저자에 의해 아주 자연스러운 '이웃 사랑 본보기 예화'로 꾸며지고 쓰여 졌다. 성서학자들은 본문비유를 누가 자신만의 특수한 문서자료로부터 옮겨온 것이라고 한다. 누가복음 저자는 자신의 신앙의지에 따라 본문비유를 '예수의 사랑의 이중계명 가르침'단락 안에서 '이웃사랑 본보기 예화'로 사용했다. 나아가 초대교회와 서구 중세교회는 본문비유를 종말론적 메시아 재림신앙 알레고리로 읽고 확대해석하는 일에 몰두해 왔다. 따라서 이제, 21세기 독자들로서는 예수의 착한 사마리아 사람 비유이야기를 예수의 입말 그대로 되살려 내기가 매우 어렵게 되었다. 그러므로 어쩔 수 없이 21세기 독자들은 누가복음 저자의 착한 사마리아 사람 비유를 있는 그대로 읽고, 해석하며, 비유의 참 뜻을 찾아 나설 수밖에 없으리라.

그러할 때, 착한 사마리아 사람비유는 누가복음 신앙공동체와 초대교회의 이웃사랑 본보기 예화로서 독자들에게 다음과 같은 세 가지 질문을 던진다. 첫 번째는 본문 읽기-1에서 율법사가 예수에게 던지는 질문, '선생님, 제가 무엇을 행해야 영원한 생명을 상속할 수 있겠습니까' 이다. 누가복음 저자는 '어떤 율법사가 자신의 율법지식과 신학사상으로 예수를 시험하면서 자신을 뽐내려고 이 질문을 던졌다'고 한다. 물론, 율법사 내심으로는 이 질문의 정답을 가지고 있었을 것이다. 그것은 바로 유대인으로써 율법을 철저히 지키고 따르며, 언제나 정결하고 의로운 생활을 유지하는 것이다. 그래서 장차 임할 하나님의 날에, 또는 메시아의 날에 모든 죄인들이 심판받고 멸망 받는 가운데 스스로 영광스럽고 영원한 하나님나라에 영접되는 것이다. 이것이야말로 율법사로 대표되는 예루살렘 성전제사종교의 정통신앙이고, 무한한 자부심이며, 자랑이었다.

그래서 도리어, 예수는 율법사의 첫 번째 질문을 통하여 '사랑의 이중 계명'을 가르쳐야만 했다. 그것은 바로 '하나님을 사랑하고 또한 이웃을 내 몸처럼 사랑하는 것'이다. 누구든 하나님을 사랑한다면, 자신의 이웃도 내 몸처럼 사랑해야 한다. 하나님을 사랑한다고 하면서 이웃을 사랑하지 않는다면, 그것은 진실한 하나님사랑이 아니다. 그러므로 하나님에 대한 사랑 없이 이웃을 사랑할 수 없다. 마찬가지로, 이웃에 대한 사랑 없이 하나님을 사랑한다고 말할 수 없다. 하나님 사랑과 이웃 사랑은 하나다. 사람의 하나님에 대한 사랑은 추상적이며 개인적인 신앙독백이 아니다. 사람의 하나님에 대한 사랑은 반드시 이웃에 대한 사랑으로 실천되고 증명되어 져야만 한다. 그래야만 그 정당성을 인정받을 수 있다.

그러므로 여기서, 예수가 가르친 사랑의 이중계명은 교회의 겉모습을 꾸미거나 바깥세상에 교회의 행태를 자랑하는 수단이 아니다. 또한 교회가 갖추어야 할 사회정의와 윤리도덕의 문제만도 아니다. 예수가 가르친 사랑의 이중계명은 교회가 바깥세상을 위해 몸으로 봉사하고 물질을 나누는 것만으로 끝나지 않는다. 도리어 그것은 생명의 문제이다. 바로 우리 자신과 교회와 우리의 이웃들의 생명과 구원, 삶의 해방과 자유, 평등과 평화의 문제인 것이다. 그러기에 예수는 본문 '읽기-1'에서 사랑의 이중계명을 입으로만 외워대는 율법사에게 이렇게 선언한다.

"당신이 옳게 답했소. 그것을 행하시오. 그러면 당신이 살 것이오."

예수의 이 선언을 표현한 헬라어 문장은 '이중 명령형' 혹은 '조건 명령형'이라고 한다. "~ 해라. 그래야만 ~ 할 것이다."

이렇듯이, 교회가 이웃사랑을 반드시 실천해야 할 이유는 그것이 바로 하나님에 대한 우리의 사랑의 증거이기 때문이다. 참으로, 예수 신앙인으로써 우리의 이웃 사랑은 '하나님의 무한한 사랑에 대한 우리의 자신의 신앙체험'이 먼저다. 그래야만 온전한 하나님 사랑과 참된 이웃 사랑을 할 수 있게 되는 것이다. 그 사랑 안에 우리 자신과 교회와 모든 신앙인들의 생명길이 있다. 우리 이웃들의 생명길이 있다. 참으로 그 사랑 안에 우리 모두의 영원한 생명의 길이 있다.

이때 본문 '읽기-1' 끝머리에서 율법사는 퉁명스럽게 두 번째 질문을 한다.

"그러면 제 이웃이 누구입니까?"

실제로 우리가 섬기고, 사랑을 나누어야 할 이웃이 누구일까? 우리가 참마음으로 사랑하는 이는 늙으신 부모인가? 아니, 솔직히 말하면 부모보다는 자식들을 더 사랑하지 않을까? 아무랬거나, 우리는 가족을 사랑한다. 또한 친족들이나 친척들을 사랑한다. 만약 우리가 조금 더 나아갈 수 있다면, 나와 같은 교회를 다니는 교우들에게 관심을 갖거나, 그분들을 사랑하고 섬길 수 있을 것이다. 더 나아가서, 마을 사람, 같은 직장 동료, 같은 학교 동창 등, 자주 만나고 나에게 도움이 되는 사람들에게 관심을 갖게 되고 그들을 좋아 할 수도 있을 것이다.

이와 관련하여 '율법사는 스스로 의로운 체 하고 싶어서 이 질문을 했다'고 한다. 사실, 예수시대의 율법사들은 바리새파 출신으로써 유대인들 가운데서 뛰어나게 경건한 사람들이었다. 그들은 철두철미하게 율법대로 살았다. 매일 세 차례 기도하고, 일주일에 두 번씩 금식했다. 안식일을 온전하게 지키고 온갖 절기를 지켰다. 십일조와 또 매 삼 년마다

구제의 십일조를 드렸다. 따라서 그들은 스스로도 의롭다고 생각했으며, 사람들로부터 의롭다고 구별되어 존경받는 사람들이었다. 그들은 예수처럼 죄인이나 세리나 창녀, 이방인들과 사마리아 사람들과는 상종하지도 않고 가까이하지도 않았다. 그들은 자칭, 타칭 거룩하게 구별된 하나님의 사람들이었다.

그러므로 당연히, 율법사와 그 율법사의 이웃들은 거룩하고 의로운 사람들뿐이었다. 그렇게 자랑스러운 이웃들이 많았기에, 율법사는 죄인과 세리와 창녀와 가난한 자와 힘없는 자들의 친구임을 내세우는 예수에게 으스대며 질문한다.

"그러면 제 이웃이 누구입니까?"

누가복음 저자는 이 율법사의 두 번째 질문에 대한 답으로 '예수가 착한 사마리아 사람 예화를 이야기하는 것처럼' 본문 읽기–2를 꾸며놓았다.

물론, 예수는 착한 사마리아 사람 비유를 '율법사의 두 번째 질문에 답하는 이웃사랑의 본보기 예화'로 이야기하지 않았을 것이다. 예수는 비유의 강도만난 사람의 상황과 그 상황에 대응하는 등장인물들의 행태를 통하여 로마제국과 예루살렘 성전제사종교에 맞서는 대안세상 행동양식을 제안하려고 했을 것이다. 따라서 예수는 비유의 강도만난 사람의 처참한 상황을 통하여 로마제국 지배체제 안에서 매일매일 되풀이되는 민중들의 삶의 고통과 절망을 까발린다. 더불어 강도만난 사람의 상황을 피해가는 제사장과 레위인의 행태를 통하여 로마제국에 기생하는 예루살렘 성전제사종교 체제의 거짓 정의와 거짓 이웃사랑을 낱낱이 꼬집어 들춰낸다. 나아가 예루살렘 성전제사종교에 매여 자기 양심에 벗어난 삶을 사는 유대인 청중들에게 로마제국과 예루살렘 성전제사 종교

체제에 맞서는 대안세상, 새로운 신앙과 삶의 가치관을 제안한다. 이제 이러한 예수의 착한 사마리아 사람비유 안에 숨겨진 신앙은유를 헤아리며 더 자세히 비유를 읽어보자.

"예수가 되받아서 말했다. 어떤 사람이 예루살렘으로부터 여리고로 내려가다가 강도들을 만났다. 강도들이 그를 벗기고 때려서 반쯤 죽여 내버려 두고 갔다."

여기서 예수의 비유이야기는 너무도 생생하고 현실적이다. 예수의 비유의 문맥에 맞게 강도만난 사람의 상황을 풀어서 새기면 이렇다.

"어떤 사람이 강도들의 손아귀에 떨어졌다. 강도들은 그를 에워싸고 그 사람이 가진 모든 것을 몽땅 **빼앗았다**. 그리고 그를 마구 때렸다. 그래서 그 사람이 반쯤 죽게 되자 그냥 버려두고 가버렸다."

이렇듯이, 예수의 비유가 이웃사랑 본보기 예화가 아니라고 한다면, 초대교회의 종말론적 메시아 재림신앙 알레고리 해석을 거부한다면, 비유의 강도만난 사람의 처참한 상황은 마땅히 예수시대의 유대 민중들의 삶의 상황에 대한 현실은유이다. 예수시대의 유대 민중들은 로마제국 식민지 주민으로써 당연히 로마제국 지배체제로부터 약탈과 착취와 억압을 당해왔다. 실제로, 예수 자신의 목숨이 왔다 갔다 할 만큼 큰 위기 상황에 **빠졌던** 마가복음 12장에서의 '카이사르에게 바치는 세금논쟁'이야말로 유대 민중들이 당하는 삶의 고통에 대한 현실증언이다.

이와 관련하여 로마제국 역사학자 타키투스는 예루살렘의 완전한 멸망을 가져온 AD 70년 예루살렘전쟁의 직접적인 원인이 '납세거부'였다고 한다. 그뿐만 아니라 예수시대의 유대 민중들은 예루살렘 성전제사 종교로부터 수많은 약탈과 착취와 억압을 당해 왔다. 십일조와 성전세, 예루살렘 성전제사에 바쳐지는 무수한 제물들, 이것들은 예루살렘 종교 엘리트들이 유대 민중들의 삶을 약탈하고 착취하며 억압하는 도구들이다. 심지어 유대 고대역사학자 요세푸스에 의하면 '사제들이 자기 종들을 동원하여 농부들의 타작마당에서 십일조를 강제징수 했다'고 한다. 그러므로 본문비유의 강도만난 사람의 처참한 상황은 청중들과 독자들에게 로마제국과 거기에 기생하는 예루살렘 성전제사종교에 맞서는 대안세상, 예수의 하나님나라 복음운동에 대한 선전선동이다.

이제 비유의 실제상황 속으로 가보자. 예루살렘으로부터 여리고까지 거리는 대략 25km라고 하는데, 이 길은 매우 위험한 길이었다. 이 여리고 길은 높은 고지대에 있는 예루살렘에서 낮은 요단강가에 자리 잡은 여리고를 향한 내리막길이다. 이 길의 한쪽 언덕에는 수많은 석회암 동굴이 있어서, 그곳에서 강도들이 숨어 쉬면서, 강도질 할 대상을 기다릴 수 있었다. 본문비유에서는 누구인지 알 수 없는 사람이 이 길을 지나다가 강도를 만난 상황을 그리고 있다.

그런데 여기서 유대인 청중들은 실제 경험으로부터 오는 의문을 가졌으리라. 도대체 비유에서 여리고 길로 내려가다가 강도를 만난 사람은 누구일까? 유대인이었을까, 아니면 이방인이었을까? 강도를 만난 사람은 왜, 미련하게 혼자서 여리고 길에 나서게 되었을까? 여리고 길은 매우 위험하기는 하지만 유대인들이 자주 다닐 수밖에 없는 길이다. 왜냐하면, 유대인들이 사마리아 지역을 거쳐서 여행하는 것을 매우 싫어했기 때문이다. 그래서 대다수의 유대인들은 여리고 길로 내려가 요단강 골짜기를 따라 갈릴리로 여행을 했다. 또한 더 멀리 다메섹으로까지 여행을 다녔다. 그러나 물론, 예수는 아무런 거리낌도 없이 사마리아 지역을 통하여 예루살렘을 방문하곤 했다.

따라서 예수의 비유의 청중들은 속으로 '유대인이라면 혼자서 여리

고 길로 내려가다가 강도를 당하는 어리석은 행동을 하지는 않았겠지'
라고 생각했을 것이다. 그러면서 청중들은 비유의 등장인물들과 잇따
르는 사건상황이 주는 충격 속에서 강도만난 사람이 유대인 인지, 이
방인 인지, 끝까지 궁금증을 버리지 못했으리라. 나아가 만약, 본문 읽
기-2가 율법사의 두 번째 질문에 답하는 '예수의 이웃사랑에 대한 본보
기 예화'라고 한다면, 더욱 더 그랬을 것이다. 왜냐하면, 유대인 종교·
사회공동체 이웃관계에는 너무도 뚜렷한 계급위치가 있었기 때문이다.
'제사장 → 레위인 → 완전한 이스라엘 사람' 오로지 이들 집단만이 온
전한 유대 종교·사회공동체로써 참된 이웃관계를 맺을 수 있고, 올바른
혈연관계를 만들어 갈 수 있었다. 이들 집단 바깥에 있는 사람들은 이웃
으로써의 자격이 애매한 사람들이다. 따라서 만약 비유의 강도만난 사
람이 유대인이 아닌 이방인이라면, 예수의 비유이야기는 유대인 청중들
을 일부러 모욕하고 화나게 하는 것이었으리라.

　　그러나 예수는 비유에서 이러한 유대인 청중들의 의문에 아무런 답
도 하지 않는다. 그러면서 예수는 재빠르게 비유의 청중들이 도저히 이
해하거나, 동의할 수 없으며, 받아들이기 어려운 이상야릇한 사건상황
으로 비유 이야기를 이끌어간다. 아마도, 예수는 비유의 강도 만난 사
람의 정체성을 일부러 흐리멍덩하게 했을 것이다. 왜냐하면, 예수가 '그
러면 제 이웃이 누구입니까'라고 윽박지르듯 질문하는 율법사에게, 또
한 유대인 청중들에게 '온전한 유대인 종교·사회공동체의 이웃관계'에
대해 대놓고 트집을 잡으며 조롱하려고 하기 때문이다.

　　실제로 유대 종교·사회 이데올로기 속에서 율법사와 어울릴만한 이
웃은 사제와 레위인과 완전한 이스라엘사람들 뿐이다. 그들은 고아와
과부와 가난한 자와 병든 자와 죄인과 창녀와 사마리아인과 이방인과

는 완전히 구별된 온전한 유대인들이다. 율법사에게 있어서 예수의 친구들은 그저 적당히 선행이나 베풀고 외면해야 할 대상이지 결코, 이웃이 될 수는 없는 존재들이다. 이에 대하여 예수는 비유의 강도만난 사람의 정체성을 흐리멍덩하게 함으로써, 예수 자신에 대한 유대종교·사회 지배체제의 이미지를 비유의 강도만난 사람의 흐리멍덩한 정체성 안에 던져 넣어 드러낸다. 그럼으로써 예수는 비유의 유대인 청중들에게 강도만난 사람의 흐리멍덩한 정체성과 더불어 예수의 복음운동 공동체 군상에 대한 낯설음과 따돌림과 터부의 감정을 불러일으킨다. 이렇듯이, 예수는 율법사나 유대인 청중들이 생각하는 이웃관계와 철저하게 맞서며 이를 정면으로 부정한다. 나아가 예수는 아예 강도만난 사람의 정체성을 밝히지도 않은 채, 강도만난 사람의 참혹한 상황에 대응하는 '유대인 종교·사회 이웃관계'의 차별과 배타성을 공격한다. '강도를 만나서 죽어 가는 사람의 참혹한 상황을 통하여 비유의 유대인 청중들의 끼리끼리 이웃사랑 행태를 꼬집고 나무란다.

이와 관련하여 본문비유에서 강도 만난 사람의 곁으로 제일 먼저 다가오는 사람은 예루살렘 성전제사종교 체제의 제사장이다. 제사장은 유대 종교·사회공동체 계급관계의 꼭대기이다. 유대인들의 종교성과 거룩함의 상징으로써 아주 특별히 구별된 사람이다. 그가 예루살렘 성전제사를 주관하는 제사장이기 때문이다. 그런데 본문비유에서 제사장은 강도 만난 사람을 못 본 체 멀찍이 피해서 지나간다. 제사장의 이러한 행동은 율법사나 유대인 청중들의 입장에서 보면 당연한 것일 수 있다. 왜냐하면, 제사장은 사람이나 들짐승이나 그 시체를 만지면 안 되기 때문이다. 실제로, 제사장 성결법에 의하면 제사장은 죽은 시체에 4 큐빗2.2m 이내로 접근하면 부정을 탄다. 또한 제사장의 그림자가 시체를 덮기만 해도 부정을 탄다. 혹여 바위나 나무그림자가 시체를 덮고 있을 경우 그 그림자 안으로 들어서기만 해도 부정을 탄다.

이와 관련하여 예수는 비유에서 '강도들이 그 사람을 벗기고 반쯤 죽여 놓고 갔다'고 이야기 한다. 하지만 강도 만난 사람이 죽었는지 살았는지 모르는 가운데 제사장이 그를 돌봐주는 동안에 그가 죽을 지도 모르는 일이다. 그렇게 된다면 제사장은 부정을 타게 되고, 그 부정함을 씻는 기간 동안 제사장 직무를 수행 할 수 없다. 따라서 제사장은 유대인 종교·사회공동체의 정결의무를 저버린 불의한 제사장이 되고 만다. 또 한편으로 비유의 청중들은 이렇게 의심해 볼 수도 있을 것이다. 혹시, 강도들이 또 다른 사람을 강도질 하려고 그 사람을 미끼로 남겨놓고 간 것이 아닐까? 제사장이 그 강도 만난 사람을 불쌍히 여겨 주변에서 머뭇거리다가는 제사장조차 제 2의 강도만난 사람이 될지도 모를 일이다. 만약, 그런 사건이 벌어진다면 유대 종교·사회공동체 안에서 정말 큰 일이 되고 말 것이다.

따라서 비유의 강도만난 사람의 처참한 상황을 대하는 제사장의 행태는 예루살렘 성전제사종교체제에 대한 현실은유이다. 예수는 비유의 강도 만난 사람을 대하는 제사장의 행태를 통하여 예루살렘 성전제사종교의 성결법을 조롱한다. 배타적이고 퇴행적인 종교규범으로 인해 사람이 사람다움을 외면하는 것이 마땅한 일인가? 예수는 예루살렘 성전제사종교를 상징하는 제사장의 행태를 통하여 예루살렘 종교·사회공동체의 헛된 종교율법과 종교윤리를 조롱한다. 하나님이 사람에게 주신 불쌍히 여기는 마음, 사람 본연의 양심을 저버리는 예루살렘 성전제사종교를 매섭고 세차게 꾸짖는다. 그렇더라도, 예수의 비유의 청중들은 아직 예수의 비유의 뜻을 헤아리거나 이해하지 못했을 것이다. 도리어 강도만난 사람의 흐리멍덩한 정체성과 더불어 비유이야기를 이끌어 가는 예수의 태도에 대해 의심하고 분노하며 불평불만만 거세게 일었을 것이다.

두 번째로 강도 만난 사람의 곁을 지나간 사람도 레위인 이다. 레위인 역시 유대인 종교·사회공동체 계급관계의 높은 위치에 있는 인물이다. 그들은 예루살렘 성전에서 일하도록 선택받은 가문이고, 그들 가운데서 제사장이 나오기 때문이다. 그들도 마땅히 예루살렘 성전제사종교 율법과 제사법에 따라 정결한 생활을 할 의무가 있는 사람들이다. 그래서인지 레위인도 제사장과 다를 바 없이 강도만난 사람의 곁을 멀찍이 피해서 달아나고 만다.

이쯤에서 예수의 비유를 듣고 있던 유대인 청중들의 속마음은 어떠했을까? 예수의 비유이야기의 흐름과 사건진행 상황으로 보아 비유의 유대인 청중들의 마음에는 불평불만이 가득했을 것이다.

"하나님의 거룩한 제사장을 저렇게 불의한 사람으로 만들다니, 그리고 레위인까지 …."

그러면서 그들의 불편한 마음을 씻어줄 세 번째 인물의 등장을 잔뜩 기대했을 것이다. 그렇다면, 비유의 청중들은 세 번째 강도만난 사람의 곁을 지나가는 사람으로 누가 등장해야 한다고 생각했을까? 당연히 어떤 착한 유대인이다. 예수의 비유를 듣고 있던 유대인 청중들은 다음 등장인물이야말로 마땅히 '어떤 착한 유대인이어야 한다'고 생각했을 것이다. 또한 세 번째 등장인물이 어떤 착한 유대인이라면 비유의 강도만난 사람의 흐리멍덩한 정체성과 더불어 거반 죽어가는 그의 생존문제마저도 그리 큰 일은 아닐 것이다. 그리고 마침내 그 착한 유대인이 와서 비유의 강도만난 사람을 돌보고 치료해 준다면, 율법사와 유대인 청중들은 그나마 마음의 위안을 얻게 될 터였다.

그러나 예수는 비유의 청중들의 이러한 열망을 철저하게 짓밟는다. 그러면서 예수는 놀랍게도 세 번째 등장인물로 사마리아 사람을 내세운다. 어떤 착한 유대인 대신에 유대인들이 사람으로 여기지도 않는, 짐승만도 못하게 생각하는 사마리아 사람을 등장시킨다. 이런 어처구니 없는 일이 있을 수 있단 말인가? 율법사와 유대인 청중들은 할 말을 잃었을 것이다. 더군다나 그 사마리아 사람은 앞서 등장한 제사장이나 레위인처럼 강도 만난 사람을 못 본체 지나치지 않는다. 도리어 사마리아 사람은 그 강도 만난 사람을 불쌍히 여기고, 가까이 와서, 상처에 포도주를 붓고 올리브기름을 바른 후 그 상처를 싸맸다. 그런 후에 자기 짐승에 태우고 주막으로 데려가서 돌봐주었다. 이튿날 사마리아 사람은 주막 주인에게 두 데나리온을 주고, 강도 만난 사람을 돌보아 줄 것을 부탁한다. 그리고 경비가 더 들면 돌아올 때 갚아주겠다고 약속까지 한다.

여기서, 비유의 강도만난 사람의 처참한 상황에 대응하는 사마리아 사람의 행동은 예수의 하나님나라 복음공동체에 대한 현실은유이다. 이와 관련하여 '불쌍히 여겼다'라는 표현은 신약성서 헬라어로 '스플랑크니조마이'라고 한다. 이 헬라어 동사를 우리말로 실감 나게 옮기면 '애간장이 타다'이다. 신약성서에서 이 헬라어 동사는 의례적으로 '삶의 고난과 절망 속에서 죽어 가는 사람들을 향한 예수의 뜨거운 사랑의 마음'을 나타내는 동사이다. 예수는 비유에서 '강도만난 사람의 처참한 상황에 대한 사마리아 사람의 뜨거운 사랑의 마음'을 자신과 하나로 여긴다. 그럼으로써 유대 종교·사회 공동체의 차별적이고 배타적이며 퇴행적인 종교규범에 맞선다. 이러한 예수의 이웃사랑 앞에서는 율법도, 제사의 규칙도, 세상의 모든 종교적 가치도, 체면도 다 쓸데없는 것이다.

그렇다면 예수는 왜, 이렇게 비유이야기를 이끌어 갈까? 사실, 예루살렘 성전제사종교의 반 야훼신앙 폐해는 예루살렘 성전제사종교 엘리트 기득권세력만의 문제는 아니다. 반 야훼신앙 폐해는 '죄와 벌, 성전제사와 죄 사함'이라는 '예루살렘 성전제사종교 이데올로기'에 매여 사는 유대 민중들의 삶의 문제이기도 하다. 예수는 비유에서 유대 종교·사회 공동체의 배타적이고 차별적이며 퇴행적인 종교율법과 거기에 휩쓸리는 유대 민중들의 삶의 행태를 꾸짖는다. 예루살렘 성전제사종교 체제의 반 야훼신앙 종교이데올로기에 찌들어 사는 예루살렘 군중들, 비유의 청중들, 그리고 독자들에게, 예수는 '야훼신앙 하나님나라 복음운동' 은유를 철저히 밝혀서 낱낱이 드러내려고 한다. 그 점에서 비록, 본문비유가 누가복음 저자에 의해 아주 자연스럽게 이웃사랑 본보기 예화로 꾸며졌지만, 예수의 비유의 육성을 아주 말끔히 지워내지는 못한다.

그렇다면 직접 예수의 비유이야기를 듣는 유대인 청중들의 반응은 어떠했을까? 너무도 어이가 없고, 실망스러우며, 놀라운 일이라서 할 말을 잃었을 것이다. 예수의 무차별적인 이웃사랑이 터무니없는 것이라고 생각했을 것이다. 물론, 예수에게 이끌린 일부 청중들은 예수의 무차별적인 이웃사랑 앞에서 예루살렘 성전제사종교의 율법과 규범과 가치들이 속절없이 무너져 내리는 허탈감을 맛보았을 수도 있다. 그러나 비유의 대다수 청중들은 이야기꾼 예수를 향하여 분노하고, 반발하며, 시끄럽게 항의 했을 것이다.

"어떻게 저 짐승만도 못한 사마리아 사람이 제사장과 레위인과 유대인을 제칠 수 있단 말이오? 저 짐승만도 못한 사마리아 사람에게 저런 착한 일을 맡기는 것이 옳소?"

예수의 비유의 청중들은 끝끝내 예수의 비유 이야기를 옳다고 인정하며 받아들이지 않았을 것이다.

그렇게 여기서, 예수의 착한 사마리아 사람 비유이야기는 유대인 청중들의 마음에 온갖 불평불만과 찜찜함만 남긴 채 끝을 맺었을 것이다. 그러나 유대인 청중들의 마음에 남은 온갖 불평과 그 찜찜함이야말로 예수가 바라던 착한 사마리아 사람 비유의 핵심 신앙은유이다.

"강도 만난 사람의 처참한 상황과 흐리멍텅한 정체성, 예루살렘 성전 제사종교의 정의롭지 못함을 증언하는 제사장과 레위인의 비인간적인 행태, 거기에 맞서는 발칙한 사마리아사람의 착하디 착한 행동들, 비유의 등장인물들과 사건의 상황과 비유이야기의 흐름에 대해 분노하고 반발하며 거칠게 항의하는 유대인 청중들."

이 모든 갈등과 불협화음과 찜찜함 속에 '강도만난 사람을 불쌍히 여기는 마음, 로마제국과 유대 종교·사회 지배이데올로기인 차별과 배제에 맞서는 사마리아사람의 발칙한 삶의 태도, 발칙한 삶의 가치관'에 대한 신앙은유가 숨겨져 있다.

그럼에도 불구하고, 여기서는 누가복음 저자가 꾸며놓은 초대교회의 '이웃 사랑 본보기 예화'로써 본문비유를 끝까지 읽어나가기로 한다. 이제, 본문 '읽기-3'에서 예수는 자신과 자신의 이웃들의 의로움과 거룩함을 뽐내려고, '그러면 제 이웃이 누구입니까'라고 으스대던 율법사에게, 천둥 같은 세 번째 질문을 들이댄다.

"당신은 이 세 사람 가운데 누가, 강도 만난 사람의 이웃일 거라고 생각하시오?"

자신과 자신의 이웃들의 의로움을 뽐내며 끼리끼리의 사귐과 선행을 자랑하고픈 율법사에게, 도리어 예수는 이 강도 만난 사람을 위하여 '누가 그의 이웃이 되어 주겠느냐'라고 되묻고 있는 것이다.

실제로 21세기 우리시대의 신자유주의 금융자본경제에서, 세상은 온통 강도 만난 사람들뿐이다. 우리시대의 정치·경제·사회의 모든 분야의 꼭지에는 맘몬·자본이 있다. 21세기 우리시대의 사탄인 맘몬·자본이 사람들의 매일 매일의 삶과 생각과 마음을 짓 눌러 온갖 상처를 입히고 죽을 수밖에 없도록 만들어 놓았다. 어떤 사람은 맘몬·자본의 탄압을 받아 감옥에 간다. 어떤 이는 굶주림을 당한다. 어떤 이는 위중한 질병치료를 포기한다. 또 다른 누구는 맘몬·자본의 유혹을 받아 영혼과 육체가 피폐해 진다.

"그러니 오늘 누가, 우리시대의 강도 만난 사람의 이웃이 되어주시겠습니까?"

맺는 말

참으로, 예수는 착한 사마리아 사람 비유에서 자신과 사마리아 사람을 동일시했을까? 만약, 본문비유를 초대교회의 종말론적 메시아 재림신앙 알레고리로 읽고 해석하려는 의도가 아니라면, 예수와 착한 사마리아 사람은 자연스럽게 하나가 될 수 있을 것이다. 그것은 본문비유를 누가복음저자의 이웃사랑 본보기 예화로 읽고 해석해도 마찬가지이다. 예수는 언제나 비유의 착한 사마리아 사람처럼, 죽임·전쟁·피흘림의 로마제국 지배체제와 거기에 기생하는 예루살렘 성전제사종교에 맞서는 발칙한 신앙인이었다. 스스로 하나님나라 복음운동의 발칙한 신앙과 삶을 살았으며, 자기 제자들에게도 발칙한 신앙과 삶의 가치관을 가르쳤다. 그러므로 예수의 착한 사마리아 사람 비유의 숨겨진 은유는 '비유 이야기꾼인 예수 자신'이다.

이와 관련하여 예수는 요한복음 13장에서 십자가를 지기 바로 전 최후의 만찬에서 손수 제자들의 발을 씻기며 말했다.

"너희는 서로 사랑하라 너희가 서로 사랑하면 모든 사람이 너희가 내 제자인줄 알리라."

이천년 기독교역사 속에서 수많은 교회들이 본문비유를 '하나님사랑과 이웃사랑을 강조하는 예수의 사랑의 이중계명' 가르침 속에서 '이웃사랑 본보기 예화'로 읽고 해석해 왔다. 그렇게라도 읽혀서, 착한 사마리아 사람 비유가 우리시대의 교회들을 새롭게 했으면 좋겠다. 하나님의 사랑을 체험한 사람들이, 예수 그리스도의 십자가의 사랑을 힙 입은 사람들이, 이웃에 대한 사랑으로 자기신앙을 증언할 수 있었으면 좋겠다. 왜냐하면, 하나님에 대한 우리의 사랑은 우리의 이웃에 대한 사랑으로 증명되어야만 하기 때문이다.

그리고 한발 더 나아가, 비유의 강도만난 사람의 처참한 상황을 통하여 전쟁과 죽임과 피흘림의 제국주의 지배체제에 맞서는 대안세상, 예수의 하나님나라 복음운동 은유를 깨달았으면 좋겠다. '강도만난 사람을 불쌍히 여기는 마음, 예루살렘 성전제사종교의 차별과 배제에 맞서는 발칙한 신앙, 불의한 지배체제에 맞서는 발칙한 삶의 행태, 발칙한 삶의 가치관'에 대한 신앙은유를 깨닫고 실천했으면 좋겠다.

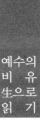

15. 한 밤에 찾아온 친구

서로에게 기대어 사는 세상,

서로에게 빚지는 세상,

그래서 서로에게 빚지지 않는 세상,

민중 정의 세상,

민중 생활 네트워크, 대안공동체를 위하여!

5또 이르시되 너희 중에 누가 벗이 있는데 밤중에 그에게 가서 말하기를 벗이여 떡 세 덩이를 내게 꾸어 달라 6내 벗이 여행중에 내게 왔으나 내가 먹일 것이 없노라 하면 7그가 안에서 대답하여 이르되 나를 괴롭게 하지 말라 문이 이미 닫혔고 아이들이 나와 함께 침실에 누웠으니 일어나 네게 줄 수가 없노라 하겠느냐 8내가 너희에게 말하노니 비록 벗 됨으로 인하여서는 일어나서 주지 아니할지라도 그 간청함을 인하여 일어나 그 요구대로 주리라—**누가복음 11장**

읽기-1

예수가 그들에게 말했다.

너희들 가운데 어떤 사람이 친구를 두었는데, 그 사람이 한밤중에 친구에게 가서 예컨대, 그 사람이 친구에게 이렇게 말했다 치자.

"친구야, 내게 빵 세 개만 빌려 주게나.

내 친구가 길을 가다가 내게 들렀기 때문일세.

하지만 나는 길을 가던 그에게 내어놓을 것을 가지고 있지 않다네!"

그 친구가 집 안에서 대답하여 말할 것이다.

"나를 괴롭히지 말게. 벌써 문이 잠겨 졌다네.

더군다나 내 아이들도 나와 함께 잠자리에 들었네.

내가 자네에게 빵을 주려고 일어날 수는 없네그려."

읽기-2

내가 너희에게 말한다.

"만약, 집 안에 누워있는 그 사람이

'자기 친구라는 것 때문에 일어나서'

친구에게 주지 않을 거라 해도,

친구의 부끄러워하지 않는 떳떳함 때문에라도,

그 사람이 일어나서,

친구가 필요로 하는 만큼,

친구에게 내어 줄 것이다."

들어가는 말

지난 2017년 IMF 구제금융 20주년이 되는 때에 "IMF 키즈의 생애"라는 책이 나왔다. 기자출신 안은별 작가가 IMF 외환위기를 전후해서 청소년 시절을 보낸 사회초년생 일곱 명에 대한 인터뷰 내용을 책으로 엮었다고 한다. 일곱 명이 모두 집안형편도 다르고, IMF 외환위기를 겪으면서 살아온 삶의 내용도 다르다. 그러나 그들이 자신들의 삶 속에서 공통으로 느끼는 것은 바로 '삶에 대한 불안'이다. 그런데 그들이 느끼는 삶에 대한 불안은 그들 자신의 인생과 그들의 가족에게 전이되고, 우리시대의 사회공동체에 고스란히 투영 된다.

실제로 IMF 구제금융체제는 우리사회를 송두리째 바꾸어 놓았다. IMF 구제금융 이후, 우리사회는 속절없이 신자유주의 시장경쟁체제, 독점 금융자본경제 체제로 전환 되었다. 21세기 대한민국은 완전한 신자유주의 시장국가이고, 기업국가이며, 독점재벌·독점관료 경제국가이다. 이렇듯이, 신자유주의 시장경쟁 체제에서는 단 하나의 경제모토 motto만 있을 뿐이다.

'모든 이익을 사유화하고 모든 손해를 사회화 하라!'

이 신자유주의 시장경쟁사회의 모토는 '지금 우리가 생생하고 처절하게 겪고 있는 현실상황' 그대로이다. IMF 외환위기 이전, 우리사회의 대부분의 가구들에서는 많든 적든 형편에 따라 은행 예금·적금들을 가지고 있었다. 반면에 기업들은 대부분 부채를 지고 있었다. 삼성 등, 재벌기업이라도 부채가 많았다. 그러나 IMF 구제금융 이후에는, 몇몇 독점재벌·대기업들이 우리사회의 모든 부를 몰아서 쌓아놓고 있다. 손에 꼽을 만한 몇몇 독점재벌·대기업들은 상상할 수조차 없는 천문학적인 돈을 쌓아놓고, 이 돈들을 주체하지 못할 지경에 이르렀다. 반면에 서민 가계들은 1,500조 원을 넘어서는 감당할 수없는 빚을 지고, 너나없이 채무노예로 살아가고 있다.

이제 IMF 외환위기 이후, 우리사회가 해결해야만 하는 핵심과제는 양극화문제이다. 우리사회의 모든 부분에서 양극화문제가 돌이킬 수 없는 상황에 이르러 있다. 직업, 소득, 자산, 교육, 취업 등, 우리사회의 정치·경제·문화·종교 모든 영역에서 양극화가 세계최고 수준에 이르고 있다. IMF 외환위기 이전에 너도 나도 스스로 중산층이라고 으스대던, 수많은 중산층 가장들이 하루아침에 모두 사라졌다. 이제, 대다수 서민들은 빈곤층이다. 서민들이 붙잡고 오를 중산층을 향한 사다리 자체가 사라지고 말았다. 몇몇 독점재벌·대기업 정규직 노동자 등, 스스로 중산층이라고 말하기조차 멋쩍은 임금노예들은 상류계층으로 오르려는 욕구를 포기한지 오래이다. 그저 21세기 신자유주의 시장경쟁체제에서 자신들의 '한치 앞도 장담하지 못하는 고액 임금노예로써의 운 때'를 감지덕지할 뿐이다.

IMF 외환위기 21년이 지난 지금, 이 땅의 서민들에게는 한숨과 눈물조차 말라 비틀어진지 오래다. 눈을 비벼 뜨고 있는 순간에는 단 일분일초도 신자유주의 시장경쟁체제를 벗어날 수 없다. 이 땅의 아이들은 초등학교 때부터 대학졸업 때까지 무한경쟁, 무한독점, 무한축적, 무한소비 신자유주의 시장경제 이데올로기를 학습한다. 태어나서부터 자라고, 성인이 되어 경제활동을 하는 '온 생生이 생존경쟁 전쟁터'이다. 신자유주의 시장경쟁 체제에서는 단 한차례라도 실패하면 평생을 가난과 채무노예 상황에서 벗어 날 수 없다. 눈뜨면 일어나서 죽기 살기로 경쟁하고, 피투성이 되어서야 눕고, 피투성이로 일어나, 또 싸워야 한다. IMF 외환위기 이후, 이 땅에서 발 딛고 사는 모든 이들이 삶으로 학습하고 경험하는 생生의 현장이다.

이러한 시대적 상황에서 기독교는 무엇인가? 교회는 무엇이어야 할까? 21세기 우리 시대 상황에서 교회는 결코 긍정적인 답을 내어 놓지 못한다. 두말할 필요도 없이 한국교회는 태생부터 친일재벌·친미군사 독재 지배체제의 내부자였다. 21세기 이르러서는 신자유주의 시장경쟁 체제의 맨 앞장 길 놀이패를 자처하고 있다. 독점자본주의 시장경쟁체제의 승리자로써 부와 권력을 독점하고 독단하는 행태를 하나님의 축복이라고 선전선동 한다. 교회가 스스로 신자유주의 시장경쟁 체제에 기생하여 대형화와 독점화를 이루고, 부와 권력을 쟁취하며, 이를 세습한 후 사유화한다.

그러나 이제, 21세기 신자유주의 시장경쟁 체제로는 우리사회의 지속가능한 미래가 없다. 무한경쟁, 무한독점, 무한축적, 무한소비 신자유주의 시장경쟁체제 이데올로기로는 사회 양극화에 더해서 생태환경 파괴, 노령화와 노인빈곤, 인구절벽 문제 등, 우리사회 미래의 절망들을 양산할 뿐이다. 그렇다면 이제 무엇을, 어떻게 변혁해야 할 것인가? 지금의 독점재벌·독점대기업·독점관료 기득권세력들이 선전선동하는 '우리 다시 한 번 힘을 냅시다' 따위로는 새로운 변혁이 불가능하다. 무한성장·무한개발·무한소비의 자본주의 탐욕경제·정복경제로는 미래의 지속가능성을 이루어낼 수 없다.

한마디로 신자유주의 시장경쟁 체제의 대안세상, 사람이 사람답게 사는 세상으로 우리의 삶의 마당을 옮겨가야 한다. 너와 나 우리가 서로 기대어 사는 공동체세상, 예수의 하나님 나라로의 변혁이 절실하다. 그러나 21세기 한국교회 신앙 행태로는 아예 싹수가 노랗다. 왜 그렇게 되었을까? 이제, 예수의 '한 밤에 찾아온 친구' 비유에 기대어 그 답을 찾아보려고 한다. 이를 위해 본문비유를 새롭게 읽고 해석하는 길을 찾아 이렇게 제목을 달았다.

서로에게 기대어 사는 세상,

서로에게 빚지는 세상,

그래서 서로가 서로에게 빚지지 않는 세상,

민중 정의 세상,

민중의 생활 네트워크, 대안 공동체세상을 위하여!

이끄는 말

본문비유는 유대종교·사회 전통으로써 '환대歡待신앙을 주제로 한 비유'일 텐데, 누가복음에만 나오는 비유이다. 그런데 누가복음 저자는 본문비유를 예수가 가르쳐준 주기도문 본문에 덧붙여서 '기도에 대한 예화'로 사용했다. 이렇게, 누가복음 저자는 본문비유를 기도에 대한 예화로 사용하면서 비유의 끝부분에 길게 기도에 대한 설명까지 늘어놓았다.

"구하라. 그러면 그가 너희에게 주실 것이다. 찾아라. 그러면 너희가 찾을 것이다. 두드려라. 그리하면 그 문이 너희에게 열릴 것이다"

물론, 예수는 제자들에게 '구하고 찾는 기도'를 늘 강조해 왔으리라. 실제로, 구하고 찾는 기도에 대한 너무도 유명한 누가복음의 위 문장은 마태복음 7장 7절에서도 간결한 단절어로 나타나 있다. 뿐만 아니라 예수의 '구하고 찾는 기도'는 복음서 안에서 여러 가지 다양하고 재치 있는 표현으로 강조되어 있다.

그렇다면 실제로, 예수는 한 밤에 찾아온 친구 비유를 '구하고 찾는 기도의 예화'로 이야기 했을까? 결코, 그렇지 않았을 것이다. 그것은 누가복음 저자와 누가복음 신앙공동체, 또한 초대교회의 비유읽기와 해석일 뿐이다. 예수의 '한 밤에 찾아온 친구비유'를 '구하고 찾는 기도의 예화로만 읽고 해석하는 것'은 비유를 통하여 예수가 드러내고자 하는 신앙은유를 하찮게 여기거나, 무시하는 것과 같다.

무엇보다, 예수는 본문비유에서 유대인 청중들을 비유의 실제상황 속으로 끌어들여서 청중들을 모욕하고 화나게 한다. 그럼으로써, 비유 이야기꾼인 예수 자신과 비유의 청중들 사이에서 긴장과 갈등이 일어나게 만든다. 그 갈등과 긴장이 본문비유 이야기의 전체 흐름을 부자연스럽게 할 뿐만 아니라, 비유 이야기의 끝맺음을 매끄럽지 않게 만든다. 그로인해 비유 이야기가 끝났음에도 불구하고 예수와 청중들 사이의 갈등과 긴장의 여운은 가시지를 않는다. 이렇게 예수의 비유 이야기의 흐름과 상황 속에서 예수의 '한 밤에 찾아온 친구'비유가 불러일으키는 신앙은유가 세차게 솟아 흐른다.

그렇다면, 예수는 무엇 때문에, 이렇게, 비유의 청중과 갈등하고 긴장하며 부자연스럽고 매끄럽지 않는 비유를 이야기해야 했을까? 예수는 유대 종교·사회공동체 안에서 야훼신앙의 핵심내용인 환대신앙이 시나브로 사라져 메말라가고 있음을 비유의 청중들에게 경고하려고 한다. 예수는 본문비유에서 날카롭고 익살맞은 입말로 야훼신앙 핵심전통인 환대신앙의 현실을 증언한다. 그러기위해 예수는 늘 그래왔듯이 자신의 비유에 대한 진실증명으로써 청중들의 현실적인 삶의 상황을 비유로 꾸며 이야기한다. 그럼으로써, 청중들의 현실세계에 맞서는 대안세상, 예수의 하나님나라 신앙은유를 전달한다.

이 점에서 예수의 '한 밤에 찾아온 친구 비유'에는 '구하고 찾는 기도의 예화'로는 다 담아낼 수 없는 예수의 하나님나라 복음운동 은유들이 사무쳐 있다. 그것은 바로 본문 비유이야기의 흐름과 사건 상황으로 인해 예수와 청중사이에서 생겨난, 좀처럼 가셔지지 않는 갈등과 긴장의 여운이다. 한마디로 그것은 '서로에게 기대어 사는 세상, 서로에게 빚지는 세상, 그래서 서로에게 빚지지 않는 세상, 민중정의 세상, 민중 생활 네트워크 세상'에 대한 새로운 기대와 가능성이다. 예수의 갈릴리 하나님나라 복음운동이 일으켜온 새로운 환대신앙 은유이다.

이와 관련하여 본문비유의 전통적인 현실배경은 히브리 해방노예들의 야훼신앙 전통으로써 '환대신앙'이다. 환대신앙은 도움의 손길을 필요로 하는 이를 중심으로 마음을 쓰고, 친절을 베푸는 유대 종교·사회 공동체의 행동신앙이다. 환대는 '나그네가 주인의 집 그늘에서 나그네 자신의 필요와 쓰임을 발견하도록 배려하는 집주인의 생활실천 신앙'이다. 나그네의 외로움과 고통을 함께 공유하는 주인의 '공감과 참여와 연대의 신앙'이다. 나아가, 히브리 해방노예들의 환대신앙은 나그네와 주인, 친구와 친구, 사람과 사람이 함께 더불어 사는 세상에서 이루어지는 '섬김과 나눔의 공동체신앙'이다. 서로에게 기대고, 서로 공유하며, 서로의 삶에 기여함으로써 서로의 사이를 너그럽게 잇고 엮어 나가는 '생활관계 신앙'이다.

사실, 환대는 메소포타미아문명 지역에서 종종 발견되는 생활문화이기도 하다. 또한 환대는 고대 그리스 사회에서 '민주주의 정치공동체의 핵심내용'으로 나타나기도 했다. '서로에게 기대어 사는 세상, 서로에게 빚지는 세상' 그럼으로써 '서로에게 빚지지 않는 세상'은 고대 그리스의 민중봉기 전통 안에서 아주 오래 된 '민중 정의正義였다.

그렇지만 무엇보다, 환대야말로 히브리 해방노예들의 정의와 평등 세상을 위한 야훼신앙의 핵심내용이다. 히브리 해방노예 공동체신앙 안에서, 환대는 매우 중요한 신앙실천 덕목이었다. 나그네와 과부와 고아를 환대하고 보살피는 것은 히브리 해방노예들의 해방과 자유, 정의 평등, 생명·평화 야훼신앙에 걸맞은 신앙실천 행동이다. 그러므로 예수는 본문비유를 통하여 유대 종교·사회공동체 안에서 '환대신앙'이 시나브로 잊혀져가는 상황에 맞서서 새로운 하나님 나라 환대신앙 은유'를 드러내 보여주려고 한다.

그러나 본문비유 이야기의 흐름은 유대인 청중들에게도, 21세기 우리시대의 예수신앙인들에게도, 매우 부자연스럽다. 무엇보다 비유의 유대인 청중들의 마음을 껄끄럽고 불편하게 하며 생각을 어리둥절하게 만든다. 비유의 유대인 청중들이라면 '여행 중에 먹을 것이 떨어져서 비록 한 밤중이지만 친구를 찾아가는 것'은 마땅한 일이다. 실제로, 팔레스타인 지역은 한낮에 여행을 다닐 수 없을 만큼 해가 뜨겁다. 그러니 한낮의 뜨거운 해를 피하여 밤에 여행을 다니는 일이 흔하다. 또한 그렇게 한 밤에 여행하는 가운데 찾아온 친구에게 나눠줄 빵이 없어서 다른 친구에게 가서 빵을 구하는 것도 크게 거리낄 일이 아니다. 유대인들의 오랜 신앙역사 속에서 환대신앙은 야훼신앙 전통으로 자리 잡았고, 환대야 말로 생활 속에서 크게 장려해야 할 신앙실천 행동이었다.

그런데 본문비유 이야기의 흐름은 비유의 유대인 청중들의 환대신앙 전통을 거스를 뿐만 아니라, 도리어 청중들의 마음을 매우 불편하게 한다. 비유 이야기의 흐름을 따라가며 그 이유를 찾아보자.

이와 관련하여 본문비유에서는 '어떤 사람이 여행 중에 먹을 것이 떨어져 한 밤중에 찾아온 친구에게 나눠줄 빵이 없었던 터라, 미안하고 쑥스럽지만 다른 친구에게 찾아가 빵 세 개를 달라'고 요청한다.

"친구야, 내게 빵 세 개만 빌려 주게나. 내 친구가 길을 가던 중에 내게 들렸기 때문일세. 하지만 나는 길 가던 그에게 내놓을 것을 가지고 있지 않다네."

이것이 히브리 해방노예들의 환대신앙의 핵심이다. 누구나 누군가에게 빚지고 사는 것이 사람 사는 세상이다. 서로에게 빚지는 세상, 그래서 서로에게 빚지지 않는 세상이 민중 정의 세상이다. 민중생활 네트워크 대안 공동체세상의 핵심내용이다. 본문비유의 유대인 청중들도 마땅히 그럴 수 있다. 여행길에 양식이 떨어져 한 밤중에 찾아온 친구를 위하여, 또 다른 친구를 찾아 도움을 요청하는 사람에게, 누구든 그 사람의 친구라면 '빵 세 개를 내어주는 것이 맞다'라고 생각했을 것이다. 그러나 본문비유에서 유대인 청중들의 이러한 뜻은 무시당하고 짓밟힌다. 본문비유에서는 한 밤에 친구를 찾아간 사람이 문전박대를 당한다. 집주인인 친구가 집안에서 문밖으로 나와 보지도 않고, 문 밖에 있는 친구를 향하여 이렇게 대답한다.

"나를 괴롭히지 말게. 벌써 문이 잠겨 졌다네. 더군다나 내 아이들도 나와 함께 잠자리에 들었네. 내가 자네에게 빵을 주려고 일어날 수는 없네그려."

이러한 예수의 비유이야기의 흐름은 유대인 청중들의 환대신앙 전통을 대놓고 무시하는 것이다. 환대의 문은 언제나 열려 있어야 한다. 절대로 잠겨 있어서는 안 된다. 유대인의 환대신앙은 종교교리가 아니라 생활신앙이다. 히브리 해방노예들의 야훼신앙 핵심내용으로써 대대로 학습하고 실천해야 할 신앙실천 덕목이다. 아이들이 잠자리에 들었다면 깨워서라도 환대신앙의 전통을 학습시켜야만 한다. 그럼에도 불구하고 예수는 '여행을 하다가 먹을 것이 떨어져 자기를 찾아온 친구를 위해 한 밤중이지만 다른 친구를 찾아 나선 어떤 사람을 매몰차게 문전박대 시킨다. 그러면서 아무런 결말도 없이 비유이야기를 끝맺으려 한다.

이렇듯이, 예수가 비유 이야기의 흐름을 이끌어감으로써, 의도적으로 비유의 유대인 청중들의 마음 불편하게 하고 화나게 했으리라. 또한 그럼으로써 예수는 이러한 비유 이야기의 흐름을 통하여 스스로 타고난 이야기꾼임을 증명했으리라. 실제로, 예수는 본문비유 이야기를 처음 시작부터 끝맺음까지 촌철살인 가정법문장으로 이어간다.

예컨대, 그 사람이 친구에게 이렇게 말했다 치자.

"친구야, 내게 빵 세 개만 빌려 주게나.

내 친구가 길을 가다가 내게 들렀기 때문일세.

하지만 나는 길을 가던 그에게 내어놓을 것을 가지고 있지 않다네!"

그 친구가 집 안에서 대답하여 말할 것이다.

"나를 괴롭히지 말게. 벌써 문이 잠겨 졌다네.

더군다나 내 아이들도 나와 함께 잠자리에 들었네.

내가 자네에게 빵을 주려고 일어날 수는 없네그려."

이렇게, 예수는 가정하여 비유 이야기를 이끌어가는 것으로써, 예수 시대의 유대 종교·사회공동체 안에서 시나브로 사라져가는 환대신앙의 현실을 꼬집고, 비꼬며, 조롱한다. 예수는 익살맞고 날카로우며 매우 현실적인 비유 이야기를 통하여 아예, '당신들 사이에서 환대신앙은 끝장난 것 아니었어?'라고 비유이야기를 끝맺는다.

이러한 예수의 '한 밤에 찾아온 친구 비유 이야기'의 끝맺음은 청중들을 실망과 분노로 들끓게 했을 것이 틀림없다.

"아냐, 아냐, 그거 아니란 말이오! 우리 친구들은 절대 그렇게 말하지 않는단 말이오."

예수의 비유의 청중들은 흥분하여 일제히 소리쳤을 것이다. 실제로,

'잃은 양 비유'에서처럼 예수의 비유 어법상 '너희들 가운데 어떤 사람이'라고 말문을 트는 문장 끝에는 항상 '~ 하지 않았겠느냐'라는 물음으로 끝을 내게 마련이다. 그럼으로써 청중들의 '아니오, 아니오' 또는 '옳소, 옳소'라는 결의와 여운을 남기는 것이 자연스럽다.

그러나 본문비유에서 예수는 비유의 청중들을 의도적으로 모욕하고 화나게 하는 말들만 늘어놓고 아무 결론도 없이 짧은 비유를 끝맺는다. 그럼으로써, 이야기꾼인 예수자신과 청중들 사이에 긴장과 갈등을 불러일으킨다. 그런데 이 갈등과 긴장의 여운이 청중들로 하여금 스스로 자신들의 삶의 마당을 돌아보게 하고, 나아가 예수의 하나님나라 복음운동 공동체 현장을 주목하게 한다. 그럼으로써, 예수의 '한 밤에 찾아온 친구' 비유의 환대신앙 은유들을 새롭게 확대 재생산하여 널리 퍼뜨린다.

'서로에게 기대어 사는 세상, 서로에게 빚지는 세상, 그래서 서로가 서로에게 빚지지 않는 세상, 민중 정의 세상, 민중생활네트워크 대안 공동체를 위하여!'

이 점에서, 누가복음 저자가 본문비유에 덧붙였을 것으로 여겨지는 '읽기-2'의 내용도 다시 새롭게 재해석 할 수 있다.

내가 너희에게 말한다.
"만약, 집 안에 누워있는 그 사람이 '자기 친구라는 것 때문에 일어나서'
친구에게 주지 않을 거라 해도,
친구의 부끄러워하지 않는 떳떳함 때문에라도,
그 사람이 일어나서,

친구가 필요로 하는 만큼,

친구에게 내어 줄 것이다."

누가복음 저자는 '친구에게 문전박대를 당한 그 사람'을 놓아주지 않고 예수의 비유이야기가 끝난 이후에까지 붙들어 놓는다. 그러고는 '친구의 부끄러워하지 않는 떳떳함 때문에라도 친구가 필요로 하는 만큼, 그 사람이 친구에 내어줄 것'이라고 한다.

그렇다. 이제 로마제국 지배체제와 거기에 기생하는 예루살렘 기득권세상에서는 친구라는 것 때문에 이웃과 다른 사람들을 환대하지 않는다. 그러므로 이제, 부끄러워하지 않는 떳떳함으로 요구해야 한다.

"친구야, 내게 빵 세 개만 빌려주게나. 내 친구가 길을 가다가 내게 들렸기 때문일세."

나아가, 이제 21세기 우리 시대에 이르러는 이 요구가 폭력으로 나아가지 않게 되기를, 이 요구에 대해 폭력으로 거부하는 사람이 없기를 간절히 바랄 뿐이다.

맺는 말

IMF 외환위기 이후, 우리사회는 '무한경쟁·무한독점·무한축적·무한소비' 신자유주의 시장경쟁체제로 굴러 떨어졌다. 우리는 신자유주의 시장경쟁체제 속에서 '우리의 몫' 이상의 양식을 허비함으로써, 우리의 일용할 양식이상을 쌓음으로써, 가난한 이들의 '생명의 몫'을 빼앗는 죄악을 저지르게 된다. 우리는 우리시대의 불의한 장물아비로써 우리 이웃들의 쓰임과 필요를 빼앗아 그들에게 빚을 지우는 죄악을 저지르며 살아가고 있다. 우리는 하루하루의 삶 속에서 서로가 서로를 경쟁과 거래의 대상으로 여기고, 서로에게 빚을 지우며, 사익과 착취를 위한 종속관계를 구조화하는 일에 골몰한다. 그로 인해 가난한 이들이 감당할 수 없는 빚더미를 지고 절망의 나락에 빠져 허덕이게 되는 것이다.

그렇듯이, 우리의 곳간에 쌓여 넘치는 장물들, 곧 다른 사람들로부터 빌려온 나의 쓰임과 필요를 되돌려주지 않고 쌓아놓으면, 그것이 '사유재산, 독점자본'이 된다. 한마디로, '재물−사유자산−독점자본'의 실체는 다른 사람들로부터 빌려온 쓰임과 필요를 되돌려주지 않고 쌓아서 독점사유화한 것이다. 그러므로 고대 그리스 민중들은, '빚−다른 사람의 쓰임과 필요'을 되돌려주지 않고 쌓아놓는 것이 '불의不義−죄'라는 사실을 깨닫게 되었다. 그리고 이 고대 그리스 민중들의 사회·경제적 깨달음은 고스란히 초대 기독교회의 신앙으로 전이轉移 되었다. 신약성서에서 '죄 사함'이라는 헬라어 용어는 '빚 탕감'과 동의어이다.

주기도문은 이러한 신앙진실을 명명백백하게 증언한다.

"당신은 우리에게서 우리의 빚들을 탕감하소서!"

이 점에서 주기도문의 핵심내용은 '우리가 우리에게 빚진 이들에게 빚 탕감을 해준 것처럼'이다. 주기도문은−우리가 다른 사람들의 필요와 쓰임을 끌어 모아 쌓아둔 우리의 '불의한 사유재산'을 모두에게 되돌려 주었으니, 우리가 다른 사람에게 빚을 지워 그들을 채무노예로 만들었던 우리의 죄악을 용서 하소서−라고 비는 기도이다.

이렇듯이, '서로에게 기대어 사는 세상, 서로에게 빚지는 세상, 그래서 서로가 서로에게 빚지지 않는 세상'은 '서로에게 진 빚을 되돌려 주는 세상'이다. 이러한 세상이야말로 '민중의 정의세상이고 사람이 사람답게 사는 민중생활네트워크 대안세상'이다. 그러므로 21세기를 사는 우리도 언제든, 우리의 빚, 우리의 쓰임과 필요를 다른 사람들에게 되돌려 주며 산다. 우리의 노동을 통해서, 우리의 직업과 우리의 달란트를 통해서 끊임없이 우리의 빚, 우리의 쓰임과 필요를 되갚아 오고 있다.

16. 장터의 아이들 비유

'무관심, 무감각, 무기력'은 죄악이다.

15귀 있는 자는 들을지어다 16이 세대를 무엇으로 비유할까 비유하건대 아이들이 장
터에 앉아 제 동무를 불러 17이르되 우리가 너희를 향하여 피리를 불어도 너희가 춤
추지 않고 우리가 슬피 울어도 너희가 가슴을 치지 아니하였다 함과 같도다 18요한
이 와서 먹지도 않고 마시지도 아니하매 그들이 말하기를 귀신이 들렸다 하더니 19
인자는 와서 먹고 마시매 말하기를 보라 먹기를 탐하고 포도주를 즐기는 사람이요
세리와 죄인의 친구로다 하니 지혜는 그 행한 일로 인하여 옳다 함을 얻느니라—**마
태복음 11장**

읽기

귀 가진 이는 들어라.

이제, 내가 이 세대를 무엇으로 비교할까? 시장터에 털버덕 앉아서
제 동무들을 불러대는 아이들과 같다. 그 아이들이 말한다.

"우리가 너희에게 피리를 불어도 너희는 흥겨워 춤을 추지 않았다.
우리가 곡을 해도 너희는 가슴을 치지 않았다."

이와 같이 실제로, 요한이 와서 먹지도 마시지도 않았다. 그러자 사

람들이 말한다.

"그가 귀신들렸다."

사람의 아들은 와서 먹고 마셨다. 그러자 사람들이 말한다.

"봐라! 이 사람은 먹보요 술꾼인데다가 세관원들과 죄인들의 친구로 구나!"

들어가는 말

21세기 우리 시대를 무엇이라고 해야 할까? 많은 사람들이 현대사회를 '무관심의 사회'라고 한다. 너도 나도 '세상에서 제일 무서운 것은 무관심이다'라고 실토한다. 실제로, 내가 어떤 처지에 있는지, 무엇을 하는지, 사람들이 전혀 알아주지도 않고 아무 관심도 갖지 않는다면, 나는 외롭게 되고 병들어 삶의 의욕을 잃은 채 죽어가게 될 것이다. 많은 사람들이 그러한 외로움과 소외를 견디지 못하고 스스로 목숨을 끊는 극단적인 선택을 한다. 언론에 보도되는 수많은 고독사와 자살사건 소식을 접하면서 우리사회의 무관심의 폐해를 뼈저리게 느낀다.

그런데 무관심은 '무감각'을 동반하게 된다. 무관심한 삶의 태도는 정의와 평등에 대한 판단과 선택, 공동체적 소통과 연대와 참여에 대한 무감각을 키운다. 사실 많은 사람들이 정의와 평등, 양심과 윤리·도덕이 땅에 떨어진 세태를 한탄한다. 그러나 결국, '내 일도 아닌데'하는 무관심이 불의와 비 양심이 판치는 세상을 만들어내고 말았다.

무엇보다도 무관심과 무감각은 사회 전체를 '무기력'에 빠트리고야만다. 너도 나도 무관심하고 무감각한 사회에서는 혹여 선한의지를 가진 이라도 '에라 모르겠다, 될 대로 되라'라는 자포자기에 빠지게 된다. 따라서 우리시대의 맘몬·자본 지배체제의 가장 큰 대중조작 음모는 무관심과 무감각의 유포이다. 무관심과 무감각은 사람 사는 세상의 공동체성을 거부하는 것으로써, 가장 비인간적이고 비 인권적이다. 무관심과 무감각은 사회를 무기력하게 만들어 시대의 지배제체에 종속시키는 죄악이다.

이러한 무관심의 세태에서 사람들에게 널리 퍼지는 현상은 '자기중심성'이다. 무관심하고 무감각하며 무기력한 세태에서 '자기중심성'은 퇴행적 아집과 편견을 불러일으킨다. 만약, 이러한 자기중심성의 퇴행적 아집과 편견이 국가와 사회의 지배체제에 적용된다면, 참으로 불행한 일이다. 안타깝게도 지금의 대한민국 사회가 바로 그렇다. 독점재벌과 독점관료집단, 독점정치세력과 사회기득권 세력들이 어둠의 커넥션을 이루어 대한민국 사회를 무관심하고 무감각하며 무기력한 거대 기계구조사회로 조직했다. 21세기 대한민국은 독점재벌·독점관료들의 사적국가로써, 맘몬·자본 지배체제 내부자 기득권세력들의 자기중심성 퇴행의 아집과 편견이 판치는 나라이다. 참으로 두렵고 걱정스럽다.

이끄는 말

예수는 비유에서 무관심하고 무감각하며 무기력한 유대 대중의 삶의 행태를 거세게 꾸짖는다. 나아가, 유대 종교·사회기득권 세력의 자기중심적 편견과 아집을 트집 잡고 따진다. 예수는 유대 대중의 무관심·무감각·무기력증을 장터 아이들의 놀이에 비유하여 '이 세대를 무엇에 비교활까'라고 꼬집어 지적한다.

본문비유에서 아이들은 부모의 손을 잡고 장터에 따라 나섰다가, '부모들이 장터에서 일하는 동안' 아이들끼리 모여 놀이를 즐기려고 한다. 아이들은 혼인잔치 행렬의 즐거움과 기쁨을 놀이내용을 삼는다. 또한 장례 예식의 슬픔과 곡하는 모습을 놀이에 가져다 쓴다. 아이들 가운데서 일부가 피리소리를 흉내내면, 다른 아이들이 흥겨운 춤을 추며 혼인잔치 행렬을 흉내 낸다. 그러다가 결혼잔치 놀이가 시들해진 일부 아이들이 장례 예식을 흉내내어 곡을 하면, 다른 아이들도 장례 예식에서 봐왔던 대로 가슴을 치고 울며 슬퍼한다.

그렇게 아이들은 제 나름대로 어른들의 세계를 흉내 내며 논다. 오늘날까지도 팔레스타인지역에서는 이러한 아이들의 놀이가 전래되어 오고 있다고 한다. 비유의 이러한 아이들의 놀이들은 우리의 옛 소꿉놀이와 비슷한 것 같다. 그런데 어느 날, 아이들의 일부가 놀이에 참여하지 않는다. 몇몇 아이들이 모여서 피리를 불어도 다른 아이들이 흥을 내어 춤추지 않는다. 또 다른 몇몇 아이들이 곡을 해도 다른 아이들이 가슴을 치고 슬퍼하지 않는다. 대다수의 아이들이 아무런 흥미도 관심도 보이지 않는다. 흥을 내어 춤을 추거나 가슴치고 슬퍼하기는커녕, 무덤덤하고 무관심하다. 그렇게, 한 무리의 아이들의 놀이판은 아무 맛대가리도 없이 무기력하게 흩어지고 만다.

예수는 이러한 아이들의 놀이판을 빗대어 유대 대중의 무관심과 무감각과 무기력증을 꼬집고 나무란다. 또한 로마제국 지배체제에 기대어 성전제사종교와 율법체제를 기득권의 도구로 이용하는 유대 종교·사회 엘리트 계층의 자기중심성의 편견과 아집을 트집 잡고 꾸짖는다. 나아가 예루살렘 성전제사종교와 율법체제에 매몰되어 퇴행적인 자기

중심성의 아집과 편견에 휩쓸리는 유대 대중들의 무기력한 삶의 행태에 경종을 울린다. 이와 관련하여 유대 대중은 세례요한과 예수의 유대 종교·사회 개혁운동에 대해 무관심하고, 무감각하며, 무기력하게 대응했다. 본문비유에서 그들은 세례 요한이 와서 먹지도 마시지도 않는 것을 보고 '그가 귀신들렸다'라고 비난했다. 또한 예수가 와서 먹고 마시자 '사람의 아들은 먹보요 술꾼이다, 세관원들과 죄인들의 친구로구나'라고 욕을 해 댔다.

이렇듯이, 세례요한과 예수에 대한 유대 대중들의 이러한 갈지자 비난과 욕설은 무엇 때문이었을까? 그들의 이러한 갈지자 행태의 배경에는 예루살렘 성전제사와 율법체제가 있다. 유대 대중들과 예루살렘 성전제사 및 율법체제는 뗄 레야 뗄 수 없는 삶의 관계로 얽혀져 있다. 그들이 거룩한 하나님을 대면할 수 있는 유일한 길은 예루살렘 성전제사뿐이다. 예루살렘 성전제사를 통하여야 만 하나님께 '죄 사함'을 요청할 수 있고 경험할 수 있다. 나아가 그들에게 율법체제는 그들의 전 생애를 규정하고 이끄는 유일무이한 하나님의 계시였다. 오직 율법만이 '하나님께 대한 사람의 죄'를 규정하고 판단하며 심판할 수 있다. 율법체제만이 유대인들을 유대인답게 하는 실체이고 현실 삶이다.

그렇다면, 세례요한은 누구이고 무엇을 했을까? 세례요한은 예루살렘 성전제사종교와 율법체제를 개혁하려는 민중예언자였다. 이와 관련하여 신약성서가 묘사하고 있는 세례요한 모습은 전형적인 북 이스라엘의 민중예언자 엘리야의 모습 그대로이다. 가난한 유대 민중들 사이에서는 '세례요한'이 하늘에서 내려온 엘리야라는 소문이 나돌았다. 실제로, 세례 요한은 광야의 은둔자처럼 약대털옷을 입었고 가죽허리띠를 맸으며 메뚜기와 산꿀을 먹고 살았다. 그렇게 광야의 고독한 고행자 세례요한이 떡도 먹지 않고, 포도주도 마시지 않음으로써, 유대 종교·사회 지배체제는 세례요한을 미친 사람 취급했다.

무엇보다도, 예루살렘 성전제사종교와 율법체제는 세례요한의 '죄 탕감을 위한 회개의 물세례'를 이단시 했다. 왜냐하면, 세례요한으로 인해 이제 멀리 예루살렘성전에까지 가서 값비싼 제물제사를 드리지 않아도 죄 사함을 받을 수 있었기 때문이다. 또한 가난한 민중들은 지킬 엄두조차 낼 수 없는 율법의 올무에서 벗어나 자유로울 수 있었기 때문이다. 그렇게 세례 요한의 물세례는 온 유대사회에 엄청난 파장을 불러 일으켰다. 왜냐하면, 세례요한의 '죄 탕감을 위한 회개의 물세례'가 예루살렘 성전제사종교와 율법체제'에 대한 중대한 도전이었기 때문이다. 한마디로 세례요한의 물세례는 유대인들의 예루살렘 성전제사종교에 대한 반역이다. 유대인들의 율법 지배체제를 파괴하는 반 사회적 행위이다.

그러나 현실적으로 예루살렘 성전제사와 율법체제는 예수시대의 1%의 상류 기득권 계층에게만 '하나님의 은총'으로 작용할 수 있었다. 그 밖의 99%의 유대 민중에게는 예루살렘 성선제사와 율법체제가 죄와 심판, 두려움과 절망일 수밖에 없었다. 가난한 유대 민중들에게 예루살렘 성전제사는 종교기득권자들의 착취의 도구이었고, 율법체제는 차별과 배제, 죄의 낙인이었다. 그러므로 가난한 유대 대중들은 예루살렘 성전제사와 율법체제 안에서 자신들의 삶을 자포자기自暴自棄할 수밖에 없었다. 이로써. 유대 대중들의 무관심과 무감각과 무기력이야말로 유대 종교·사회 기득권세력들의 술수이고 음모임이 분명했다.

그렇다면, 예수는 누구이고 무엇을 했을까? 예수는 광야의 고행자 세례요한과 정 반대로 가난한 사람들과 과부와 고아와 세리와 죄인들,

심지어 창녀들까지 서로 어울려 먹고 마시고 즐겼다. 그러자 유대군중들은 '사람의 아들은 먹보요 술꾼이다, 세관원들과 죄인들의 친구로구나'라고 비아냥거렸다. 한편 세례요한에게는 고독한 유대광야가 활동무대였다. 이와 반대로 예수는 갈릴리 나사렛 목수의 아들로써 갈릴리 하층 민중들 속에서 하나님의 나라 복음운동을 실천행동 했다.

또 한편 세례요한은 유대 민중들에게 다가오는 '하나님의 날을 위한 회개'를 요구했다. 그런데 세례요한에게 하나님의 날은 '하나님의 심판'이다. 세례요한에게 있어서도 여전히 하나님의 날은 '하나님이 친히 세상을 심판하러 오시는 날'이다. 그러나 예수는 전혀 그렇지 않았다. 예수에게 하나님은 심판의 하나님이 아니라, '아빠'이다. 예수에게 하나님 나라는 '아빠의 나라, 아빠 하나님의 나라'이다. 그러므로 예수의 하나님 나라는 가난하고 고통 받은 민중들을 위로하고 보살피며 함께 연대하는 아빠 하나님의 사랑과 용서와 은총의 나라이다. 예수에게 있어서 아빠 하나님의 나라는 언제나 잔치이다.

이와 관련하여 세례요한은 유대 민중들에게 '죄 탕감을 위한 회개의 물세례'을 베풀었다. 하지만 그는 유대 민중들의 실체적 삶의 마당과는 거리를 두었다. 이와 반대로 예수는 하나님나라 복음을 선포하며 가난한 민중들과 함께 먹고 마시는 공동체 삶을 살았다. 곧 예수와 민중들은 예수의 하나님나라의 삶을 공유하며 실천하는 한 식구였던 것이다. 예수는 날마다 가난한 민중들과 공동밥상을 차렸다. 예수는 갈릴리 민중들의 친구이고 동지이며 한 밥상머리 식구이었던 것이다. 그렇기에 유대 군중들은 먹지도 마시지도 않는 세례요한에게 '그가 귀신들렸다'라고 비난하다가도, 가난한 민중들과 함께 먹고 마시는 예수를 보고는 '사람의 아들은 먹보요 술꾼이다, 세관원들과 죄인들의 친구로구나'라고 욕설을 퍼부었던 것이다.

유대 군중들은 고독한 광야의 고행자 세례요한을 거부하고 밀쳐냈다. 또한 가난한 민중과 세리와 죄인과 창녀까지 함께 어울려 먹고 마시며 공동체밥상을 즐기는 예수마저도 거부하고 밀쳐냈다. 마치, 장터에서 어떤 놀이를 해도 흥미가 없고 무관심하며 무감각한 아이들과 똑 같았다. 놀이를 즐기려는 아이들이 혼인잔치를 흉내 내어 피리를 불어도 거기에 맞추어 흥을 내고 춤을 추지 않는다. 그래도 놀고 싶은 아이들이 이번에는 초상집을 흉내 내어 애곡을 해보지만, 그에 따라 가슴을 치고 슬퍼하지 않는다.

이와 똑 같이 예수시대의 유대 대중들은 무관심하고 무감각하며 무기력한 세태를 그냥 받아들이고 따랐다. 예루살렘 성전제사와 율법체제의 굴레를 쓰고 살아가는 유대 대중들에게 세례요한과 예수는 반 종교, 반체제의 이단아異端兒 일뿐이었다. 예수의 하나님나라 복음운동에 대한 유대 대중들의 무관심과 무감각과 무기력의 태도는 예루살렘 성전제사와 율법체제에 예속된 그들의 삶의 행태를 자연스럽게 드러내는 것이었다. 참으로 본문비유에는 유대 민중들을 향한 예수의 애끓는 마음이 무겁게 내려 앉아 있다.

맺는 말

이제, 21세기 우리시대의 예수 신앙인들은 '먹보요 술꾼이며 세리와 죄인과 창녀의 친구라는 온갖 비난을 무릅쓰고 갈릴리 민중들과 공동밥상을 차렸던 예수의 편'에 굳게 서야한다. 그 예수와 손을 잡고 다함께 삶의 연대를 맺어야 한다. 우리 시대의 고단한 삶의 마당에서 차별받고 소외당하며 조롱받는 이들과 함께 먹고 마시고 즐기는 일을 마다하지 않아야 한다.

그럼으로써, 우리시대의 무관심과 무감감과 무기력한 세태를 끝장 내야 한다. 21세기 우리시대의 교회가 맘몬자본지배체제에 종속되어 자기중심성의 아집과 편견을 진리인양 수호하려는 신앙행태를 변혁해야 한다.

"이를 위해, 우리의 삶의 스승이고 친구이며 주님이 되시는 예수의 은총을 빕니다. 아멘."

17. 뱀과 비둘기 비유

목자 없는 양떼들, 민중의 힘은 무력함과
가치 없음의 공감과 연대와 참여이다.

16보라 내가 너희를 보냄이 양을 이리 가운데로 보냄과 같도다 그러므로 너희는 뱀
같이 지혜롭고 비둘기 같이 순결하라—**마태복음 10장**

읽기

보라!

내가 너희를 떠나보낸다,

늑대무리들의 한 가운데 있는 양들처럼.

그러므로 너희는 스스로 마음에 새겨 생각하는 이들이 되어라,

뱀들처럼.

그러나 너희는 스스로 진실한 이들이 되어라,

비둘기들처럼.

시작하는 말

　예수는 성공한 삶을 살았을까? 예수의 하나님나라 복음운동의 역사
적 실체와 내용은 무엇이었을까? 나이 먹고, 돌이킬 수 없는 맘몬·자본
세상 속에서 예수의 하나님나라 복음운동 신앙실천이 더욱 더 절절해
지면서, 나는 자주 이렇게 질문하게 된다. 나이가 들면 자신의 뜻과 행
동, 자신의 삶의 상황을 굳세게 이어가는데 힘이 부치게 마련이다. 그저
지금까지 이어온 삶의 상황을 더 나빠지지 않도록 관리하기도 벅찰 뿐
이다.

　실제로, 예수는 갈릴리 민중들과 함께 하나님나라 복음운동을 하면
서, 성과주의 결과물들을 제대로 내어놓지는 못했을 것이다. 나는 로
마제국과 거기에 기생하는 예루살렘 성전제사종교 체제가 예수의 하나
님나라 운동을 한없이 무력하고 무가치하게 만들었을 것이라고 생각한
다. 전쟁과 죽임과 피흘림의 로마제국 지배체제, 피라미드 맘몬·자본세
상의 약탈착취 지배체제, 예루살렘 독점종교권력 지배체제, 그들 앞에
서 갈릴리 민중의 아들 나사렛사람 예수의 하나님나라 복음운동은 아무
것도 아니었을 것이다. 참으로 예수의 하나님나라 복음운동은 그 실체
를 드러낼 수조차 없는 민중유언비어 게릴라 신앙운동 이었을 것이다.
특별히 로마제국에 기생해서 유대종교·정치·경제기득권을 누려온 예
루살렘 성전제사종교가 유대 민중들의 삶의 자리를 물샐 틈 없이 지배
하는 상황에서, 예수의 하나님나라 복음운동의 실체와 내용들은 하나
하나 묻혀 지고, 잊혀 질 수밖에 없었을 것이다.

　물론 21세기 교회들도 예수의 하나님나라 복음운동의 역사적 실체와
내용들에 관하여 전혀 관심이 없다. 그저, 하나님나라에 대한 교리와 신
앙 이미지만이 중요할 뿐이다. 그 점에서 여러 성서학자들은 사도행전

에 나타난 예루살렘 예수신앙 공동체의 하나님나라 복음운동 실천행동들을 대체로 인정하지 않는다. 예루살렘 예수신앙 공동체가 서로의 사유재산을 공유하고 새로운 대안세상을 꿈꾸며, 예수의 하나님나라 신앙 실천행동에 나섰다는 신앙증언들을 그저 꾸며진 신앙 이미지라고 의심한다. 또 다른 일부 성서학자들은 예루살렘 예수신앙 공동체의 공유경제에 대하여, 기독교 종말론에 기댄 일시·일탈적 신앙행동이었을 것으로 마지못해 인정할 뿐이다.

그러나 이렇듯이, 신약성서 안에서 예수의 하나님나라 복음운동의 성과주의 결과들에 대한 증언을 기대할 수 없음에도 불구하고, 예수의 하나님나라 복음운동에 대한 신앙역사, 그 신앙실체와 내용들은 의심의 여지가 없을 만큼 뚜렷하다. 나는 성서를 읽으면서 나름대로 예수의 하나님나라 복음운동의 신앙역사, 그 신앙실체와 내용을 파악하려고 노력해 왔다. 그런 만큼 나에게는 예수의 하나님나라 복음운동이 나의 예수신앙의 핵심이며, 전체이다.

신약성서가 증언하는 바, 예수는 자신의 신앙과 삶의 전체를 로마제국과 거기에 기생하여 기득권을 누려온 예루살렘 성전제사종교에 저항하고, 대안세상을 모색하며, 실천행동 하는데 바쳤다. 따라서 신약성서 안에서 예수의 하나님나라 복음운동의 실체는 전쟁과 죽임의 로마제국 폭력과 예루살렘 맘몬·독점종교 기득권에 저항하는 것이었다. 나아가 예수의 하나님나라 복음운동의 내용도 로마제국 지배체제와 거기에 기생하는 예루살렘 성전제사종교에 대한 대안세상을 살아내는 것이었다.

그러므로 여기서 예수의 하나님나라 복음운동의 총체적 실체는 로마제국 지배체제와 거기에 기생하는 예루살렘 성전제사종교 기득권 속에서 절망과 고통의 날들을 살아내야 만하는 갈릴리 민중들의 삶의 마당이다. 예수의 하나님나라 복음운동 신앙역사의 실체와 내용들은 전쟁과 죽임과 피흘림의 로마제국 폭력과 예루살렘 성전제사 종교기득권에 대한 민중들의 삶의 저항이다. 곧 예루살렘 맘몬·독점종교체제의 절망과 로마제국의 전쟁과 죽임과 피흘림의 고통 속에서 자라나는 대안세상, 임마누엘 '하나님이 몸소 다스리시는 세상'에 대한 갈망이다.

이끄는 말

본문비유에는 세 개의 토막말들이 함께 묶여져 있는데, 예수시대 유대 민중들의 삶의 마당에 대한 비유 말 하나와 두 개의 속담 경구警句로 이루어 져 있다. 성서학자들은 본문의 토막말들을 '마태복음 저자가 예수의 어록에서 따왔을 것'이라고 한다. 또한 비유 말에 뒤이은 속담경구 두 개는 로마제국 지배체제 안에서 유행하던 처세술 속담이었을 터인데, 마태복음 저자가 본문 토막말 모음에 집어 넣었을 것이라고 한다.

이와 관련하여 고대 언어세계에서 비유 말은 글말과 입말 모두에서 꼭 필요한 말솜씨였다. 고대 이야기 문학에서 비유 말이 많이 나타나는 이유이다. 현대에서도 비유 말은 짧은 글에 시대의 진실을 담아내야 하는 시와 에세이, 생활 말, 모두에서 즐겨 사용하는 표현법이다. 이렇게 비유 말은 서로 잘 맞아 떨어지는 것으로부터 아주 낯설어서 큰 차이를 드러내는 것으로 옮겨감으로써 비유 말 상황의 긴장이나 갈등, 또는 감동을 불러일으킨다.

이 점에서 본문 비유 말들은 서로 맞비교하기에는 너무나 껄끄러운 것들로 어지럽게 얽혀져 있어서 해석하기가 난감하다. 양들과 늑대들의 맞비교–늑대무리들의 한가운데 있는 양들처럼. 뱀과 비둘기의 맞비교–스스로 뱀들처럼, 스스로 비둘기들처럼 등. 본문의 비유 말들이 드러내 주는 상황의 긴장과 갈등, 절망과 고통이 너무도 생생하고 절절하다.

"보라! 내가 '늑대무리들의 한 가운데 있는 양들처럼' 너희를 떠나보낸다."

이 비유 말은 예수의 하나님나라 복음운동 공동체의 절망과 고통의 상황을 너무도 실감 나게 표현한다. 나아가 이 비유 말은 유대 유목민들의 전통적인 삶의 마당에서 늑대들과 양들 사이에 꼭 있어야할 '목자 없음의 실제상황'을 생생하게 증언한다. 그럼으로써, 목자 없이 내팽개쳐져서 '늑대무리들 한가운데 있는 양들처럼' 예수의 하나님나라 복음운동 공동체가 처해 있는 절망과 고통의 상황을 절절하고 진실하게 그려서, 보여주고, 생생하게 확인한다.

그렇다면, 양들과 늑대들 사이에서 꼭 있어야 할 목자의 역할은 무엇일까? 이와 관련하여 구약성서 유목민 전통에서 목자는 양들에게 좋은 꼴과 맑은 물을 제공한다. 늑대와 사자 등 맹수들과 약탈자들로부터 양들을 보호해야 한다. 그러기 위해서 목자는 지팡이와 막대기, 무릿매와 차돌을 필히 몸에 지니고 다녀야 한다. 이러한 목자의 역할과 차림새는 사무엘상 17장에서 목동 다윗의 입을 통하여 여실히 증명된다. 다윗은 전쟁에 참전한 자기 형들을 찾아 전쟁터로 왔다. 그리고 우여곡절 끝에 사울 왕을 만나서 자기 이야기를 늘어놓는다. 그는 자기 아버지의 양들을 돌보는 목자로써 '사자나 곰, 또는 늑대가 와서 양떼들 가운데서 어린양을 물어 가면, 자기가 그 사나운 짐승을 쫓아가서 그 입에서 양을 구해냈다고 자랑한다. 또한 사자나 곰이 되돌아서 자신을 공격하면, 그

놈들의 수염을 잡고 그 놈들을 쳐 죽였다'고 뽐낸다. 물론, 사무엘서는 다윗왕조 신앙을 꾸며내는 과정에서 다윗을 영웅으로 만들고, 터무니 없이 미화했을 것이다.

그렇더라도 구약성서의 유목민 전통에서 양들과 늑대들 사이에는 틀림없이 꼭 목자가 있어야 한다. 그리고 그 목자는 양들에게 좋은 꼴과 맑은 물을 제공하고, 늑대나 사자 등 맹수와 약탈자로부터 양들을 보호해야 한다. 신약성서에서도 목자들은 빈들에서 양들과 함께 밤을 새며 양들을 지킨다.눅2:8 심지어 목자는 양들의 생명을 위하여 자기 목숨마저 내어 놓는다.요10:11-17

이와 관련하여 구약성서에는 보다 더 사실적인 목자의 모습을 그려내고 있는 곳이 많다. 예를 들면, 한 마을 또는 한 지역의 목자들은 낮에 자기 양떼를 몰고 들판으로 흩어져 꼴을 먹이다가 해가 떨어지면 함께 모여 밤을 지낸다. 그러는 과정에서 늑대나 사자가 나타나 양을 움켜가려고 으르렁 거리면 모두 함께 몰려나와 소리를 지르고, 막대기를 휘두르며, 무릿매질을 해대게 마련이다. 그럼에도 불구하고 늑대나 사자가 목자들의 외치는 소리와 막대질과 무릿매질에 쫓겨 가지 않고 양들을 물어간다면, 목자들은 늑대나 사자의 입에서 양의 양쪽다리나, 하다 못해 귓바퀴 살 한 조각이라도 건져내려고 몸부림을 칠 수밖에 없다.사 31:4-5, 암3:12

이렇듯, 구약성서는 양들과 늑대들 사이에서 꼭 있어야 할 목자의 역할을 야훼신앙 공동체 지도자의 역할로 자리매김한다. 먼저는 히브리 해방노예들의 평등사회 건설과정에서의 카리스마 넘치는 야훼신앙 공동체 사사들의 이야기이다. 히브리 해방노예 공동체 사사들은 야훼신앙 지킴이로서 이스라엘 지파동맹을 튼튼하게 하고, 함께 힘을 모아 약탈자 또는 침략자들을 물리치는 등, 이스라엘 지파연합의 중심-추 역할을 수행했다. 이들 사사들은 야훼의 영에 일깨워져 야훼신앙 공동체의 위기와 절망을 물리치기도 하고, 히브리 해방노예 공동체의 생활문제와 범죄행위들을 재판하기도 했다. 이렇게 사사기는 기드온, 입다, 삼손 등 힘센 사내들을 내세워 위대한 사사로 기록하기도 하지만, '드보라'같은 여 사사를 소개하기도 한다. 이로써, 구약성서의 사사들은 히브리 해방노예 공동체의 다채로운 목자들의 역할과 삶의 모습을 낱낱이 증언한다.

한편 구약성서는 사사시대에 이어 다윗왕조의 세습 왕들에게도 이스라엘의 목자의 역할을 부여한다. 다윗왕조의 권력자들은 대를 이어 백성들의 삶과 생명과 공동체평화를 지키고 보호해야 할 책임과 의무를 지고 있었다. 삼하5:2, 시78:70-72, 렘3:15, 23:4 등 심지어, 이사야 44장 28절에서는 페르시아 제국의 황제 고레스에게 까지도 이스라엘 목자의 지위를 부여한다. 그러나 이들 권력자들은 이스라엘의 목자로서의 책임과 역할에 실패했다. 오히려 권력자들은 이스라엘 백성을 억압하고 착취하고 백성의 생명을 빼앗았다. 권력자들은 끊임없이 사사로운 전쟁을 일으켜 백성들의 삶을 짓밟고 공동체의 평화를 무너트리는 전쟁과 죽임의 좀비권력으로 굴러 떨어지기 일쑤였다.

그러므로, 히브리 야훼신앙 예언자들은 히브리 해방노예들 위에 군림하는 권력자들의 거짓 목자행태에 저항하여, 몸소 히브리 노예들을 해방하고 구원하신 야훼하나님을 히브리 해방공동체의 참 목자로 불러내야만 했다. 시23편, 사31:4-5, 암3:12, 겔34:12, 슥11:15 권력자들의 거짓 목자행태로 인한 민중들의 삶의 절망과 고통이 깊어질수록 히브리 해방노예들의 야훼신앙 안에서 참 목자 야훼 하나님에 대한 신앙 목마름은 더욱 더 절절해져 갔다.

그리고 마침내 히브리 야훼신앙 예언자들은 히브리 해방노예들의 영원한 목자 야훼 하나님을 통하여 '임마누엘 –하나님이 우리와 함께 하신다' 신앙을 증언했다. 사7:10-17, 8:5-10 이제, 누가 무어라 해도 양들과 늑대들 사이에 틀림없이 꼭 있어야 만하는 참 목자는 야훼 하나님, 바로 그 분이시다. 이제, 누구에게나 구약성서가 증언하는 참 목자는 오로지, 히브리 노예들을 해방하시고, 구원하시며, 정의와 평등, 생명·평화 세상으로 이끄시는 야훼 하나님에 대한 신앙은유이다. 시23편, 사40:11

그러나 본문의 첫 번째 비유 말은 목자 없는 양들, 더 혹독하게는 '늑대무리들 한가운데 있는 양들처럼' 절망과 고통 속에 목자 없이 내팽겨쳐진 유대 민중들의 삶의 마당을 생생하게 증언한다. 실제로, 예수시대의 로마제국 식민지이었던 갈릴리와 유대의 민중들은 로마제국과 거기에 기생하는 예루살렘 성전제사 맘몬·독점종교의 약탈과 착취체제 속에 내팽개쳐져 있었다. 갈릴리와 유대 민중들의 삶의 마당은 '늑대무리들 한가운데 있는 양들처럼'과 똑 닮았다. 마9:36, 막6:34 따라서 '늑대무리들 한가운데 있는 양들처럼' 이라는 비유 말은 예수시대의 무력하기 짝이 없는 민중들의 삶의 절망과 고통의 끝장상황을 비유한다. 나아가 예수시대의 민중들이 '자신들을 보살피고 지켜줄 목자를 전혀 기대할 수 없음'에 대한 생생한 증언이기도 하다. 실제로, 로마제국 식민지 갈릴리와 유대의 민중들의 삶의 마당에서 예루살렘 성전제사종교는 목자이기는커녕, 생활밀착형 억압과 착취와 죽임의 종교좀비 권력일 뿐이다.

이처럼, 성서 안에서 '목자 없는 양떼'의 은유는 '백성을 억압하고 착취해서 떠돌이로 만들거나, 사사로운 전쟁을 일으켜 백성을 죽임으로 내모는 권력자들의 거짓목자 행태'에 대한 고발이다. 따라서 야훼신앙

예언자들은 '양떼를 흩어서 잃어버리고, 몰아내며, 전혀 돌보지 않는 권력자들의 악행'으로 말미암아 '양들은 맹수들의 먹이가 된다'고 증언한다.렘23:1-2 그러므로 양떼가 약탈의 대상이 되고 들짐승들의 먹이가 되는 것은 '오직 참 목자가 없기 때문'이다.겔34:5-8

그럼에도 불구하고 본문 비유 말에서 예수는 '늑대무리들의 한가운데 있는 양들처럼' 갈릴리와 유대의 민중들이 겪고 있는 삶의 절망과 고통을 돌이킬 수 없는 현실 상황으로 받아들인다. 예수는 자기 시대의 종교·정치권력자형 목자를 전혀 바라지도 기대하지도 않는다. 예수는 '늑대무리들의 한가운데 있는 양들처럼' 자신의 곁으로 다가온 민중들을 되돌려서, 또 다시 '늑대무리들의 한가운데 있는 양들처럼' 자기 곁에서 떠나보낸다. 이제, 예수에게는 목자 없는 민중의 삶의 절망과 고통 속에서 새로운 대안세상, '임마누엘-하나님께서 친히 다스리시는 세상' 외에는 달리 아무것도 바랄 것이 없었다.

실례로, 예수는 다윗왕조신앙 전통에서의 모든 메시아 대망을 거부했다. 예수는 예루살렘 종교기득권 세력인 서기관들이 주장하는 다윗의 자손 메시아를 거부했으며, 유대 민중들도 기꺼이 예수의 이 거부를 받아들인다.막12:35-37 도리어 예수는 갈릴리의 가난하고 힘없는 민중의 아들 나사렛 사람으로써, 하나님을 '아빠'라고 불렀으며막14:36 제자들과 예수신앙인들도 기꺼이 그렇게 따라 불렀다.롬8:15, 갈4:6

또한 예수는 유대교 묵시문학 전통에서의 우주적 불 쇼를 동반하는 종말론적 폭력과 심판의 상징으로써, 우주적이고 초월적이며 영웅적인 메시아를 거부한다. 나아가 유대교 율법전통에 매몰된 의인집단의 종말적이고 영구적인 권력쟁취를 위한 도구로써 하늘심판 불 쇼를 고대하지도 않는다. 그 하늘심판 불 쇼의 때를 쫓아서 폭력으로 응답하는 메시아 봉기마저도 철저하게 거부한다.

"네 칼을 도로 칼집에 넣어라. 참으로 칼을 쓰는 자는 모두 칼로 망한다."

이 말은 의심의 여지 없이 뚜렷하게 예수의 하나님나라 복음운동의 비폭력 저항성을 증언한다. 예수의 하나님나라 복음 운동이야말로 전쟁과 죽임과 피흘림의 로마제국과 예루살렘 맘몬·독점종교 착취체제에 저항하는 대안세상이라는 것을 뚜렷하게 드러낸다. 나아가 그러한 민중저항 세상, 하나님께서 친히 다스리시는 세상의 실체와 내용을 의심의 여지 없이 밝힌다.

이와 관련하여 갈릴리지역은 유대인들의 종교·정치·사회적 메시아 무장봉기의 산실이었다. 기원전 63년 로마제국 폼페이우스의 갈릴리 침공이후, 기원후 132년 바코흐바 독립전쟁까지 유대인들의 모든 메시아 무장봉기는 갈릴리에서 첫 봉화를 올렸다. 또한 갈릴리는 헬라제국과 로마제국의 식민통치에 대하여 폭력항쟁으로 맞설 것을 주창했던 젤롯당또는 열심당과 자객암살단σικάριοι의 활동무대였다. 고대 유대역사학자 요세푸스의 유대전쟁사에 의하면 기원전 47년 이두매인 이었던 혜롯대왕이 유대의 왕이 되었을 때, 그리고 BC4년 그가 죽었을 때, AD 66년에서 70년까지 예루살렘 독립전쟁 때에도 갈릴리로부터 폭력항쟁의 봉화가 타올랐다. 따라서 예수는 갈릴리 민중들의 종교·정치·사회적 메시아 무장봉기에 대한 로마제국 군대의 보복전쟁의 처절한 결말을 너무나 잘 알고 있었을 것이다. 또 로마제국 군대의 보복 전쟁이 만들어 내는 민중들의 처절한 삶의 고통과 절망들을 잘 알고 있었을 것이다.

이렇듯이, 예수는 '늑대무리들의 한 가운데 있는 양들처럼'으로 비유되는 갈릴리 민중들의 삶의 절망과 고통을 자기 삶의 마당에서 철저하게 이해하고 경험하며 깨달았다. 이러한 이해와 경험과 깨달음은 예수와 갈릴리 민중들의 삶의 공동체 연대와 참여와 공감으로써 '스플랑크니조마이'이다. 여기서 '스플랑크니조마이'라는 동사는 '스플랑크논-창자와 내장'에서 유래한 동사인데, 우리말 표현으로는 '애간장 녹다'이다. 예수는 '늑대무리들의 한가운데 있는 양들처럼'이 비유하는 갈릴리와 유대의 민중들의 절망과 고통의 삶의 마당에 대한 공동체 공감과 연대와 참여의 마음으로 애간장이 녹아 내렸다.

그럼에도 불구하고 예수가 '늑대무리들의 한 가운데 있는 양들처럼' 갈릴리와 유대의 민중들을 또 다시 떠나보내는 까닭은 무엇일까? 그것은 바로 본문 비유말의 숨겨진 핵심 신앙은유로써 '지금, 여기서 싹트고 자라기 시작하는 임마누엘-하나님이 친히 다스리시는 세상'을 확신하기 때문이다. 이제 로마제국 지배체제에 기생해서 기득권을 누리는 예루살렘 성전제사종교와 율법체제는 유대 민중들의 목자역할 수행의 자격이 없다. 다윗왕조 신앙의 정치·권력형 메시아봉기, 유대교 전통의 폭력심판 메시아봉기조차도 또 다른 폭력과 죽임과 피흘림의 악순환일 뿐이다. 오로지, 이제는 로마제국 지배체제와 예루살렘 성전제사 종교체제의 대안세상, 히브리 해방노예들의 야훼신앙, 임마누엘 하나님나라만을 바랄 수밖에 없다.

이러할 때, 예수와 예수의 제자들과 예수 신앙인들이 만들어 내는 대안세상, 이 땅의 하나님나라의 실체와 내용은 '오병이어 밥상공동체' 같은 것이다. 이 오병이어 밥상공동체는 '늑대무리들의 한 가운데 있는 양들처럼' 갈릴리와 유대의 민중들의 '목자 없음'의 절망과 고통의 삶의 자리에서 우러나는 것이었다. 그것은 갈릴리 민중들의 절망과 고통의 삶의 마당에서 우러나는 공동체의 책임과 소통, 연대와 참여로써 '스플랑크니조마이'이다.

이로써 예수는 제자들에게 로마제국과 거기에 기생하는 예루살렘 성전제사종교의 대안세상, 지금, 여기에서의 임마누엘 하나님나라의 실체와 내용으로써 '오병이어 밥상공동체'를 지시한다.

"당신들이 사람들에게 먹을 것을 주시오."

한마디로, 예수는 제자들에게 로마제국과 예루살렘 성전제사종교의 대안세상, 예수의 하나님나라의 실천행동으로써 '서로가 서로를 향한 사회적 책임'을 요구한다. 이렇듯이 예수의 하나님나라 복음은 가난한 이들 안에 있다. 굶주리는 이들 가운데에 있다. 고난당하는 이들 사이에 있다. 하나님께서 민중들과 함께 절망하고, 함께 고통 받는 가운데 하나님나라의 실체가 드러나게 되기 때문이다.

그래서 예수는 자기 시대의 민중들의 '목자 없음'으로 인한 삶의 절망과 고통을 온 생명으로 공감하며 애간장이 녹는다. 예수는 '목자 없음'의 갈릴리와 유대의 민중들의 삶의 절망과 고통 속으로 하나님나라 복음운동을 불러들인다. 그러므로 예수의 하나님나라 복음운동은 로마제국 지배체제와 거기에 기생하는 예루살렘 성전제사종교에 맞서는 대안세상일 수밖에 없다. 더불어 다윗왕조신앙의 정치·권력형 메시아, 유대교 전통의 폭력심판 메시아를 거부하는 민중들의 신앙 깨달음과 신앙 삶의 자리일 수밖에 없다. 로마제국과 거기에 기생하는 예루살렘 성전제사종교의 '목자 없음'의 절망과 고통을 민중들의 삶의 마당에서 공동체 책임과 소통, 연대와 참여로 이겨내는 대동 세상일 수밖에 없다. 그러니 이제 시대의 민중들은 어찌 할 것인가?

"그러므로 너희는 스스로 '뱀들처럼 마음에 새겨 생각하는 이들이' 되어라. 그러나 너희는 스스로 '비둘기들처럼 진실한 이들이' 되어라."

이와 관련하여 구약성서에서 뱀은 '나하쉬−죄를 짓도록 유혹하는 자'이고, '리베야탄−바다괴물 용'이며, '싸라프−독으로 불타오르는 악한 존재'이다. 신약성서 본문에서도 뱀은 '오페이스−바르지 못하고 사악한 자들'이다. 도무지 한구석이라도 좋은 이미지가 떠오르지 않는 뱀을 빗대어 본문 비유 말은 '너희는 스스로 뱀들처럼 되어라'라고 한다. 그러면서 본문에서 '스스로 뱀들처럼'과 짝지어 나란히 늘어놓은 비유 말은 '스스로 비둘기들처럼'이다. 도무지 서로 어울릴 수 없는 것들을 맞댄다. 이 점에서 구약성서에서의 비둘기는 '요나−하나님께 바치는 제물'이다. 그런데 비둘기 제물은 '도로르−들비둘기'로써 가난한 이들을 위한 대체 희생제물이다. 들비둘기는 희생제물로써 순수하고 꾸밈이 없는 것이지만 존재로는 보잘것없는 것이다. 그러니 '뱀들처럼, 비둘기들처럼'이 서로 반대되고 어긋나는 삶의 행태를 전혀 꺼리지 않는 사람이 되라는 것은, 겉과 속이 다른 사기꾼이 되란 말인가?

아마도 이 비유 말들은 로마제국 지배체제와 거기에 기생하는 유대종교 권력 기득권 안에서 유행하던 처세술 속담이었을 것이다. 예수가 구태여 이 비유 말들을 본문의 문맥 안에서 사용했다면, 이 비유 말들의 참 의미는 로마제국과 거기에 기생하는 유대종교권력이 일으키는 민중들의 고통과 절망의 삶의 자리에 대한 절절한 이해였을 것이다. 또한 마태복음 저자가 자기 뜻을 가지고 본문에 이 비유 말들을 집어넣었을 것이라고 하면, 이 비유 말들은 초대교회 시대의 꼭 필요한 삶의 대책이었을 것이다. 한마디로, 어떻게든 살아남아라.

전쟁과 죽임과 폭력의 로마제국 지배체제와 거기에 기생하는 유대종교권력은 단순 무식하지 않다. 치밀하고 사악하며 꾀가 많다. 그것들의 지배행동과 착취행태를 이해하고, 그것들에게서 배워라! 그것들의 음모와 술수와 억압 속에서 살아남아라! 그것들이 불러일으키는 절망과 고통의 삶의 마당에서 '될 대로 되라'라고 자포자기 마라! 그냥 그대로 죽어나가지 말라!

이와 관련하여 '마음에 새겨 생각하는 이들'이라고 번역한 본문 속담 경구에 사용한 헬라어 낱말은 '프로니모이'라고 한다. 이 헬라어 낱말은 '프렌-마음+아파테-속임'으로 이루어진 합성어이다. 여기서 '프렌'은 가슴과 배를 나누는 가로무늬 근육^{횡격막}을 일컫는 말인데, 위로 가슴과 아래로 배를 나눈다. 횡격막은 오그라들고 풀어지고를 반복해서 숨 쉬는 것을 돕는다. 따라서 프로니모이는 '속마음을 감추고 속이며 치밀하고 사악한 꾀를 부리는 무리들'을 말한다. 예수시대의 로마제국과 거기에 기생하는 예루살렘 종교권력이 민중을 대하는 지배행태가 이와 똑같다. 21세기로 이야기하면, 지구촌제국 미국의 전쟁세력·독점금융 지배체제와 거기에 기생하는 동맹국 머슴권력들의 '대중 음모론, 이면합의, 우민화 정책 선전선동 지배행태'가 바로 그것이다.

그러니 이제, '늑대무리들 한가운데 있는 양들처럼' 시대의 절망과 고통의 삶의 자리에서 양들은 무엇을 할까? 전쟁과 죽임과 폭력의 지배체제와 거기에 기생하는 종교권력·사회기득권세력들의 치밀하고 사악한 대중음모, 이면합의, 우민화 정책 선전선동을 꿰뚫어 보아야 한다. 시대의 지배체제가 속마음을 감추고, 속이며, 치밀하게 꾀를 부려 사악한 세상을 만들고 영속화하려는 지배행태에 휘둘려서는 안 된다. 지구촌제국 미국의 전쟁세력·독점금융 지배체제와 거기에 기생하는 동맹국 머슴권력들의 대중음모, 이면합의, 우민화 정책 선전선동에 마구 부림을 당하거나 지배당해서는 안 된다.

그래서 '늑대무리들 한가운데 있는 양들처럼' 시대의 민중들은 시대의 지배체제와 거기에 기생하는 기득권세력이 속마음을 감추고, 속이며, 치밀하고 사악한 꾀를 부리는 지배행태들을 분석하고, 이해하며, 대응하는 능력을 키워야한다. 지배체제가 속마음을 감추고, 속이며, 치밀하고 사악한 잔꾀를 부리는 지배행태를 역지사지易地思之할 필요가 있다. 그러므로 시대의 민중들은 '시대의 뱀들처럼, 마음에 깊이 새기고 생각하는 이들'이 되어야 한다.

그러나 한편 '미워하면서 배운다'고 하듯이, 시대의 민중들이 시대의 지배체제와 거기에 기생하는 기득권세력처럼 스스로의 속마음을 감추고, 속이며, 치밀하게 사악한 잔꾀를 부려서는 안 된다. 21세기 우리시대의 진보의 허울을 쓰고, 수구꼴통세력 뺨치게 사익을 추구하는 버러지 인생들 때문이라도 더욱 그렇다. 그러니, '늑대무리들 한가운데 있는 양들처럼' 민중들은 시대의 지배체제가 불러일으키는 삶의 절망과 고통에 민감해야한다. 비둘기처럼 진실한 이들이 되어야 한다. 여기서 '진실한 이들'이라는 헬라어 낱말은 '아케라이오이'라고 한다. 이 헬라어 낱말은 '부정접두어-아+케란뉘미-섞다'로 이루어진 합성어이다. 시대의 민중들은 시대의 지배체제와 거기에 기생하는 기득권세력이 만들어내는 시대의 절망과 고통을 이해하고, 분석하고, 대응하는 능력을 키워야 한다. 그러나 사실과 거짓을 섞어서는 안 된다. 비둘기처럼 진실한 이들이 되어야 한다.

그러므로 '늑대무리들 한가운데 있는 양들처럼' 시대의 민중들은 뱀처럼 시대의 절망과 고통을 마음에 새기고 생각하며, 이해하고 헤아릴 줄 아는 이들이 되어야 한다. 그러나 시대의 민중들은 '늑대무리들 한가운데 있는 양들처럼' 스스로의 무력함을 숨기고 거부하며 밀쳐내지 않아야 한다. '시대의 사악한 뱀 무리들처럼' 스스로의 무력함과 나약함을 감추고 속이며 치밀하고 사악한 잔꾀로 덮지 않아야 한다. 도리어, '들비둘기처럼' 시대의 가난한 이들을 위한 대체 희생제물로써의 사회·공동체적 자기책임과 역할들을 다해야한다. 시대의 지배체제 권력과 거기에 기생하는 기득권 욕망과 들비둘기 희생제물로써 사회·공동체적 자기책임과 역할들을 뒤섞어서는 안 된다. 시대의 민중들은 '시대의 가난한 사람들을 위한 들비둘기 희생제물'처럼 진실한 이들이어야 한다.

맺는 말

시대의 민중은 무력하고 나약하다. 그러나 시대의 절망과 고난의 희생제물로써 민중의 무력함과 무가치함은 시대의 지배체제와 거기에 기생하는 시대의 기득권을 이긴다. 시대의 민중들은 '늑대무리들 한가운데 있는 양들처럼' 시대의 절망과 고통에 공감하고 연대하며 참여하는 '스플랑크니조마이—예수신앙 가슴'을 통하여 지금 여기 이 땅의 하나님 나라를 열어가는 주체이다. 그러므로 이 천년 전 예루살렘 예수부활신앙 공동체는 서로의 절망과 고통을 나누어지는 대안세상, 서로가 서로에게 기대어 사는 공유경제 공동체를 이루어 살 수 있었다. 21세기 우리 시대의 예수신앙 공동체인 교회도 마땅히 그러해야만 한다.

18. 밭에 숨겨진 보물단지와 좋은 진주 비유

그리고 지금, 여기서

44천국은 마치 밭에 감추인 보화와 같으니 사람이 이를 발견한 후 숨겨 두고 기뻐하며 돌아가서 자기의 소유를 다 팔아 그 밭을 사느니라 45또 천국은 마치 좋은 진주를 구하는 장사와 같으니 46극히 값진 진주 하나를 발견하매 가서 자기의 소유를 다 팔아 그 진주를 사느니라 – 마태복음 13장

사 역

하늘나라는 밭에 숨겨진 보물단지와 같다. 어떤 사람이 그것을 발견한 후 감춰두었다. 그리고 그는 기쁨에 겨워 돌아가서, 그가 가진 모든 것을 다 팔아, 그 밭을 산다.

또한 하늘나라는 좋은 진주들을 찾는 장사꾼과 같다. 그런데 그 진주 장사꾼이 매우 값진 진주 하나를 발견한 후 물러 나와서, 그가 가진 모든 것을 고스란히 다 팔았다. 그리고 그가 그 진주를 샀다.

들어가는 말

나는 무엇일까? 미래를 이야기 하기에는 나이가 좀 됐고, 그렇다고 나름 생生의 업적을 쌓은 사람도 아니다. 아무리 나를 되짚어 보아도 나는 아무것도 아니다. 그러나 한편 생각해보면, 나는 어제도 오늘도 내가 해야 할 일을 한다. 나름대로는 이리 저리 시류에 휘둘리지 않고, 묵묵히 내 길을 가고 있다. '그리고 지금, 여기서' 나는 나름 행복한 삶을 산다.

사실, 누구에게나 되짚어보면 삶이란 결국 '그리고 지금, 여기서'의 결단과 행동이다. '그리고 지금, 여기서' 새로운 삶의 뜻을 찾고, 결단하며, 행동하는 것은 누구에게나 의미 있는 일이다. 누구라도 '그리고 지금, 여기서' 새롭게 찾아낸 삶의 의미를 통하여 결단하고 행동함으로써 나름대로 인생의 새로운 물꼬를 트거나 바꾸어 갈수 있기 때문이다. 물론 더러는 '그리고 지금, 여기서' 자기 삶의 모든 것을 뒤집는 결단과 행동을 보여 줄 수도 있을 것이다. 그런 점에서 나의 지난 삶의 사건들은 '그리고 지금, 여기서' 나의 삶의 바탕이며, '그리고 지금 여기서' 나의 삶의 사건들은 곧 나의 내일이다.

이렇듯 '그리고 지금, 여기서'라는 삶의 시간을 분명하게 드러내는 것이 성서이다. 성서는 신앙인들의 다양한 신앙과 삶의 사건들을 통하여 '그리고 지금, 여기서' 나와 공동체의 신앙과 삶을 성찰하고 회개하게 함으로써, 새로운 하나님의 뜻을 찾아내어 증언한다. 또한 성서는 누구에게나 '그리고 지금, 여기서' 새롭게 증언 되는 하나님의 뜻을 따라 결단하고 행동하도록 요청한다. 나아가 성서는 '그리고 지금, 여기서' 결단하고 행동하는 신앙인들을 통하여 새로운 하나님나라의 사건, 그 사건의 뜻과 은총을 미래로 옮겨간다.

이와 관련하여 본문비유는 분명하게 '그리고 지금, 여기서' 우리가 찾아내어 결단하며 행동해야할 하나님 나라를 우리에게 증언한다. 이제 본문비유의 사건들과 이야기 흐름을 따라 '그리고 지금, 여기서' 발견되는 하나님나라에 대한 우리의 결단과 행동은 무엇이어야 하는지 살펴보도록 하자.

이끄는 말

본문비유는 하나님나라에 대한 이중 비유 이야기인데, 네 복음서 가운데서 마태복음에만 전해내려 오고 있다. 앞의 비유는 '밭에 숨겨진 보물단지' 비유, 뒤 따르는 비유는 '좋은 진주를 찾는 장사꾼' 비유라고 불린다. 그런데 본문비유가 이중비유로 기록되어 있기는 하지만, 두 개의 비유가 따로 따로 이었을 수 있다. 이렇게, 따로따로의 비유들이 입말로 전해지는 과정에서 자연스럽게 합쳐졌을 수도 있고, 아니면 마태복음 저자가 일부러 합쳐서 이중비유로 만들었을 수도 있다. 아마도 마태복음 저자는 주기도문에서처럼, 하나님나라가 땅에서도 이루어지기를 바라는 간절한 신앙염원을 '밭에 숨겨진 보물단지'와 '매우 값진 진주 하나'에서 찾으려 했을 것이다. 따라서 여기서는 본문 이중비유의 문맥을 흐트러트리지 않는 가운데, 본문비유의 뜻을 하나하나 찾아보기로 한다.

본문비유는 두 가지 비유 이야기를 이어놓은 이중 비유임에도 불구하고 아주 짧다. 그래서 예수의 다른 긴 비유 이야기에서 나타나는 '예수와 청중들과의 따짐이나 다툼의 시끄러움과 공감 주고받기'의 여지도 별로 없다. 그럼에도 불구하고 본문비유의 등장인물의 행동과 사건이 가져다주는 '느낌과 뜻 새김'은 아주 뚜렷하다. '밭에 숨겨진 보물단지와 매우 값진 진주 하나에 대비되는 하나님나라 → 그 하나님나라의 발견 또는 찾음, 그리고 숨김 또는 물러나옴 → 그 하나님나라의 발견의 기쁨으로 자기 가진 것을 다 팔아서 하나님나라와 바꿈' 등이 그렇다. 이렇게, 본문비유는 청중들이나 독자들이 나름대로의 느낌과 뜻 새김을 통하여 비유 이야기를 나름대로 확장해 나가도록 요구한다. 더불어 그렇게 비유이야기를 확장해 나가는 가운데 새로운 은유들을 재생산할 수 있는 여지를 남긴다. 이 점에서 나는 '그리고 지금, 여기서'라는 나름대로 확대 재생산한 비유의 은유를 제안한다.

이와 관련하여 실제로, 예수는 본문의 두 비유를 따로 따로 이야기했을 것이다. 그렇게 생각하는 가장 큰 이유는 두 비유의 사건들과 등장인물들의 행동을 묘사하는 헬라어 동사의 시제와 어감이 서로 다르기 때문이다. 실제로, '밭에 숨겨진 보물단지' 비유에서는 '현재 시제의 삼음보 동사 문장'으로 농부의 행동거지를 나타냄으로써, 매우 활발하고 힘차게 하나님나라의 은유를 드러낸다. 반면에 뒤따르는 '좋은 진주를 찾는 장사꾼 비유'는 삼음보 동사 문장을 사용하기는 하지만, 서로 다른 시제와 문법을 사용한다. 그럼으로써 삼음보 동사 문장 특유의 역동성이 떨어진다. 도리어, 진주 장사꾼비유는 등장인물의 조용하고 신중하며 은밀한 행동을 드러낸다.

이제 먼저, '밭에 숨겨진 보물단지 비유'를 찬찬하게 살펴 읽기로 한다. '밭에 숨겨진 보물단지 비유'에서는 네 개의 사건들이 잇달아 벌어지고, 사건들마다의 농부의 행동도 숨 쉴 틈도 없이 한달음에 이어진다.

'어떤 사람이 그것을 발견한 후 감춰두었다. 그리고 그는 기쁨에 겨워 돌아가서, 그 가진 모든 것을 다 팔아, 그 밭을 산다.'

여기서 비유는 '우연히 밭에 숨겨진 보물단지를 발견하고, 도로 숨겨두는 두 번의 사건'에서 농부의 행동을 '과거능동태 분사와 과거 능동태 동사'로 표현한다. 이로써 농부는 천만 뜻밖의 행운을 발견하고 본능적으로 자기가 발견한 보물단지를 숨긴다. 발견과 숨김이 하나의 행동처럼 연결된다. 천만 뜻밖의 보물단지를 발견한 농부는 온 몸에 떨림과 두려움을 느끼며 재빠르게 보물단지를 원래대로 갈무리해 놓는다. 왜냐하면, 본문비유에서 농부가 우연히 발견한 보물단지는 유대 종교·사회의 지혜문학, 또는 랍비문학이 너그럽게 받아들이는 '의로움에 대한 보상'도 아니고, '마땅한 상속재산'도 아니기 때문이다.

이와 관련하여 우리는 심심찮게 야산이나 밭에서 불법적인 돈다발을 찾아내는 뉴스를 대하곤 한다. 물론 이렇게 야산이나 밭에서 캐어낸 돈다발은 범죄의 증거물이다. 그러나 잦은 전란에 시달렸던 우리 선조들도 피난을 가면서 귀중품들을 항아리에 담아 마당이나 텃밭에 깊이 묻어놓고 떠나곤 했다. 실제로, 백년이 훨씬 넘는 역사를 가진 나의 고향 교회에서는 6·25 한국전쟁 때 교회의 문서와 자료들을 항아리에 담아서 어딘가 묻었다고 한다. 하지만 전쟁이 끝난 이후 그것을 찾지 못했다고 한다. 그로인해 6·25 이전 교회의 초기 역사를 잊어버리게 되고 말았다.

본문 비유에서도 가난한 날품팔이 소작 농부가 남의 밭을 갈다가 우연히 밭에 숨겨진 보물단지를 발견한다. 고대 팔레스타인 지역은 지정학 상 위치 때문에 메소포타미아 제국들과 이집트제국 사이에서 다리역할을 해야만 했다. 그로인해 팔레스타인 지역은 잦은 전쟁을 겪어야 했는데, 이러한 전쟁 통에 사람들은 밭에다 보물단지를 묻어두고 피난을 떠나는 경우가 많았다고 한다. 그러다가 피난 간 사람들이 모두 죽게 되면, 보물단지는 아무도 모르게 숨겨져 있게 된다. 그렇게 오랜 세월이 지나 어떤 가난한 소작농이거나, 날품팔이 농부가 밭을 갈다가 우연히 보물단지를 발견한다. 그는 너무도 놀랍고 떨려서 밭에 드러난 보물단지를 얼른 본래대로 갈무리해서 감추어 둔다. 그리고 기쁨에 넘쳐 집으로 돌아가 자기가 가진 모든 것을 팔아서 그 밭을 산다. 그렇게 그 가난한 농부는 남의 밭에 묻힌 보물단지를 합법적인 그의 소유로 만든다.

그런데 가난한 농부가 남의 밭을 사서 보물단지를 합법적인 소유로 만든다는 것에서, 여러 가지 윤리적 해석의 문제가 발생한다. 따라서 이천년 기독교역사 속에서 수많은 설교자들이 이 부분을 해석하면서 윤리적인 문제로 인한 갈등을 겪어왔다. 어떤 이는 '가난한 농부가 보물단지가 묻혀 있는 밭을 사는 행위'를 옳다고 주장했다. 그러나 또 다른 어떤 이들은 잘못이라고 주장했다. 그런데 현실적인 문제는 농부의 행위가 잘못이라고 윤리적 판단을 내렸을 때, 본문비유에 대한 교회의 모든 전통적인 '천국 알레고리 해석들'이 길을 잃게 되고 만다는 점이다. 그래서 일부 성서학자들과 주석가들은 유대 랍비율법에 따라 '농부가 그 보물을 밭에서 파내었으면 밭주인의 것'이지만, 농부는 슬기롭게 보물단지를 원래대로 갈무리하고 그 밭을 사서 합법적인 소유물로 만들었다고 한다. 이처럼, 초대교회로부터 지금까지 기독교회가 '농부의 약삭빠르고 날쌘 행동에 대한 윤리적인 판단'에 얼마나 마음 태우고 애를 써왔는지 충분히 알 수 있다.

그렇다면, 예수는 왜 이렇게 윤리적 다툼을 일으킬 비유를 말했을까? 예수는 비유의 청중과 독자들 사이에서 본문비유로 인한 윤리적 다툼이 일어날 것을 잘 알고 있지 않았을까? 예수는 본문비유에서 농부의 약삭빠르고 날쌘 행동에 대한 '청중들의 윤리적 따짐이나 다툼'을 비유 안에서 해결하지 않는다, 도리어 이러한 따짐과 다툼을 청중과 독자들의 뒷담화로 떠넘긴다. 사실, 예수는 비유의 청중과 독자들이 제 느낌, 제 뜻에 따라 본문비유 이야기흐름을 확장하고, 그에 따르는 다양한 하나님나라 복음 은유들이 크고 넓게 퍼지도록 시나리오를 짰을 것이다. 다만, 예수는 '비유의 농부에게 발생한 사건과 농부가 취한 행동'에 대해서만큼은 논란을 일으킬 필요 없이 분명하게 한다. 농부는 '밭에 숨겨진 보물단지를 발견하고 원래대로 갈무리 한 후에, 기쁨에 겨워 돌아가서, 그 가진 것을 다 팔아, 그 밭을 사는' 재빠르고 날쌘 행동을 보여준다. 예수는 비유에서 농부의 재빠르고 날쌘 행동을 강조하기 위하여 삼음보 현재동사를 사용한다. '기쁨에 겨워 돌아가서 → 그가 가진 것을 다 팔아 → 그 밭을 산다.'

이 점에서 서구 기독교회가 '농부의 재빠르고 날쌘 행동에 대한 윤리적 판단'을 위해 마음을 태우고 애를 써온 것은 비유 은유 찾기의 작은 하나일 뿐이다. 또한 농부의 재빠르고 날쌘 행동을 칭찬하는 설교해석에 대해 '겉과 속이 다른 설교자의 유혹'으로 헤아리고 판단해 온 것도 마찬가지이다. 나아가, 농부의 재빠르고 날쌘 행동과 그에 따르는 모든 문제점들을 '하나님나라 발견에 대한 무한 기쁨'으로 덮어서 해석하려는 것도 또한 마찬가지이다. 더불어, 옛 것을 몽땅 팔아서 새로운 하나님나라와 바꾼다는 해석 역시도 비유의 청중과 독자들이 나름대로 상상할 수 있는 신앙은유의 작은 하나이다.

그러므로 나 역시도 본문비유를 읽고 해석하면서 거리낌 없이 '그리고 지금, 여기서'라는 나름대로 신앙은유를 제안한다. 왜냐하면, 비유의 청중과 독자들이 '그리고 지금 여기서, 자신들의 삶의 마당에서' 천만 뜻밖에 보물단지인 하나님나라를 발견하기 때문이다. 또한 '그리고 지금 여기서' 본문비유가 청중과 독자들에게 자기의 옛 삶의 마당을 몽땅 처분하고 새로운 하나님나라에 참여하도록 요청하기 때문이다. 나아가 '그리고 지금 여기서' 비유의 청중과 독자들이 천만 뜻밖의 하나님나라에 스스로를 참여시킴으로써, 자기 삶의 마당에 숨겨진 하나님나라를 현재화하고 실체화 할 수 있다고 믿기 때문이다.

이어서 본문의 두 번째 비유를 읽고 살펴보자. 앞서 이야기 했듯이 '본문의 두 가지 비유들은 다 같은 하나님나라 비유'인데, 이중비유이다. 따라서 두 비유의 내용이 다르기도 하고, 같기도 하다. 우선, 제목이 다르다. 앞선 비유는 '하늘나라는 밭에 숨겨진 보물단지와 같다'라고 한다. 따라서 앞선 비유의 제목은 '밭에 숨겨진 보물단지 비유'이다. 그런데 두 번째 비유는 '하늘나라는 좋은 진주들을 찾는 장사꾼과 같다'고 한다. 따라서 두 번째 비유의 제목은 '좋은 진주를 찾는 장사꾼 비유'이다. 두 번째 비유와 관련해서도 재미있는 이야기들이 많이 있다. 짬뽕에서 진주가 나왔다는 이야기, 전복 속에서 천연 흑진주를 발견했다는 이야기 등이 그렇다. 이런 이야기들 뒤에는 '그 중국집 장사가 불티가 났다'는 기사도 뒤 따른다. 본문비유의 시대와 역사, 지정학적 배경인 고대 지중해 세계에서도 진주와 관련한 수많은 이야기들이 전해져 온다. 실제로, 지중해뿐만 아니라 페르시아만, 홍해, 인도양 등은 고대의 유명한 진주생산지였다.

이와 관련하여 고대 지중해 세계에서 전해 내려오는 유명한 진주이야기는 클레오파트라의 진주이야기이다. 이집트 프톨레마이오스 왕조의 마지막 여왕이었던 클레오파트라는 로마제국의 황제 카이사르의 연인이었다. 클레오파트라는 카이사르와 폼페이우스 사이에서 벌어진 로마제국 내전 중에 카이사르를 편들고 그의 승리를 도움으로써, 카이사르의 연인이 되었다. 그런데 얼마 지나지 않아 카이사르가 암살되고 안토니우스가 새롭게 로마의 실력자로 떠올랐다. 그 로마의 실력자 안토니우스가 이집트 알렉산드리아를 방문했을 때, 클레오파트라는 안토니우스를 유혹하기 위하여 큰 연회를 베풀었다. 그 연회에서 안토니우스가 클레오파트라의 진주 귀고리의 아름다움을 칭찬하자, 클레오파트라는 즉석에서 진주 귀고리를 빼서 술에 녹여 마셨다고 한다.

그런데 당시 클레오파트라의 진주 귀고리의 값이 '1억 세스터스−현대화폐로 약 20억 원 정도'이었다고 한다. 이후, 안토니우스는 클레오파트라의 대범한 행동에 현혹되어 클레오파트라의 연인이 되었고, 그녀의 정치적 배경역할을 수행했다. 그러나 안토니우스와 클레오파트라는 카이사르의 양아들 아우구스투스와의 내전에서 패배 한 후, 자살로 생을 마쳤다고 한다. 이처럼 본문비유의 청중들은 클레오파트라의 진주 이야기에서처럼 어마어마한 값이 나가는 진주에 대하여 잘 알고 있었을 것이다.

이렇게, 역사의 뒷이야기를 통하여 본문비유를 읽으면, 예수는 정말 '비유의 대가'임을 확인할 수 있다. 나아가 예수의 제자들과 복음서 저자들도 '예수 비유해석의 귀재들'이라고 여겨진다. 따라서 우리시대의 독자들도 예수의 비유의 숨겨진 은유와 예수의 제자들과 복음서저자의 비유 해석의도를 살펴서, 본문비유를 읽고 해석하는 것이 필요하다. 그럼으로써, 본문비유에 대한 우리시대의 새롭고 다양한 신앙은유를 찾아 나설 수 있게 된다.

이와 관련하여 본문의 두 번째 비유는 '좋은 진주들을 찾아 헤매는 어떤 부유한 진주장사꾼'의 이야기이다. 아마도 이 진주장사꾼은 지중해 세계 곳곳을 여행하면서 질 좋고 값비싼 진주들을 아주 많이 사 모았을 것이다. 그러다가 그는 어느 한 순간 '매우 값진 진주 하나'를 발견한다. 좋은 진주들을 찾아 지중해 세계 곳곳을 다니며 이것저것 좋은 진주들을 사 모으던 진주장사꾼의 눈이 '오직 하나' 매우 값진 진주를 찾아낸 것이다. 진주장사꾼은 매우 값진 진주 하나를 찾아내고 가만히 물러나와 자신의 가진 모든 진주들을 다 팔아서 그 하나뿐인 값진 진주를 샀다.

그런데 여기서 사용된 헬라어 삼음보 문장은 앞선 '밭에 숨겨진 보물단지 비유'의 삼음보 문장과는 사뭇 다른 뉘앙스를 풍긴다. 말의 음조와 느낌과 감정이 달라서 앞선 비유와는 전혀 다른 문맥을 만들어낸다.

'그 진주장사꾼이 매우 값진 진주 하나를 찾아낸 후에, 물러 나와서과거분사 → 그가 가진 모든 것을 고스란히 다 팔아치웠다.완료동사 → 그리고 그가 그 진주를 샀다.과거동사'

이처럼, '좋은 진주를 찾는 장사꾼' 비유의 삼음보 문장은 진주장사꾼의 조용하고 신중하며 은밀한 행동을 강조한다. 진주장사꾼이 발견한 매우 값진 진주 하나는 아마도 그의 뛰어난 상업적 안목의 결과일 것이다. 또한 그가 매우 신중하고 은밀하게 지금까지 그가 사 모았던 좋은 진주들을 하나하나 고스란히 다 팔아치우는 행동도 오래 동안 잘 배우고 익힌 상술일 것이다. 그리고 마침내 진주장사꾼은 한 오라기 의심도 없이 그가 가진 모든 좋은 진주들과 바꾸어 매우 값진 진주 하나를 차지한다.

이처럼 본문의 두 번째 비유에서 하나님나라는 진주장사꾼의 조용하고 신중하며 은밀한 삶의 결단과 실천행동과 같다. 따라서 하나님나라는 시대의 민초들에게 천만 뜻밖의 하늘 은총이기도 하지만, 좋은 진주를 찾는 장사꾼처럼, 시대의 구도자들의 오랜 깨달음과 뜻 새김이기도 하다. 특별히 예루살렘에서 유대 종교·사회 공동체가 로마제국 군대에 의해 무참히 짓밟히고 쫓겨난 이후, 초대교회 예수공동체에서는 더욱 더 그랬을 것이다. 초대교회에 몰아친 끔찍하고 절망스러운 로마제국 박해 속에서 올곧은 신앙판단과 결단, 오래 참고 견디는 신앙훈련이 절실했을 것이다. 그리고 마침내 진주장사꾼이 오랜 세월에 걸쳐 오직 하나 매우 값진 진주를 찾아내듯이 참으로 시대의 하나님나라의 진실을 찾아내려 했을 것이다.

물론, 하나님나라가 시대의 가난한 민초들에게는 뜻밖의 우연이고 '뒤집어엎음의 하늘은총'이다. 하지만 시대의 지배체제 안에서 고난과 절망, 그리고 노예근성으로 찌든 민초들에게는 천만 뜻밖의 하늘은총도 외면받기 일쑤이다. 시대의 고난을 마냥 무서워하고 피하며 절망하는 사람들은 고난 속에서 싹트는 '뒤집어엎음의 하늘은총'을 놓치게 된다. 시대의 고난과 절망에 찌들어 노예적인 삶을 살면서, 자신의 삶의 마당을 성찰하고 회개하지 못하는 사람들은 은밀하게 우연처럼 다가오는 하나님나라를 발견하지 못한다.

마찬가지로, 하나님나라는 시대의 진실을 찾고 탐구하는 구도자들에게도 하늘의 선물로 다가온다. 하지만 오만과 자랑으로 화려하게 꾸미고 모양낸 시류時流의 유혹에 넘어가는 구도자들은 시대의 하나님나라의 징조를 찾아내지 못한다. 하루살이 얄팍한 기쁨과 행복만을 쫓아서 정의와 평등의 실체적 삶의 행동을 외면하는 '진리파지-眞理把持'로는 참 하나님나라의 삶의 진실을 깨달을 수 없다.

그러므로 시대의 민초들이 발견하는 천만 뜻밖의 하늘은총으로써 하나님 나라이거나, 시대의 구도자들의 갈망과 기다림과 오랜 깨달음 속에서의 하나님 나라이거나 모두 다 하나다. 하나님나라는 누구에게나 뜻밖이고 우연이며 뒤집어엎음의 하늘은총이다. 그러므로 열렬히 하나님의 뜻을 찾는 구도자에게나, 언감생심 하나님의 뜻을 찾으려는 맘조차 가져 본 적 없는 민초에게나, 하나님나라는 그저 '유리스코–발견 또는 찾음'일 뿐이다. 하나님나라는 결코 스스로 도달할 수 없는 속절없는 '오심'이다.

그렇기 때문에, 본문의 두 비유는 '그리고 지금, 여기서' 하나님나라에 대한 발견과 찾음의 기쁨과 결단, 그 실천행동을 강조한다. 이렇듯이, 하나님나라는 누구에게나 '그리고 지금, 여기서' 뜻밖의 발견이거나 찾음이기 때문에 한없이 기쁘다. 가난한 민초들에게는 천만 뜻밖의 하늘 은총이라서 기쁘고, 시대의 구도자들에게는 오랜 갈망과 기다림 끝자락에서 찾아낸 하나님 나라이기에 기쁘고 또 기쁘다. 이들은 다 같이 기쁨에 들떠서 자신이 가진 모든 것을 다 팔아서 자신이 발견하거나 찾아낸 하나님나라와 바꾼다.

그 점에서 본문비유가 사용한 헬라어 문구 '그가 가진 것을 다 팔아'의 관용적 의미는 '바꾸다, 교환하다'이다. 하나님나라를 찾은 기쁨이 그 사람의 삶과 인격을 사로잡아서 지금까지 그의 모든 삶의 결과물을 하나님나라와 맞바꾸게 되는 것이다. 그렇게, 시대의 가난한 민초들은 지금까지의 고난과 절망의 삶을 몽땅 털어내고 해방과 자유, 정의와 평등, 생명과 평화의 세상으로 떨쳐나가게 된다. 시대의 구도자들도 지금까지의 자신의 모든 업적과 자랑들을 배설물처럼 버리고, 새로운 하나님나라 가치와 진리로 자신의 삶을 새롭게 변혁한다.

그러므로 본문의 이중비유의 숨겨진 은유는 '그리고 지금 여기서'이다. '그리고 지금, 여기서' 새롭게 발견되거나 찾아내는 하나님나라 앞에서 자신의 모든 삶의 결과물들을 벗어 던지는 결단과 실천행동이다. 로마제국 지배체제의 예수와 비유의 청중들, 초대교회와 이천년 기독교 역사 안에서 참된 예수 신앙인들이 그러한 삶의 결단과 신앙실천 행동을 이어왔다. 그리고 21세기 우리 시대의 신앙선배들과 신앙동지들이 그러한 삶의 결단과 신앙실천 행동에 앞장서 왔다.

맺는 말

예수의 하나님 나라는 늘 그렇듯이 '그리고 지금, 여기서'이다. 하나님나라는 서구인들의 직선적이고 물리적인 시간흐름의 끝에서 도래하는 '유토피아utopia'가 아니다. 물론, 우리 시대에 이르러 서구인들뿐만 아니라 모든 지구촌 사람들이 공유하는 현실시간 개념은 달력에 표시할 수 있고 숫자로 계산할 수 있는 물리적 시간이다. 하지만 성서가 우리에게 계시하는 시간은 '삶'이다. 한마디로 성서의 시간은 '삶의 사건이고, 사건의 때이며, 사건의 장소'이다. 그러므로 하나님나라는 무한하신 하나님과 유한한 사람이 함께하는 활동의 여부, 또는 활동의 가능성이다. 더 구체적으로는 하나님과 사람이 함께 하는 삶의 사건과 활동과 무대이다. 한마디로 하나님 나라는 하나님과 사람이 함께 어우러져 만들어내는 신앙역사이다.

이 점에서 21세기 우리 시대 '그리고 지금, 여기서' 새롭게 발견되고 찾아지는 하나님나라는 우리의 결단과 실천행동 속에서 그 실체적 진실을 드러내게 된다. 그렇다면 21세기 우리시대에 '그리고 지금, 여기서' 발견되고 찾아지는 하나님나라에 대하여 우리가 취할 삶의 태도는 무엇일까?

　이와 관련하여 '그리고 지금, 여기서' 하나님나라를 발견하거나 찾아내는 사람은 누구나 본문비유의 농부나 진주장사꾼처럼 결단하고 행동하게 된다. 예수 스스로도 그랬다. 예수는 로마제국과 거기에 빌붙어 살면서 유대민중들의 고혈을 짜먹는 유대 종교·정치·경제·사회 기득권 세력의 억압 속에서 새로운 하나님 나라를 깨닫고 찾아냈다. '해방과 자유, 정의와 평등, 생명과 평화세상.' 예수는 자신이 발견한 하나님나라 복음을 제자들에게, 그를 따르는 갈릴리 민중들과 예루살렘 여인들에게 전파했다. 그래서 예수의 제자들은 예수의 하나님 나라 복음에 매료되어 자신들의 모든 것을 포기하고 예수의 하나님나라 복음운동에 동참했다. 그들은 자신들의 모든 것을 바쳐서 하나님나라 복음을 선포하고 실천하며 이루어나가는 일에 헌신했다. 그러므로 21세기 우리 시대의 예수 신앙인들도 '그리고 지금, 여기서' 예수를 따라, 예수처럼 예수의 하나님나라 복음운동에 헌신하는 삶을 살아야 한다.

낱말풀이

1. 어리석은 부자 비유

* **땅** : 코라 χώρα. 소규모 자영농들의 작은 '밭뙈기'가 아니라, 대지주의 '많은 땅'이라고 보는 것이 옳다.
* **이리저리 따지고 생각했다** : 디엘로기제토 διελογίζετο, '디아 διά 통하여+로기조마이 λογίζομαι 셈하다'로 이루어진 합성어이다.
* **곳간들** : 타스 아포테카스 τὰς ἀποθήκας. 많은 상품들을 쌓아놓고 거래하는 '대형 상점'으로 이해할 수도 있다.
* **생명** : 프쉬케 ψυχῇ. 생명, 목숨, 혼, 마음' 등 여러 의미로 사용한다.
* **어리석은 자야!** : 아프론 Ἄφρον, '아 ἀ 부정접두어+페렌 φρήν 마음^{횡경막}'으로 이루어진 합성어인데, 문자적인 의미는 '마음 없음, 심장 없음, 생각 없음'이다.
* **그들이 요구하리라** : 아파이투신 ἀπαιτοῦσιν, '아포 ἀπό~로부터+아이테오 αἰτέω 요청하다'로 이루어진 합성어이다.

2. 용서하지 못하는 종의 비유

* **비유전체의 상황을 드러내는 삼음보 문장** : 이 때문에 하늘나라가 자기 종들과 함께 셈을 정리하려고 쉰나라이 συνᾶραι → 작정한에텔레센 ἠθέλησεν → 어떤 왕과 같이 되고 말았다.호모이오테 ὡμοιώθη
* **만 달란트** : 뮤리온 탈란톤 μυρίων ταλάτων. 한 달란트는 6,000 데나리온인데 한 사람 노동자의 20년 치 품삯과 같다. 만 달란트는 계산하기조차 벅차다.
* **왕의 채권추심을 강조하는 삼음보 문장** : 주인이 그 종에게 그 자신과 아내와 자녀들과 그가 가진 모든 소유물들을 팔아서프라테나이 πραθῆναι → 빚을 갚으라고아포도테나이 ἀποδοθῆναι → 명령했다. 에켈류센 ἐκέλευσεν
* **종의 채무상환 맹세를 강조하는 삼음보 문장** : 그 종이 엎드려페손 πεσών → 주

인에게 절하며프로세퀴네이 προσεκύνει → 부르짖었다레곤 λέγων

* **미루어(채무유예) 주었다** : 아페켄 ἀφῆκεν, '아포 ἀπό~부터+히에미 ἵημι 보내
  다'로 이루어진 합성어인데, '보내다, 용서하다, 그대로 두다, 유예하다, 허
  락하다' 등 다양한 의미로 사용 되는 동사이다.

* **주인이 채무유예를 취소하는 삼음보 문장** : 그 종의 주인이 화가 나서올기스테
  이스 ὀργισθεὶς → 그 종이 빚진 것을 다 갚을 때까지헤오스 후 아포도 ἕως οὖ ἀποδῷ →
  그를 전문 추심원들에게 넘겼다파레도켄 παρέδωκεν

* **전문추심원들에게(또는 고문하는 사람들에게)** : 밧사니스타이스 βασανισταῖς

3. 잃은 양 비유

* **세리들과 죄인들** : 호이 텔론나이 카이 호이 하마르톨로이 οἱ τελῶναι καὶ οἱ
  ἁμαρτωλοὶ

* **투덜대며 떠들어 댔다** : 디에공귀존 διεγόγγυζον, 디아 δία~때문에+공귀조
  γόγγυζω 구시렁거리다

* **광야에 버려둔 채** : 카탈레이페이 καταλείπει, 카타 κατά 뒤에+레이포 λείπω
  남기다

* **찾을 때까지 찾아 헤매지 않겠느냐?** : 포류에타이 πορεύεται 중간태·재귀동사

4. 돌아온 탕자 비유

* **가지고 있는 것** : 우시아스 οὐσίας , '에이미 εἰμί 사이동사'의 분사인데, 이 용
  어의 의미는 헬라 철학사상의 '우시아 οὐσία 본질'이라는 개념과 닮았다.

* **살림** : 비온 βίον-βίος 살림, 문자적으로는 삶 또는 생활

* **재산을 아껴두지 않고** : 아소토스 ἀσώτως, 아 ἀ 부정접두어+소조 σώζω 보존
  하다

* **마구 퍼주었다** : 디에스콜피센 διεσκόρπισσεν, 디아 διά ~통하여+스콜피조
  σκορπίζω 흩다 또는 나누다

* **우리가 흥겨운 잔치를 벌이자** : 유프란토멘 εὐφραντῶμεν, 유 εὖ 좋은+페렌
  φημήν 마음문자적으로는 '횡격막'

* **그러나 이제 잔치가 벌어지고** : 유파란테나이 데 εὐπαρανθῆναι δὲ

* **기뻐해야만 한다** : 카이 카레나이 καὶ χαρῆναι

5. 불의한 청지기 비유

* **부자** : 플루시오스 πλούσιος, 이 낱말은 '플레토 πλήθω 넘치도록 채우다' 라는 뜻에서 유래되었다.
* **청지기**(여기서는 '마름') : 오이코노모스 οἰκονόμοϹ, 문자적으로는 '집을 관리하는 자'이다.
* **횡령하다** : 디아스콜피조 διασκορπίζω, '전치사 διά ~통하여+스콜피조 σκορπίζω 골라내다 또는 흩다', 우리말 성서는 '낭비하다' 라고 번역했으나 여기서는 비유의 문맥에 따라 '횡령하다' 라고 읽는다.
* **고발되었다** : 디에블레테 διεβλήθη, 이 헬라어 동사는 '디아발로 διαβάλλω 던지다' 라는 동사의 '과거수동태형'인데, '전치사 διὰ ~통하여+βάλλω 던지다' 로 이루어진 합성어이다.
* **잽싸고 약삭빠르게 사기를 치다** : 프로니모스 φρόνιμος 약삭빠른, 이 낱말의 어원은 '프레나파테스 φρεναπάτης 자기양심을 속이는 자' 인데, '프렌 φρήν 마음+아파테 ἀπάτη 속임' 으로 이루어진 합성어이다.

6. 포도원 품꾼 비유

* **날품팔이들을 고용하러** : 미스토사스타이 μισθώσασθαι, '미스토오 μισθόω 품을 사다' 라는 동사의 '부정사'형인데, 이 동사는 '미스토스 μισθός 품삯' 이라는 낱말에서 유래한다.
* **집주인** : 오이코데스포테 οἰκοδεσπότη
* **하루 한 데나리온을 합의 한 후** : 쉼포네사스 συμφωνήσας, '쉼 σύμ 함께+포네오 φωνέω 소리치다, 떠들다'로 이루어진 합성어이다. 날품팔이와 고용주들로 왁자지껄한 인력시장 풍경을 상상할 수 있다.
* **세시** : 트리텐 호란 τρίτην ὅραν, 유대인들은 관습에 따라 일출에서 일몰까지를 12등분해서 시간을 매긴다. 따라서 유대인들의 3시는 우리 시간으로 9시, 6시는 12시, 9시는 오후 3시, 11시는 오후 5시이다.
* **일거리가 없어** : 알구스 ἀργούς, '부정접두어 ἀ+에르곤 ἔργον 일거리'로 이루

어진 합성어 이다. 예나 지금이나 늘 날품팔이 인력시장에는 일자리가 모자란다.

* **정당한 것** : 디카이온 δίκαιον, '디카이오스 δίκαιος 정의로운' 것이 정당한 것이다.
* **포도원 주인** : 호 퀴리오스 암펠로노스 ὁ κύριος ἀμπελῶνος
* **불평을 늘어놓았다** : 에공귀죤 ἐγόγγυζον, 의성어로써 '궁시렁 궁시렁 거리며 불평불만을 토로하는 모양'을 나타낸다.
* **우리와 똑같이** : 이소스 헤민 ἴσους ἡμῖν, 이소스 ἴσος ~ 같은, 동등한
* **그대는 그대 것이나 받아가게** : 알론 토 손 카이 휘파게 ἆρον τὸ σὸν καὶ ὕπαγε, 누구도 자기의 일용할 양식을 잃어서는 안 된다.

7.예수의 큰 잔치 비유

* **큰 잔치**(또는 큰 만찬) : 데이프논 메가 δεῖπνον μέγα
* **변명하며 사양하기 시작했다** : 파라이테이스타이 παραιτεῖσθαι, '파라 παρά ~ 함께+아이테오 αἰτέω 요청하다'로 이루어진 합성동사이다.
* **나는 갈 수 없소** : 우 뒤나마이 엘테인 οὐ δύναμαι ἐλθεῖν
* **가난뱅이들** : 프토쿠스 πτωχούς, 지체장애인들 아나페이루스 ἀναπείρους, 시각장애인들 튀플루스 τυφλούς, 다리 저는 못난이들-콜루스 χωλούς
* **길들과 담장들 안으로-길들과 담장들을 따라 집집마다** : 에이스 타스 호두스 카이 플라그무스 εἰς τάς ὁδούς καί φλαγμούς
* **억지로라도 들어오게 하라** : 아낭카손 에이스엘테인 ἀνάγκασον εἰσελθεῖν

8.저절로 자라는 씨앗 비유

* **하나님나라는 이렇다** : 후토스 Οὗτος' 지시대명사 '이렇게, 그렇게'
* **알아채지 못한다** : 우크 오이덴 οὐκ οἶδεν, 여기서 사용된 오이덴 οἶδεν 이라는 동사는 '호라오 ὁράω 둘러보다'라는 동사에서 유래한다.
* **저절로** : 아우토마테 αὐτομάτη, '아우토스 αὐτος 3인칭 재귀대명사+멤마 μέμαα 흥분하다'로 이루어진 합성어이다.
* **알곡이 고개를 숙일 때에야** : 파라도이 παραδοῖ, '파라 παρά 나란히+디도미

δίδωμι 주다'로 이루어진 합성어인데, 기본 뜻은 '내어주다, 넘겨주다'이다.

* **그가 낫을 댄다** : 아포스텔레이 ἀποστέλλει, 기본뜻은 '그가 보낸다'이다.
* **추수 때가 이르렀기 때문이다** : 파레스테켄 παρέστηκεν, '파라 παρά 옆에+히
  스테미 ἵστημι 서다'로 이루어진 합성어이다.

9.겨자 씨앗 비유

* **겨자 씨앗** : 코코 시나페오스 κόκῳ σινάπεως, 일년생 잡초, 연한 줄기와 잎은
  나물로 먹기도 하고 열매는 향신료로 쓰인다.
* **받아다가** : 라본 λαβών, '람바노 λαμβάνω 받다'라는 동사의 분사
* **자기 밭에 뿌렸다** : 에스페이렌 엔 토 아그로 아우투 ἔσπειρεν ἐν τῷ ἀγρῷ
  αὐτοῦ
* **만약 자라나게 될 때에는** : 호탄 아욱세세테 ὅταν αὐξηθῇ 가정법과거수동태
* **더 커져서** : 메이존 μεῖζον 분사

10.씨 뿌리는 사람의 비유

* **씨 뿌리는 사람** : 스페이론 σπείρων
* **그가 씨를 뿌리다가 이런 일이 일어나게 되었다** : 에게네토 엔 토 스페이레인
  ἐγένετο ἐν τῷ σπείρειν.
* **길가를 따라서** : 파라 텐 호돈 παρὰ τὴν ὁδόν
* **돌짝밭 위에** : 에피 토 페트로데스 ἐπὶ τὸ πετρῶδες, 페트라 πέτρα 바위+에이
  도스 εἶδος 보다
* **가시덤불 안에** : 에이스 타스 아칸타스 εἰς τὰς ἀκάνθας
* **좋은 땅에** : 에이스 텐 겐 텐 칼렌 εἰς τὴν γῆν τὴν καλήν

11.한 달란트 받은 종의 비유

* **제 능력에 따라** : 카타 텐 이디온 뒤나민 κατὰ τὴν ἰδίον δύναμιν
* **달란트** : 탈란톤 τάλαντον. 로마화폐 6,000데나리온, 헬라 화폐 60므나로 환
  산 된다.
* **다섯 달란트 받은 종의 행동양식을 표현하는 삼 음보 동사 문장** : 즉시 다섯 달

란트 받은 종이 가서포류테이스 πορευθείς → 그것으로 장사를 해서엘가사토 ἐργάσατο → 다섯 달란트를 더 벌었다엑켈데센 ἐκέρδησεν

* **한 달란트 받은 종의 행동양식을 표현하는 삼음보 동사 문장** : 한 달란트 받은 종은 물러나와아펠톤 ἀπελθών → 땅을 파고오뤽크센 겐 ὤρυξεν γῆν → 자기 주인의 은화를 묻었다에크뤼프센 ἔκρυψεν

* **모진 사람** : 스클레로스 σκληρός, 차마 못할 짓을 능히 하고 마는 독한 성질의 사람

* **대자본가인 주인의 행동양식** : 씨 뿌리지 않은 곳에서도우크 에스페이라스 οὐκ ἔσπειρας → 추수하는 사람이고테리존 θερίζων, 키질도 하지 않은 곳으로부터우 디 에스콜피사스 οὐ διεσκόρπισας → 알곡을 모으는 사람입니다.쉰나곤 συνάγων

* **너는 ~ 것을 이미 알고 있었더란 말이냐?** : 에데이스 ᾔδεις 과거 완료, 이 헬라어 동사는 '에이돈 εἶδον 보다+오이다 οἶδα 알다'로 이루어진 합성동사이다.

* **은행가** : 트라페지테스 τραπεζίτης, 이 헬라어 낱말은 '테트라스 τετράς 넷+페자 πέζα 발'로 이루어진 합성어로써 '네발탁자'라는 뜻인데 은행의 계산대를 상징하는 말이다.

* **자본의 약탈과 쌓음과 독점을 드러내는 3음보 동사 문장** : 누구든지 가진 자에게는엑콘티 ἔχοντι → 더 많이 주어져서도테세타이 δοθήσεται → 넘쳐나게 될 것이다.페리슈테세타이 περισσευθήσεται

* **자본의 약탈로 인해 몰락하는 무산계급의 절망을 드러내는 삼음보 문장** : 가지지 못한 사람은메 엑콘토스 μή ἔχοντος → 가지고 있는 것마저도호 엑케이 ὃ ἔχει → 빼앗기게 될 것이다.아르테세타이 ἀρθήσεται

* **더 바깥 어둠 속으로** : 에이스 토 스코토스 토 엑크소테론 εἰς τὸ σκότος τὸ ἐξώτερον

12. 새 포도주와 낡은 가죽부대 비유
* **생베** : 아그나푸 ἀγνάφου, '아 ἀ 부정 접두어+그나프토 γνάπτω 세탁하다'로 이루어진 합성어이다. '세탁하지 않은 생베'
* **새 포도주** : 오이논 네온 οἶνον νέον
* **낡은 가죽부대** : 에이스 아스쿠스 팔라이우스 εἰς ἀσκούς παλαιούς

* **터트려서** : 흐레케이 ῥήξει
* **못쓰게 되어 질 것이다** : 아폴뤼타이 ἀπόλλυται 수동태 재귀동사

13. 등불 비유

* **등불** : 뉘크노스 νύχνος
* **됫말통 아래** : 휘포 톤 모디온 ὑπὸ τὸν μόδιον
* **침상 아래** : 휘포 텐 클리넨 ὑπὸ τήν κλίνεν
* **놓여 지려고** : 테테 τεθῆ
* **들여지겠느냐?** : 메티 에르케타이 μήτι ἔρχεται 수동태 디포재귀 동사
* **이것이 맞아?** : 메티 μήτι, 메 μή 부정어+티 τι 대명사, '아니오'라는 대답을
   요구하는 매우 논쟁적인 질문이다.
* **놓여 지기 (위해서가 ~) 아니겠느냐?** : 우크 ~ 테테 οὐχ ~ τεθῆ, '맞습니다'라는
   대답을 유도하고 설득하는 질문이다.
* **드러내지기 위해서가 아니었다면** : 에안 메 히나 판네로테 ἐὰν μή ἵνα
   φανερωθῆ
* **감추지 않는다** : 우 ~ 크리프톤 οὐ ~ κρυπτόν
* **나타나려고 하지 않았다면** : '알 히나 엘테 에이스 판네론' ἀλλ ἵνα ἔλθη εἰς
   φανερόν
* **스스로 숨지도 않았다** : '우데 에게네토 아포크리폰' οὐδὲ ἐγένετο ἀπόκρυφον
* **누구든지 ~ 을 가졌거든** : 에이 티스 엑케이 εἴ τις ἔχει ~

14.착한 사마리아 사람 비유

* **상속하다** : 클레로노메소 κληρονομήσω
* **제 이웃이 누구입니까?** : 티스 에스틴 무 플레시온 τίς ἐστίν μου πλησίον
* **어떤 사람이 강도들을 만났다** : 페리에페센 περιέπεσεν, 페리 περί 주위에+핍
   프토 πίπτω 떨어지다
* **반쯤 죽여서** : 헤미타네 ἡμιθανῆ, 접두어 헤미 ἥμι 반쯤+트네스코 θνήσκω 죽
   다
* **피하여 지나갔다** : 안티파렐텐 ἀντιπαρῆλθεν, 안티 ἀντί 건너편+파레르코마

이 παρέρχομαι 지나가다

* **불쌍히 여겼다** : 에스플랑크니스테 ἐσπλαγχνίσθη
* **돌보아 주었다** : 에페멜레테 ἐπεμελήθη, 에피 ἐπί 위에+멜로이 μέλομαι 관심 갖다
* **당신도 그렇게 하시오** : 쉬 포이에이 호모이오스 σύ ποίει ὁμοίως

15. 한 밤에 찾아온 친구

* **예컨대(가정하여) 이렇게 말했다 치자** : 에이페 εἴπῃ 가정법
* **빌려 주게나** : 크레손 χρῆσόν → 크라오 χράω 빌리다 → 크라오마이 χράομαι 필요하다 → 크레마단수 χρῆμα 필요와 쓰임 → 크레마타복수 χρήματα 재산, 자본
* **나를 괴롭히지 말게** : 메 모이 코푸스 파레케 Μή μοι κόπους πάρεχε
* **부끄러워하지 않는 떳떳함** : 아나이데이안 ἀναίδειαν
* **친구가 필요로 하는 만큼** : 호손 크레제이 ὅσον χρῄζει

16. 장터의 아이들 비유

* **무엇에 비교할까?** : 티니 호모이오소 Τίνι ὁμοιώσω
* **시장터에서 주저앉아** : 카테멘노이스 엔 타이스 아고라이스 καθημένοις ἐν ταῖς ἀγοραῖς
* **사람의 아들(인자)** : 휘오스 투 안트로푸 υἱός τοῦ ἀνθρώπου, 예수 자신을 말한다.
* **먹보요 술꾼** : 파고스 카이 오이노포테스 φάγος καί οἰνοπότης

17. 뱀과 비둘기 비유

* **늑대무리들의 한가운데 있는 양들처럼** : 호스 프로바타 엔 메소 뤼콘 ὡς πρόβατα ἐν μέσῳ λύκων
* **떠나보내다** : 아포스텔로 ἀποστέλλω, 아포 ἀπό~로부터+스텔로 στέλλω 떠나다
* **뱀들처럼** : 호스 호이 오페이스 ὡς οἱ ὄφεις

* **마음에 새겨 생각하는 이들** : 프로니모이 φρόνιμοι, 프렌 φρήν 마음+아파테 ἀπάτη 속임
* **너희는 스스로 ~ 이 되어라** : 기네스테 γίνεσθε, 수동태 디포넌트^{재귀형}
* **비둘기처럼** : 호스 하이 페리스테라이 ὡς αἱ περιστεραί
* **진실한 이들이** : 아케라이오이 ἀκέραιοι, 아 ἀ 부정접두어+케란뉘미 κεράννυμι 섞다

18. 밭에 숨겨진 보물단지와 좋은 진주 비유

* **농부의 행동양식을 표현하는 삼음보 문장** : 그는 기쁨에 겨워 돌아가서^{휘파게 이 ὑπάγει} → 그가 가진 모든 것을 다 팔아^{폴레이 πωλεῖ} → 그 밭을 산다^{아고라제이 ἀγοράζει}
* **좋은 진주를 찾는 장사꾼** : 안트로포 엠포로 제투티 ἀνθρώπῳ ἐμπόρῳ ζητοῦτι
* **매우 값진 진주 하나** : 헤나 폴뤼티몬 마르가리텐 ἕνα πολύτιμον μαργαρίτην
* **진주장사꾼의 행동양식을 표현하는 삼음보 문장** : 물러나와서^{아펠톤 ἀπελθών} 과거분사 → 그가 가진 모든 것을 고스란히 다 팔아^{페프라켄 πέπρακεν} 완료동사 → 그 진주를 샀다^{에고라센 ἠγόρασεν} 과거 동사

에필로그

캐나다 원주민 보호구역에 살던 어떤 원주민이 토론토Toronto 시로 여행을 떠났다. 난생 처음 가보는 도시에 대한 기대감과 호기심에 들떠, 손수 운전을 하며 가고 있었다. 차창 밖으로 펼쳐진 대도시의 전경全景에 감탄하며 가던 중 갑자기, 그는 한 도로 표지판을 보자마자 차를 돌려 목적지인 토론토가 아닌 시골집으로 돌아갔다.

그가 발견한 도로 표지판에는 다음과 같이 쓰여 있었다. "Toronto Left"라고 ….

그는 '토론토는 왼쪽Left방향으로 가야한다'는 표지판을 '토론토는 떠났다'Leave의 과거형 Left로 해석하여 "It's gone"이라고 중얼거리며 집으로 돌아갔던 것이다.

마치 그가 토론토에 도착하기도 전에, 그 도시가 사라진 줄 알고 ….

또 다시 책을 내면서 위의 원주민이 '우리 자신'임을 실감한다. 예수는 '하나의 신앙진실'을 여러 다른 방식으로 말씀하셨다. 또한 예수 자신에게는 너무도 분명하지만 우리에게는 아직 분명하지 못한 그 무엇을 이야기로, 비유로, 은유로 보여주고자 하셨다.

이 책에 실린 비유읽기와 해석들은 대부분 우리시대의 '신자유주의 시장경쟁 체제'의 위대한 성공과 번영을 추구하는 읽기와 해석에 제동을 건다. 아울러 예수가 하나하나의 비유들을 통해 무엇을 말하려고 하는지, 전혀 새로운 관점에서 보려고 한다.

이 책에 실린 한 두 개 비유읽기와 해석에 대하여는 이미 다양한 의견과 소감 그리고 긍정적인 피드백도 있었지만, 몇몇 비판적인 평가와 온라인에서 벌어진 수백 건의 난상토론은 글쓴이에게 용기와 의욕을 북돋는 반가운 일이었다. 앞으로도 계속 창의적이고 생산적인 비유읽기와 해석제안을 위한 대화와 소통이 끊이지 않기를 기대해본다.

글쓴이 **김옥연**